中國歷代書目題跋叢書

〔清〕沈初 等撰

杜澤遜 何燦 點校

浙江採集遺書總録

下

上海古籍出版社

浙江採集遺書總録辛集 集部

總集類一

漢魏六朝百三名家集八十册 刊本。

右明太倉張溥輯。每集冠以本傳，並有溥自作題詞。其總叙畧云：「李唐以上，文士輩出，而卷帙所存，不滿三十餘家。余少嗜秦漢文字，苦不能解。既畧上口，遍求義類，斷自唐前，目成掌録，編次爲集。可得百四五十種。近見閩刻七十二家，更服其搜揚苦心，有功作者。兹自賈長沙以下，迄隋薛河東，隨手次第，先授剞劂。餘謀踵行。諸家著書，非文體者概不編入。其他斷篇逸句，雖少亦貴，期于畢收。」今具録其目于左：

《賈長沙集》，雒陽賈誼著。《司馬文園集》，蜀郡司馬相如著。《董膠西集》，廣川董仲舒著。《東方大中集》，平原東方朔著。《褚先生集》，潁川褚少孫著。《王諫議集》，蜀郡王褒著。《劉中壘集》，劉向著。《揚侍郎集》，蜀郡揚雄著。《劉子駿集》，劉歆著。以上漢九人。《馮曲陽集》，京兆馮衍著。《班蘭臺集》，北地班固著。《崔亭伯集》，安平崔駰著。《張河間集》，南陽張衡著。《李蘭臺集》，廣漢李尤著。《馬季常集》，扶風馬融著。《荀侍中集》，潁川荀彧著。《蔡中郎集》，陳留蔡邕著。《王叔師集》，宜城王逸著。《孔少府集》，魯國孔融著。《諸葛丞相集》，瑯琊諸葛亮著。以上東漢十一人。《魏武帝集》。《魏文帝集》。《陳思王集》，曹植著。《陳記室集》，廣陵陳琳著。《王侍中集》，山陽王粲著。《阮元瑜集》，陳留阮瑀著。《劉公幹集》，東平劉楨著。《應德璉集》，汝南應瑒著。《應休璉集》，汝南應璩著。《阮步兵集》，陳留阮籍著。《嵇中散集》，譙國嵇康著。《鍾司徒集》，潁川鍾會著。以上魏十二人。《杜征南集》，當陽杜預著。《荀公曾集》，潁川荀勖著。《傅鶉觚集》，北地傅玄著。《張司空集》，范陽張華著。《孫馮翊集》，太原孫楚著。《摯太常集》，長安摯虞著。《束廣微集》，元城束皙著。《夏侯常侍集》，譙國夏侯湛著。《潘黄門集》，滎陽潘岳著。《傅中丞集》，北地傅咸著。《潘太常集》，滎陽潘尼著。《陸平原集》，吴郡陸機著。《陸清河集》，吴郡陸雲著。《成公子安集》，白馬成公綏著。《張孟陽集》，安平張載著。《張景陽集》，安平張協著。《劉越石集》，中山劉琨著。《郭弘農集》，河東郭璞著。《王右軍集》，瑯琊王羲之著。《王大令集》，瑯琊王獻之著。《孫廷尉集》，太原孫綽著。《陶彭澤集》，潯陽陶淵明著。以上晉二十二人。《何衡陽集》，東海何承天著。《傅光禄集》，北平傅亮著。《謝康樂集》，陳郡謝靈運著。《顏光禄集》，瑯琊顏延之著。《鮑參軍集》，東海鮑照著。《袁陽源集》，陽夏袁淑著。《謝法曹集》，陳郡謝惠連著。《謝光禄集》，陳郡謝莊著。以上宋八人。《竟陵王集》，蕭子良著。《王文憲集》，瑯琊王儉著。《王寧朔集》，瑯琊王融著。《謝宣城集》，陳郡謝朓著。《張長史集》，吴郡張融著。《孔詹事集》，山陰孔稚圭著。以上齊六人。《梁武帝集》。《梁昭明集》。《梁簡文帝集》。《梁元帝集》。《江醴陵集》，濟南江淹著。《沈隱侯集》，吴興沈約著。《陶隱居集》，秣陵陶宏景著。《丘司空集》，烏程丘遲著。《任中丞集》，樂安任昉著。《王左丞集》，東海王僧孺著。《陸太常集》，吴郡陸倕著。《劉户曹集》，平原劉孝標著。《王詹事集》，瑯琊王筠著。《劉秘書集》，彭城劉孝綽著。《劉豫章集》，彭城劉潛著。《劉中書集》，彭城劉孝威著。《庾度支集》，新野庾肩吾著。《何記室集》，東海何遜著。《吴朝請集》，吴興吴均著。以上梁十九人。《陳後主集》。《徐僕射集》，東海徐陵著。《沈侍中集》，吴興沈炯著。《江令君集》，濟陽江總著。《張散騎集》，清河張正見著。以上陳五人。《高令公集》，渤海高允著。《温侍讀集》，濟陰温子昇著。以上北魏二人。《邢特進集》，河間邢邵著。《魏特進集》，鉅鹿魏收著。以上北齊二人。《庾開府集》，新野庾信著。《王司空集》，瑯琊王褒著。以上北周二人。《隋煬帝集》。《盧武陽集》，范陽盧思道著。《李懷州集》，博陵李德林著。《牛奇章集》，安定牛宏著。《薛司隸集》，河東薛道衡著。以上隋五人。

古文苑二十一卷 刊本。

右宋武林章樵輯。按晁《志》：「《古文苑》九卷。世傳孫巨源於佛寺龕中得唐人所藏文章一編，莫知誰氏録。皆史傳所不載，《文選》所未取，而間見于諸集及樂府。好事者以《古文苑》目之。」今本爲樵所廣其舊編者。周秦兩漢各體文，校正注字，復取漢晉史册遺文以補之。故增多十二卷。又按《續通考》作

《補注古文苑》，不列卷。

廣文選六十卷 刊本。

右明劉節輯。

文選補遺〔一〕**四十卷** 刊本。

右宋茶〔二〕陵陳仁子輯。以上二書皆采自漢魏迄齊梁等作，以補蕭《選》所未備。

〔一〕「遺」原作「集」，據《浙江省第四次鮑士恭呈送書目》、《四庫總目》、《皕宋樓藏書志》改。

〔二〕「宋茶」原作「明滎」，據《四庫總目》、《皕宋志》改。

續文選三十二卷 刊本。

右明海鹽湯紹祖輯。此則自梁昭明以後，迄明代，凡文之類似《選》體者，録而續之。

文苑英華鈔十册 開萬樓藏宋槧本。

右宋高似孫輯。曰《鈔》者，節録《文苑英華》中精語也。爲甲乙丙丁四集。别有彭叔夏《辨證》十卷附於後。

天下同文前甲集五十卷 刊本。

右元廬陵周南瑞輯。所録皆元代詩文。以當時混一區宇，爲全盛之世，故名。内有缺卷。所載每卷文止一二首，詩止十餘首，作者數家而已。劉將孫序。

文翰類選大成一百六十三卷 刊本。

右明淮府左長史上海李伯璵輯。有淮藩坦仙序。又有成化八年頤仙序。博采自唐虞迄明各體詩文，凡六十四類。時伯璵應王教，與伴讀馮厚同編者。

皇明文徵七十二卷 刊本。

右明侍郎晉江何喬遠輯。取明代詩文，分體次之，迄崇禎初年止。

玉臺文苑八卷續玉臺文苑四卷 刊本。

右書前編爲明醴陵江元禧輯。西吴韓敬序。續編爲江元祚輯。葛徵奇序。皆録古今閨閣詩文。

香雪林集二十六卷 刊本。

右明王思義輯。所采皆古今題咏梅花各體詩文。前列梅圖二卷，後附梅譜訣二卷。

以上詩文總集

崇古文訣十七卷 《通考》作《迂齋古文標注》五卷。 宋槧本。

右宋宗正寺簿四明樓昉輯。録自秦漢迄宋諸體文，旁列評語，題曰「迂齋先生標注」。迂齋，昉別號也。前有寶慶間姚瑶序。

古文集成甲集六卷乙集八卷丙集七卷丁集九卷戊集八卷巳集八卷庚集八卷辛集七卷壬集八卷癸集九卷共七十八卷 宋槧本。

右宋廬陵王霆震輯。各集俱分門纂次，并集諸儒評語。以上二書疑皆宋時家塾課誦之本。

皇霸文紀十三卷 刊本。

右國朝宣城梅鼎祚輯。自上古迄秦代之文，凡經傳外，銘辭古刻悉甄録焉。

西漢文紀二十四卷 《千頃堂書目》作二十卷。刊本。

右前人輯。西漢一代之文，間有班馬所未載者。

東漢文紀三十一卷 《千頃堂書目》作二十卷。刊本。

右前人輯。皆取材范史，并廣采隸刻碑銘，以附于後。

西晉文紀二十卷 刊本。

右前人輯。典午四朝之文，并追録景帝宣帝時書詔等篇冠焉。

宋文紀十八卷 刊本。

右前人輯。劉宋一代之文，後附無名氏及吐國渾等國奏表。

南齊文紀十卷 刊本。

右前人輯。蕭齊一代之文，并采及金石諸刻。

北齊文紀三卷 刊本。

右前人輯。北齊諸文，自高歡迄鄭元偉止。

梁文紀十四卷 刊本。

右前人輯。録武帝以下四朝之文，并采後梁文數家附後。

陳文紀八卷 《千頃堂書目》作四卷。 刊本。

右前人輯。武帝以下諸家之文，而以姚最《續畫品》殿。

後周文紀八卷 刊本。

右前人輯。宇文周諸家之文。

隋文紀八卷 刊本。

右前人輯。隋代之文，間有唐初諸家作爲姚鉉《文粹》所未收者，亦附采焉。按《千頃堂書目》所載梅氏《文紀》，此十一種外，又有《三國文紀》、《東晉文紀》、《後魏文紀》，俱不列卷，並《釋文紀》十五卷，玆未見。

三國志文類六十卷 天一閣寫本。

右書分詔、教、令、奏、書、疏等凡二十三門。按《通考》載有《三國志文類》四十卷。陳振孫曰：「不知何人集。」又《千頃堂目》有錢穀《三國文類抄》，不列卷。未知孰是。俟再考。

聖宋名賢五百家播芳大全文粹一百十卷 瓶花齋寫本。

右書宋紹熙[一]改元中奉大夫南徐許開序云：「鉅鹿魏仲賢、南陽葉子實同輯。」仲賢、子寔係字，其名俟考[二]。卷首開載姓氏，實五百二十家。內缺七家。舉成數言五百耳。今按五百家者，始范魯公質，終田莘老萬頃。但其書分體，不分家，自表啓至題跋，凡三十一門。

〔一〕「熙」原誤「興」，據羅以智校改。

〔二〕羅以智批：「仲賢名齊賢，子實名芬棻。」

聖宋文選三十二卷 寫本。

右書有康熙己巳嘉善柯崇樸序云：「所録歐陽永叔二卷，司馬君實三卷，范希文一卷，王禹偁一卷，孫明復二卷，王介甫二卷，余元度一卷，曾子固二卷，石守道二卷，李邦直一卷，唐子西一卷，張文潛七卷，黃魯直一卷，陳瑩中一卷，凡十四人。乙丑歲至京師，朱檢討竹垞過余寓舍，因以訪之，轉假得是書。是書藏自崑山徐立齋相國。原本宋刻甚工，然無有序紀始末與撰録者姓氏。幸其卷帙完具，使讀者有以窺知其意。大約所録者必有關于經術、政治之大。他若詞賦之作，碑誌之文，非關體要，雖工勿取。然有甚不可解者，理學若二程，文章若三蘇，皆不見録。乃蘇門之張文潛，則又廣取之。竊不可解。」

文章辨體彙選八百六卷 海寧陳氏春暉堂寫本。

右國朝丹陽賀復徵輯歷代各家文，迄明季止。辨其體而彙次之。所采甚詳備。其一卷至十二卷原缺。

明文案二百卷 仁和沈氏藏寫本。

右國朝黄宗羲輯。自序云：「有明文章，自宋、方以後，東里、春雨繼之。一時廟堂之上，皆質有其文。景泰、天順稍衰。成、弘之際，西涯雄長于北，匏菴、震澤發明于南。從之者多有師承。正德間，餘姚之醇正，南城之精鍊，掩絶前作。至嘉靖而崑山、毘陵、晉江者起，講究不遺餘力。大洲、浚〔一〕谷相與犄角，號爲極盛。萬曆以後，又稍衰。然江夏、福清、秣陵、荆石未嘗失先民之矩矱也。崇禎時，三吳間傳崑山之典型，同時江右之艾千子、徐巨源，閩之曾弗人，卓犖相望。計一代之制作，有所至不至。要其大旨，罔有不同。此書分體編次，凡閲明人集不下千餘種。始事于康熙戊申，卒業于乙卯。」蓋梨洲初選本也。後益加蒐討，復得崑山徐氏所藏明集千種，因更有《明文海》之選，凡爲卷四百八十，簡帙甚鉅，流傳頗罕，其稿未出，因不及録。

〔一〕「浚」原作「後」，據盧文弨校改。

載道集六十卷 刊本。

右國朝翰林院編修海寧許焞輯。自孔子迄明代之文，擇其有關理道者録之。其子瑚並採儒先舊説，參以己意，而爲之注。

以上文總集

古今源流至論四十卷 元刊本。

右書前集十卷、後集十卷、續集十卷。爲宋三山林駉輯。别集十卷，爲宋進士三山黄履翁輯。皆論古今理學制度本末。有嘉熙丁酉履翁序，題曰《新箋决科古今源流至論》，係大德間建陽書院詹氏重刊者。按《續通考》云：「駉，寧德人，少穎悟，清修苦學，博極羣書。德祐丙子以《易》魁鄉薦。履翁爵未詳。」

十先生奥論前集十五卷後集十五卷續集十五卷 天一閣藏宋槧本。

右書輯録吕祖謙、楊萬里、胡寅、方恬、陳傅良、葉適、劉穆元、張震、朱子、張栻、楊時、戴溪、陳武諸家論説經史之文，附以注釋。謂十先生，舉成數也。内抄補七卷，原缺五卷。卷首有印曰「馬氏家藏圖書世世永保」，蓋在甬上范氏之前者。

諸儒奥論策學八卷 元刊本。

右元汝陽陳繹曾輯。專論詞章格律，以爲應試程式。

增注唐策十卷 刊本。

右書明正德間汪燦序謂：「元選本唐人策疏表議狀論等文，因爲刊布，不盡策而曰唐策者，首舉以概其餘。」

百段錦二尺 天一閣藏刊本。

右宋上舍三山方頤孫撰。題曰《太學新編黼藻文章百段錦》，蓋頤孫時爲太學，篤信齋長也。有正德辛未黎堯卿題云：「此帙于名賢博議中剪其繁蕪，而撮其絢要，以爲獵文者之大較。」○按以上五書皆宋元科舉之本。

唐宋元名表六卷 刊本。

右明尚書滁陽胡松輯。録唐宋元諸家奏表，以人爲次。

古論元箸八卷 刊本。

右明御史汝南傅振商輯歷代名人所著各論，亦以人爲次。

玉屑齋百家論鈔十二卷 刊本。

右明仁和張文炎輯。此則專取明代諸家之論而彙次之。

明經濟文録四十一卷 刊本。

右明都督鄞萬表輯。取明代諸家疏議論記等，録其有關經濟者，凡三十二類。内有缺卷。

經世宏辭十五卷 刊本。

右書係明沈一貫奉命爲館師時録秘閣教習日課諸文，分類選次，以爲程式。後附臺臣章疏。

皇明兩朝疏抄十二卷 刊本。

右書未詳撰人。所載皆嘉靖、隆慶兩朝諸臣奏疏。凡三十七類。

以上策論議疏總集

啓雋類函一百卷 刊本。

右明東吳俞安期輯自漢魏迄元明諸家駢體箋啓，分部次之，所採頗廣。

四六類編十六卷 刊本。

右明太僕寺卿秀水李日華輯。亦選各家駢體，閒有注釋。

文儷十八卷 刊本。

右明荆溪知縣漳州陳翼飛輯自漢迄唐之駢體，所謂連珠、令教、七誌等俱備焉。

翬公四六續集四册 天一閣寫本。

右書未詳編次人姓氏。所載皆宋人四六。自甲至癸凡十集。其庚、辛二集闕。

翬公小簡六卷 刊本。

右書原編所載宋蘇文忠、方秋崖、趙清曠、盧柳南、孫仲益五家小簡也。成化乙未徐傅序，謂「正統間入鄉校，示此書，余兄弟抄録記誦。後按徐郡，因惜此書多字畫差訛，付庠官方文煒等校正，益以歐陽文忠公。徐守同年陳君廷璉復足成之」。傅時官巡按直隷監察御史。

歷朝翰墨選注十四卷 刊本。

右明尚書鄞屠隆輯。自《春秋左傳》迄明代諸家詞令，并爲之注。

書記洞詮一百十六卷 刊本。

右國朝梅鼎祚輯。此則皆史籍碑帖所載古人酬答書記，自周秦迄陳，以時爲次。

羣公翰藻五十卷 刊本。

右明凌迪知輯。此則專録明代諸人酬答書記。自王鏊以下凡三百餘家。

以上駢語箋簡總集

古樂府十卷 刊本。

右元豫章左克明輯。始古歌謡，終雜曲。至正〔一〕丙戌自序。

〔一〕「至正」原作「至德」。左氏原書序末署「至正丙戌良月豫章後學左克明謹書」。今據改正。

風雅逸篇十卷 刊本。

右明楊愼輯。録自康衢《擊壤歌》起，迄于周秦，凡斷章逸句，在三百篇之外，而散見于古籍者，悉掇拾之。

古今風謡一册 刊本。

右前人輯。此則取史書所載風謡，類而録之者。

九代樂章二十三卷 刊本。

右明劉濂輯。九代者，漢魏六朝暨唐也。嘉靖間微山自序云：「余選九代之詩，獨以聲音爲重，取其所嘗奏于朝廷者爲雅，宗廟者爲頌，文人學者之作通謂之風雅。詞意或不雅粹，聲調存焉，猶可説也。風而無聲焉，不可爲風矣。雖言辭清遠如七子、二陸、三謝、李、杜，皆在所畧。」

樂府廣序三十卷 刊本。

右國朝海寧朱嘉徵輯。自序云：「郭茂倩《樂府詩集》編次一遵《宋書》及《元嘉伎録》，復輯以雜曲、琴曲、新曲，蓋其勤哉。然風雅之失，卒未能正也。嘗旁搜左氏《樂府》、梅氏《樂苑》、吳兢之《樂録》、郗昂之《解題》、沈建之《廣題》，又何殊膠柱而鼓焉。余起漢魏六朝以迄唐代，而分相和、清商、五調、伎，以雜曲、新曲繫之，當國風始。燕射、鼓吹、横吹、舞曲，以散樂繫之，當雅始。其郊祀、廟祀、清廟、明堂、配饗，更以歷代封禪、雩蜡、逸頌繫之，當頌始。而賦、比、興之義，亦藉以不廢焉。後之作者，即踵事增華，篇體始備。要之一文一質，總不越風人六義之遺。謹撰樂爲三集，别輯歌詩，從《漢藝文志》，並異郭本。非異也，所以著代倡四始也。且琴爲王者暬御，琴曲宜後堂上堂下之樂，亦樂府志也。各删正著論，分次之，成三十卷。且詩話非古也，倣卜序，畧標美刺，義加廣焉。」康熙間黄宗羲序。

選詩補注八卷補遺二卷續編四卷 三書又俱名《風雅翼》。刊本。

右元上虞劉履輯。以朱子嘗欲掇拾經史韻語及《文選》古詞，附于《詩》、《楚辭》之後。又欲擇乎《文選》詩之近古者，爲之羽翼輿衛。履因踵成其志，增損蕭《選》之詩，而更以李善注釋事遺義，五臣文多舛謬，復集衆説補注之。其《補遺》係古謡辭。《續編》乃唐宋詩之似《選》體者。有至正間金華戴良、會稽夏時二序。

古詩類苑一百三十卷 刊本。

右明布政使經歷張之象輯。悉取上古迄陳、隋之詩，分類編之。其蒐羅未竟者，則同邑俞鎮卿補焉。

詩所五十六卷 《千頃堂書目》作五十二卷。刊本。

右明吳興臧懋循輯。以馮汝言《古詩紀》所載間有墨漏舛譌，重爲删正成此。

情采編二十六卷 刊本。

右明知府鄞屠本畯輯。擇漢魏三唐之詩，取其情深而采麗者，故以名。

采薇堂古詩選三十八卷補遺四卷 刊本。

右國朝仁和陳祚明輯。選漢魏迄隋代詩，畧加詮釋，并采古逸詩、謡諺附之。

濂洛風雅六卷 刊本。

右宋金履祥輯周程以下諸家詩，以師友淵源爲統紀，皆取其平淡有理趣者。

五倫詩選十二卷 小山堂藏寫本。

右元雲間沈易輯古今詩之有繫于倫理者，原目内集五卷、外集七卷。今所存止内集。據《千頃堂書目》又云易「洪武中官咨議參軍，棄官養親，教授里中，集是以教童子誦習」者。

歷代詩選五百六卷 刊本。

右明曹學佺輯。漢魏六朝詩十三卷、唐詩一百十卷、宋詩一百七卷、元詩五十卷、明初集八十六卷、明次集一百四十卷。近代選詩家薈萃最爲宏富。據《千頃堂書目》，石倉又有明三集一百卷、四集一百三十二卷、五集五十二卷、六集一百卷。今未見。

六朝聲偶集七卷 刊本。

右明徐獻忠輯。皆採六朝詩之麗而不纖者。

光嶽英華十五卷 刊本。

右明汝南許中麗輯。録自唐代迄明時諸家七律。據焦氏《經籍志》及《千頃堂目》，俱作揭軌撰。未知即此本否。

乾坤清氣十四卷 寫本。

右明荆門州吏目偶桓輯。桓字武孟，太倉衛人。朱彝尊曰：「明初詩家操選政者，賴良直卿、許中麗仲孚、劉仔肩汝弼、沈巽士偁、王偁孟敭，皆有所蔽。惟瞎牛《乾坤清氣》一編，能開生面。惜予所鈔闕七言近體絶句，未得全書以爲憾。」今本即從朱氏傳抄者。

二妙集十二卷 刊本。

右明唐順之輯。嘉靖丙寅門人萬士和序云：「先生嘗選漢魏以來古歌行、絶句、律詩各若干首，龍溪王氏名之曰《二妙集》。蓋用白沙語，謂詩法與理俱妙。然要之無二也。」按兹本選盛唐杜甫以下迄明代各家詩止七律、七絶二體，與序不合。

萬首唐人絶句四十卷《千頃堂書目》作《增定萬首唐人絶句》。刊本。

右書彙録唐人五七言絶句，題曰《宋洪魏公進萬首唐人絶句》，明趙宧光棸定，黄習遠攟補。蓋不盡邁之原本云。

唐詩韻滙四十册 刊本。

右國朝宣城施端教輯。皆唐人近體詩也。以上下平韻爲次，仍以五七言體爲類。

西崑酬倡集二卷 刊本。

右宋楊億、錢惟演、劉筠唱酬之作。其屬而和者又十有五人。億自序云：「取玉山策府之名，命之曰《西崑酬倡集》。」

同文館倡和詩十卷 寫本。

右宋鄧忠臣、余幹、耿南仲、商倚、張耒、晁補之、曹輔、蔡肇、柳子文、李公麟、孔仲武諸人同在試院同文館校士時倡和諸作。又有名向、名益者，各附一首，不署姓。

北宋人小集十册 寫本。

右書未詳編次人姓氏。所集凡五十八家，具列于後：

楊億《楊文公集》二卷。宋白《廣平别集》一卷。王操《王洗馬詩集》一卷。文彦博《文潞公詩集》一卷。陳洎《陳副使遺稿》一卷。有司馬光跋。寇準《寇萊公集》七卷。有隆興改元辛敷跋。田錫《咸平集》一卷。

胡宿《胡文恭集》一卷。尹洙《皇雅》一卷。魏野《草堂集》二卷。夏竦《夏英公雜詩》一卷。附《東野筆録》一則。宋庠《元獻詩稿》一卷。黄庶《伐檀集》二卷。宋祁《西州猥稿》一卷。有曹學佺跋。李師中《珠溪詩集》一卷。有陳世隆跋。蘇頌《蘇侍郎集》一卷。張維《曾樂軒稿》一卷。附周密《齊東野語》一則。謝逸《溪堂集》一卷。謝邁《竹友集》二卷。劉筠《肥川小集》一卷。范鎮《范蜀公詩集》一卷。王珪《王岐公詩集》一卷。有潘耒跋。劉摯《劉忠肅集》四首。司馬光《獨樂園詩稿》六卷。張先《張都官集》五首。毛滂《東堂小集》六首。劉敞《公是集》一卷。王琪《漫園小稿》九首。邵雍《安樂窩吟》一卷。梅摯《梅諫議詩集》十首。唐詢《杏花村詩》一卷。朱長文《樂圃餘稿》二卷。劉攽《公非集》一卷。王安國《王校理集》一卷。有曾鞏序。孫抗《映雪齋詩集》一卷。晁説之《景迂小集》一卷。夏倪《五桃軒詩集》五首。杜衍《杜祁公摭稿》一卷。蘇洵《老泉詩集》一卷。蔡襄《蔡忠惠詩集》二卷。華鎮《會稽吟稿》一卷。蔣之奇《三徑集》一卷。馮山《安岳吟稿》一卷。潘大臨《潘邠老小集》一卷。附録詩話二則。許將《許文定集》十二首。石延年《石曼卿詩集》一卷。有朱子跋。郭祥正《青山集》二卷。葛立方《歸愚集》一卷。陳襄《古靈詩集》一卷。劉叔贛《題丘〔一〕詩》一卷。楊傑《無爲子小集》一卷。祖無擇《祖龍學詩集》四卷。舒亶《舒待制詩集》一卷。朱弁《曲洧存稿》一卷。周鍔《四休堂詩集》九首。李之儀《姑溪詩集》二卷。劉弇《結雲小稿》一卷。陶弼《邕州小集》一卷。有楊慎跋。

〔一〕《中國古籍善本書目》、《中國叢書綜録》著録《兩宋名賢小集》内均有劉叔贛《題畫詩》一卷。疑「丘」爲「畫」字之誤。

南宋羣賢小集二十四册 知不足齋寫本。

右宋臨安陳起輯。又作陳思。蓋思即起子也。此書流傳之本不一，兹從錢塘吴氏藏本録出。有吴焯識云：「南宋錢塘人陳起，以鬻書爲業，頗精雕板。當時稱行都坊本。曹楝亭所藏宋印，後歸郎温勤，今見于家石倉書舍。僅有其半，并無叙目可考。其板樣亦參差不齊。蓋陳氏所刻詩，行于江淮之間，作者往往以已刻者附入，後竟以名取禍。此其平生未竟之緒，是以無編定卷帙。但從後來藏書家簿録中紀爲《宋人小集》六十四家而已。余所見秀水朱氏本，花溪徐氏本，花山馬氏本，各不相同。大抵此集多不全，後人間取北宋人集之小者，如陶弼、蔣堂等，以儷之，以寔六十四家之數耳。至《文獻通考》所載《江湖集》九卷，亦陳氏刻。審陳振孫跋語，其非此集可知。余搜求不下十年，始彙其全。近日與趙功千校勘此集，因書其端委示之。惜乎竹垞老人已往，不及見余本之完善也。」今全列其目于後：

洪邁《野處類稿》二卷。危稹《巽齋小集》一卷。羅與之《雪坡小稿》二卷。高九萬《菊磵小集》一卷。鄒登龍《梅屋吟》一卷。余觀復《北窓詩稿》一卷。趙崇鉘《鷗渚微吟》一卷。朱南杰《學吟》一卷。王琮《雅林小稿》一卷。斯植《采芝集》二卷。陳起《芸居乙稿》一卷。吴仲孚《菊潭詩集》一卷。沈説《庸齋小集》一卷。釋永頤《雲泉詩集》一卷。王同祖《學詩初稿》一卷。陳允平《西麓詩藁》一卷。何應龍《橘潭詩稿》一卷。毛珝《吾竹小稿》一卷。鄧林《皇荂曲》一卷。許棐《梅屋詩藁》四卷。胡仲參《竹莊小稿》一卷。陳鑒之《東齋小集》一卷。施樞《芸隱横舟稿》一卷，《勌遊藁》一卷。徐集孫《竹所吟稿》一卷。吴汝弌《雲臥詩集》一卷。武衍《適安藏拙餘藁》二卷。高似孫《踈寮小集》一卷。葉紹翁《靖逸小集》一卷。張戈《秋江烟草》一卷。張至龍《雪林删餘》一卷。杜旃《癖齋小集》一卷。劉仙倫《招山小集》一卷。嚴粲《華谷集》一卷。黄文雷《看雲小集》一卷。趙希𥌓《抱拙小稿》一卷。葛起耕《檜庭吟稿》一卷。利登《骳稿》一卷。薛嵎《雲泉詩》一卷。葛天民《無懷小集》一卷。俞桂《漁溪詩稿》二卷《漁溪乙稿》一卷。劉翰《小山集》一卷。張良臣《雪窓小集》一卷。張蘊《斗野稿支卷》一卷。黄大受《露香拾藁》一卷。林希逸《竹溪十一稿》一卷。敖陶孫《臞翁詩集》一卷。朱繼芳《静佳龍尋稿》二卷。陳必復《山居存稿》一卷。林尚仁《端隱吟稿》一卷。姚鏞《雪蓬稿》一卷。劉翼《心遊摘稿》一卷。樂雷發《雪磯叢稿》一卷。宋伯仁《雪岩吟草》一卷。戴復古《石屏續集》四卷。葉茵《順適堂吟稿》一卷。劉過《龍洲小集》一卷。林同《孝詩》一卷。李龏《梅花衲》一卷、《剪綃集》二卷。

據宋本增凡四家并拾遺、增廣。姜夔《白石道人詩》一卷。李濤《蒙泉詩》一卷。周文璞《方泉詩》三卷。釋紹嵩《江浙紀行集句》七卷。《前賢拾遺》五卷。《增廣高僧前後集》四卷。二種俱陳起編。

據花山馬氏本增凡二家。吴淵《退安遺藁》二卷。薛師石《瓜廬詩》一卷。

宋藝圃集二十卷 刊本。

右明提學副使内鄉李蓘輯。蓘爲人放誕不羈，但其學博洽。中州人以擬楊用修。此所選宋詩近乎才調者多。

宋詩鈔二十二册 刊本。

右國朝石門吴之振輯。自王禹偁《小畜集》起，至費氏花蕊夫人，共百家。内數卷原闕。

宋十五家詩選八册 刊本。

右國朝海寧陳訏輯。始梅堯臣，終文天祥。

宋詩紀事一百卷 刊本。

右國朝錢塘厲鶚輯。倣計有功《唐詩紀事》之例，録宋代詩人凡三千八百餘家。曰《紀事》者，每詩綴以本事也。

宋元詩會二十二卷 刊本。

右國朝桐城陳焯〔一〕輯。録宋元人詩，并紀各詩人爵里本末焉。

〔一〕「焯」原作「炯」，據《四庫總目》、《中國古籍善本書目》改正。

皇元風雅二卷 天一閣寫本。

右書據焦氏《經籍志》作三十卷，蔣易撰。而《南宋雜事詩》書目又作孫大雅。今本止二卷，疑非足本，抑别一人撰也。

元音十二卷 刊本。

右明定海丞張中達輯。自劉因迄龍從雲，凡一百七十五家。洪武甲子烏斯道序，其子再龍重刻。

元詩體要十四卷 寫本。

右明餘姚宋公傳輯。宣德癸丑南海鄧林序云：「起四言，終側體，爲類三十有八，詩凡一千五百二十餘篇。每類之首自爲小序，以原其始，且評量之。」

元藝圃集四卷 刊本。

右明李蓘輯。所録凡百九人詩六百二十五首。

柳黄同聲集二卷 刊本。

右元翰林待制柳貫、學士黄溍合集。有明邢旭跋云：「《同聲集》者，乃予外兄杜宗表取二公上京紀行諸作合爲一帙而名之也。總五十有三首，當時諸名公跋語附焉。」

大雅集八卷 寫本。

右元天台賴良編。至正壬寅楊維楨序云：「東南詩人隱而未白者不少也。良于是去遊吴越間，採諸詩未傳者，得若干人，詩凡若干首，取山谷語名之曰《大雅集》。」

金蘭集三卷 寫本。

右元徐達左輯。自序謂「與友朋往來之詩，編集成卷，以見不忘之義」。其續集一卷，署「鄧尉徐堅重編」，内附雜文，有至正河南高巽志《耕漁軒記》一篇。

至正庚辛唱和詩一卷 寫本。

右元繆思恭等倡和之作。其倡和姓氏，一爲至正二十年庚子八月十五日會于南湖，共十四人：繆思恭、高巽志、徐一夔、姚桐、來堯新、江漢、陳世昌、鮑恂、樂善、金絅、潘澤民、殷從先、朱德輝、郁遵也。一爲至正二十一年辛丑七月十三日會于就淵景德禪院，共十四人：吕安坦、鮑恂、牛諒、智寬、常真、丘民、張翼、王綸、成志道、聞人麟、曹睿、徐一夔、尤存、周棐也。又高金聲識云：「余讀此詩序，則元季已自合爲一册。廼郡志獨收辛丑，而庚子見遺。蓋入志時水西舊宿不若景德好事，與秉筆者不極搜考故耳。然收就淵諸什，孰若收南湖倡和足徵當時離亂乎。而材公能出此校刊，可爲雪廬真子矣。」

鼓吹續編十卷 刊本。

右明江陰朱紹與弟積同輯。取宋元明各家七律詩之有聲調者，以續元好問之編。永樂三年樓宏序。

盛明百家詩一百册 刊本。

右明無錫俞憲輯。凡前後兩集。自洪武訖嘉靖間止，分人編次。其搜羅之富，堪與石倉所選相埒云。

國雅二十卷 刊本。

右明錫山顧起綸輯。亦分人編次明代詩。首列品論一卷。萬曆改元皇甫汸序。起綸又有《續雅》四卷。見《千頃堂目》。

皇明珠玉八卷 刊本。

右明江陰王諤序作均輯。專録明代諸家七律詩。成化癸巳葉盛序。

溯洄集十卷 刊本。

右國朝魏裔介輯。録國初人詩，各附以評。

名媛彙詩二十卷 刊本。

右明鄭文昂〔一〕輯。録閨媛之作，亦以時代爲次。

〔一〕「昂」原作「節」，據《存目叢書》影印明泰昌刻本改正。

弘秀集十卷 刊本。

右宋李龏輯詩僧之作，凡五十二家，共五百首。

古今禪藻集三十八卷 寫本。

右明釋普文輯。録釋子詩，自晉宋迄明代止。

以上詩總集

樂府雅詞三卷拾遺二卷 曝書亭寫本。

右宋曾慥輯。朱彝尊跋云：「曾端伯《樂府雅詞》陳氏《書録解題》云一十二卷、拾遺二卷。此書抄自上元焦氏，殆非足本，然藏書家著于録者罕矣。」

花草粹編十二卷 刊本。

右明進士陳耀文輯。録唐宋元諸家之詞，其編例以小調、中調、長調爲先後。

宋六十名家詞三十册 刊本。

右國朝常熟毛晉輯。每十人爲一集。目具如左：

第一集　晏殊《珠玉詞》一卷。歐陽修《六一詞》一卷。柳永《樂章集》一卷。蘇軾《東坡詞》一卷。黄庭堅《山谷詞》一卷。秦觀《淮海詞》一卷。晏幾道《小山詞》一卷。毛滂《東堂詞》一卷。陸游《放翁詞》一卷。辛棄疾《稼軒詞》四卷。

第二集　周邦彦《片玉詞》二卷。史達祖《梅溪詞》一卷。程垓《書舟詞》一卷。葉夢得《石林詞》一卷。向子諲《酒邊詞》二卷。趙師俠《坦菴詞》一卷。謝逸《溪堂詞》一卷。毛幵《樵隱詞》一卷。蔣捷《竹山詞》一卷。姜夔《白石詞》一卷。

第三集　趙長卿《惜香樂府》十卷。楊炎正《西樵語業》一卷。高觀國《竹屋癡語》一卷。吴文英《夢窓稿》五卷。周必大《近體樂府》一卷。黄機《竹齋詩餘》一卷。石孝友《金谷遺音》一卷。黄昇〔二〕《散花詞》一卷。方千里《和清真詞》一卷。劉克莊《後村别調》一卷。

第四集　張元幹《蘆川詞》一卷。張孝祥《于湖詞》一卷。程珌《洺水詞》一卷。葛立方《歸愚詞》一卷。劉過《龍洲詞》一卷。王安中《初寮詞》一卷。陳亮《龍川詞》一卷。李之儀《姑溪詞》一卷。蔡伸《友古詞》一卷。戴復古《石屏詞》一卷。

第五集　曾覿《海野詞》一卷。楊无咎《逃禪詞》一卷。洪瑹《空同詞》一卷。趙彦端《介菴詞》一卷。洪咨夔《平齋詞》一卷。李昴英〔二〕《文溪詞》一卷。葛勝仲《丹陽詞》一卷。侯寘《孏窟詞》一卷。沈端節《克齋詞》一卷。張榘《芸窗詞》一卷。

第六集　周紫芝《竹坡詞》三卷。吕濱老《聖求詞》一卷。杜安世《壽域詞》一卷。王千秋《審齋詞》一卷。韓玉《東浦詞》一卷。黄公度《知稼軒詞》一卷。陳與義《無柱詞》一卷。陳師道《后山詞》一卷。盧祖皐《蒲江詞》一卷。盧炳《烘堂詞》一卷。

〔一〕「昇」原作「昃」，據《中國古籍善本書目》改。

〔二〕「昴英」原作「公昴」，據羅以智校改。

十六家詞三十九卷　刊本。

右國朝休寧孫默輯。十六家皆國朝人，以吴偉業、龔鼎孳冠。康熙丁巳南陽鄧漢儀序。

名家詞鈔八册　刊本。

右國朝聶先、曾王孫同輯。亦皆國朝諸家詞，分人編次。

以上詞總集

總集類二 以地爲次

橋門聽雨詩一卷 刊本。

右明陳燧等撰。燧等時在太學，多唱和之什，因彙録以誌其盛。蓋永樂己丑也。詩共七十八首。

三賢集共十二卷 刊本。

右國朝魏一鰲輯。三賢者，元右贊善劉因詩文四卷，明贈太常少卿楊繼盛詩文四卷，國朝徵士孫奇逢詩文四卷。以其皆容城人，故一鰲合編之。

古杭雜記詩集四卷 寫本。

右書不署名。皆雜録南宋時逸詩歌諺等，而各注其事實于題下。或作《古杭雜記》，李有撰，未知即此否。

西湖百詠二卷 知不足齋寫本。

右宋董嗣杲原作。有咸淳壬申自序。明餘姚陳贄即嗣杲原題依韻次之，凡九十六首，與嗣杲詩併刻。天順癸未陳敏政序〔一〕。

〔一〕 羅以智批：「百題百首並無遺缺。」

西湖八社詩一册 刊本。

右明祝時亨、高應冕等撰。皆詩社唱和之作。

西溪百詠一册 寫本〔一〕。

右明釋大善撰。西溪在南渡時菴刹、祠墓、橋渡、村莊甚盛。宋人舊有《西溪百咏》，多建炎、淳熙間事，而詞未雅馴也。大善重爲考之，各繫以七律。又有《福勝八咏》、《曲水八咏》、《梅花十咏》綴于末。

〔一〕羅以智批：「有刊本。」

檇李詩繫四十二卷 刊本。

右國朝貢生平湖沈季友輯。今嘉興府，古之檇李也。季友采詩，自漢嚴忌以下，迄于國初諸人，凡鄉賢寓公之作，共二十九卷，方外四卷、閨秀二卷。並人繫以傳，詳其本末。仙鬼一卷，又題咏五卷，則別采詩之有繫于檇李山川、古蹟、土風、物産者，並各爲考附注之。末附謡諺一卷。陸奎勳稱其「考覈詳而品隲當」，蓋庶幾焉。康熙己丑朱彝尊序。

梅會詩選三十二卷 刊本。

右國朝嘉興李稻塍輯。梅會里在嘉興府〔二〕治南。舊有《梅里詩人集》一編，稻塍取材焉，復增以舊時數家。凡分初集十二卷、二集十六卷、三集四卷。

〔一〕「府」原作「即」，今改。

柳洲詩集十卷 刊本。

右嘉善魏允柟、曹鑑平等選梓其同邑人詩社之作。柳洲在邑治熙寧門外。

洛如詩鈔六卷 刊本。

右國朝平湖陸奎勳、葉之溶等撰。亦詩社之作。秀水朱彝尊爲評定而序之。

吴興藝文補四十八卷 刊本。

右明烏程董斯張輯。以徐獻忠舊有《吴興掌故》，所記不專于藝文，因廣搜郡人及官是郡者之詩文以補之。

吴興絶倡四卷續集二卷 寫本。

右明歸安丘吉輯。自元迄明吴興各家詩爲四卷，于他郡人題咏有關涉吴興者則爲續集。其甄録頗嚴，故爲卷不多云。

四明風雅四卷 刊本。

右明張時徹輯。録甬上人詩，自明初迄萬曆間止。自序云：「戴南江氏取郡中文人學士篇什，積歲月而編次之。余輒汰其繁蕪，搜其放佚，蓋存者什之一二，增者十之七八。」按戴南江名鯨，曾與沈明臣同輯《四明風雅》，其書見《千頃堂書目》。

甬上耆舊詩三十卷 刊本。

右國朝郡人李鄴嗣輯。鄴嗣先成《甬上耆舊傳》，因按傳求其詩，凡得人四百三十家，詩三千有奇首，共四十卷。其前三十卷先付梓，即今本也。自謂「叙其世次，定其品目，考其支派分承，壇坫相嬗，本于班固《人表》之上中，參以鍾嶸《詩品》之高下」。

會稽掇英總集二十卷 天一閣寫本。

右宋尚書司郎中知越州軍事浙東兵馬鈐轄孔延之緝。自叙謂自太史所載，自熙寧以來，所謂銘志歌咏，得八百五篇。詩則以古次律，自近而之遠。文則一始于古，以歲月爲先後。蓋延之官越時所録云。○按《通考》載《會稽掇英集》二十卷《續集》四十五卷。陳氏曰：「熙寧中郡守孔延之、程師孟相繼纂集。其《續集》則嘉定中汪綱俾郡人丁燧爲之。」今《續集》未見。

越望亭詩集二卷 刊本。

右明紹興守湯紹恩輯。紹恩于署後搆越望亭，因彙一時寮友題咏諸什刻之。詩不甚佳，蓋以人傳云。

吴越游稿一册 刊本。

右明沈明臣、余寅、沈一貫同撰。皆當時游吴越之作。卞袞彙刻。

姚江逸詩十五卷 刊本。

右國朝邑人黄宗羲輯自陳隋迄明餘姚一邑人之詩，人系以傳，倣《中州集》之例。自謂「逸有二義：

前乎此者，是編爲所逸之餘也。後乎此者，庶幾因是編而不逸也」。

續姚江逸詩十二卷 刊本。

右國朝遂安縣訓導邑人倪繼宗輯。所采皆國朝姚江諸人詩，以續前集。

古虞文録二卷 刊本。

右明工部郎楊儀輯。古虞，今上虞〔一〕也。儀爲邑人，故采其古今詩文而次之。

〔一〕按：古虞爲常熟。參《四庫提要》、《江蘇藝文志》蘇州卷。

金華文統十三卷 刊本。

右明知府江都趙鶴輯。凡采一百三十五篇。

婺賢文軌四卷 天一閣寫本。

右明郡人戚雄《千頃堂書目》作戚賢。輯。雄以《金華文統》、《正學編》去取未當，故重選之。始宋而迄于明。嘉靖戊戌自序。

金華詩粹十二卷 刊本。

右明滇南阮元聲輯。所采自梁劉孝標以下，亦迄明代止。

金華文畧二十卷 刊本。

右國朝東陽王崇炳輯。據前各編而釐次之，收録綦詳。謂之畧者，概辭也。

石洞遺芳集二卷　曝書亭藏刊本。

右書所録皆宋代名公鉅卿之詩文爲郭頤正暨子欽止而作者。石洞，書院也，郭氏所建，故其裔孫鈇于明正德間纂刻之。

嚴陵集九卷　天一閣藏刊本。

右宋知軍州事廣川董弅輯。紹興壬申自序云：「凡自隋以上在新安郡者，自唐以後訖國朝宣和以前在睦州者，取之。其未嘗至而賦咏實及此土，如韓、司馬、蘇、黄之作，蓋不得而不録也。」其書之指例如此。

天台集三卷前集別編一卷續集三卷續集別編六卷　《通考》作《天台集》二卷《別編》一卷《續集》三卷。　天一閣藏刊本。

右書所録六朝迄宋代諸題咏天台之作。其《天台集》三卷，録唐以前詩賦，州學諭林師蒧輯，參李桀本，有嘉定改元李兼序。《天台續集》三卷，録宋人之作，前二卷李寓公子長《通考》作李庚子長。編，後一卷師蒧父子彙次，皆李兼跋。《天台集別編》一卷，録唐。《天台續集別編》六卷，録宋。師蒧子表民輯。有陳耆卿跋一，嘉定癸未自跋一，淳祐戊申自跋一，庚戌自跋一。

赤城集十八卷　寫本。

右林表民輯。此則專録台郡人詩文諸作。

赤城論諫録十卷 刊本。

右明黄孔昭、謝鐸同輯。録其鄉先正奏議也。自宋左司諫陳公輔，迄明正學方孝孺，共十八家。莆田周瑛序。

古括遺芳四卷 寫本。

右明進士麗水鄭宣輯處州一郡自宋迄明各家之文，分四類，其緣起、評語並著之。

吳都文粹十卷 寫本。

右宋吳郡鄭虎臣輯。采詩賦雜文，凡有關于吳郡者。唐宋人之作爲多。

續吳都文粹五十六卷補遺一卷 寫本。

右明長洲錢穀輯。朱彝尊曰：「叔寶手抄異書最多，至老不倦。倣鄭虎臣《吳都文粹》輯成《續編》，其子功父繼之，吳中文獻藉以不墜。」今本闕五十三、五十四兩卷，惟篇目具存。

姑蘇雜詠四卷 刊本。

右書合編明高啓、周南老兩家先後題詠之繫于姑蘇古蹟者。爲南老裔孫希孟、希夔所重梓。

崑山雜詠二十八卷 刊本。

右明河間俞允文輯。取宋龔立道初纂及明嘉靖王綸續纂之本而增廣之者。崑山屬蘇州府。

玉山紀游一册 寫本。

右元至正間楊維楨、顧阿瑛、鄭元祐、陳基、張渥、郯韶、于立、袁華曁釋輩同時唱和詩篇也。玉山今崑山縣。其吴下、錢塘、惠山諸名勝亦間及焉。編次者袁華也。

江南春詞一册 刊本。

右明吴郡袁表輯。初元倪瓚有《江南春詞》，表等取而追和之，因合爲此編。多吴人之作。

松風餘韻五十卷 刊本。

右國朝姚宏緒緝録松江一郡自晉迄明諸家之詩。所采頗詳，别有閨秀、方外一卷附于末。

静安八咏一册 寫本。

右元釋壽寧輯。静安寺在上海縣，建于吴赤烏年。寺有八景。壽寧徵諸家題咏爲此集，而丐楊維楨序之。并屬錢鼒述八景事跡弁于前。至明有邑人張紘追和八詩，又張抑爲跋而重刊之。

練音集補四卷 刊本。

右明博士翟校原輯，國朝王輔銘補也。專録嘉定一縣宋元明諸人之詩。其官于嘉定及流寓題咏之什附焉。練，水名，屬嘉定。校及輔銘皆邑人。

國初練音初集十卷附一卷 刊本。

右王輔銘輯。此則專録嘉邑國初諸人詩。

荆溪唱和詩一册 刊本。

右明俞仲蔚輯。録明顧從義、沈明臣等八人唱和之作。

竹爐新咏一册 刊本。

右明吴寬、倪岳諸人題咏惠山竹爐之詩。前有圖贊。

宛雅初編八卷 刊本。

右國朝梅鼎祚輯。

宛雅二編八卷 刊本。

右國朝象山蔡蓁春輯。

宛雅三編三十四卷 刊本。

右國朝施念曾同張汝霖輯。以上三書，初編起唐迄明正德止，得九十一人。二編起嘉靖至崇禎止，得七十三人。三編復補輯唐宋以來至國朝，共得二百七十九人。念曾爲少參閏章曾孫，以選貢生出爲知縣，有政績，乾隆丙辰曾以鴻詞薦。《宛雅三編》其友全祖望謂當更名《宛陵風雅》，以别于南陽之宛。然其書本仍梅、蔡之舊，乃不復更云。

新安二布衣詩八卷 刊本。

右明休寧吴兆、歙縣程嘉燧之詩，爲國朝新城王士禎所選。

滕王閣集十卷 刊本。

右明南昌訓導董遵輯。録王勃、韓愈以下至元明人題咏。正德元年王倫序。

小孤山集一册 刊本。

右明知縣吳興陳恪輯宋元明人諸記序及題咏兹山之作。

石鐘山集八卷 刊本。

右明王恕原輯，王元佐續。石鐘山在彭蠡口，見《水經注》。凡詩文之爲此山而作者録之。有正德間工部主事汪綗序。文極怪而模勒工。世傳明代鐫板正德間最佳，不誣也。

清江二家詩各二卷 刊本。

右明鶴慶知府孫偉、河南提學敖英之詩也。偉有《鷺沙詩》，英有《一遠堂詩》。此編爲嘉靖間熊逵所合選。逵亦清江人。

臨川文選七卷 刊本。

右國朝劉玉瓚輯。選録艾南英《天傭子集》二卷，傅占衡《湘馴堂集》一卷，羅萬藻《此觀堂集》一卷，陳際泰《太乙山房集》一卷，鄧履中《仰止堂集》一卷，共五家，皆明崇禎間人。

江陵百咏詩一卷 寫本。

右明曲阜孔克學撰。克學于洪武初游寓江陵，作此。成化章丘寧祥序。

岳陽紀勝彙編四卷 刊本。

右明按察副使錢塘張振先輯。自序云：「以洞庭爲主，君山次之，樓居附焉。自屈原以下，凡騷賦詩歌序記碑傳等作，所采畧備。」書修于萬曆乙酉。今本崇禎間重刊。

浯溪集二卷 寫本。

右明知府延平黃焯輯。録次山以下諸家詩賦之爲浯溪而作者。

黄樓集二卷 寫本。

右明臨沮魯點輯。黄樓自宋二蘇有作，以後諸家多紀其勝。點因彙而録此。

中州文表三十卷 刊本。

右明提學吳郡劉昌輯。録元許衡、姚燧、馬祖常、許有壬、王惲、勃朮魯翀六賢之文。六賢中州之望也，故以爲表。

梁園風雅二十七卷 刊本。

右明按察使雍丘趙彦復輯。録明何景明、李夢陽以下九家之詩。黄虞稷曰：「與臨清汪元、范明生同輯。」

少林古今録二卷 刊本。

右明知縣劉思温輯。録唐宋元明題咏少林等作。分詩類、記類二門。

太白樓集十卷 刊本。

右明工部郎中餘姚蔡鍊輯。此太白樓在濟寧州城東。凡古今詩文之爲樓而作者，裒次之。弘治丙辰李旻序。四明范栻校刊。時栻知州事。

蓬萊觀海集十卷 刊本。

右明推官新安潘滋輯。觀海亭在登州。此録其歷代詩文之有關于亭者。

河汾諸老詩一册 刊本。

右元房祺輯。祺自號横汾隱者。諸老爲麻革、張宇、陳賡、陳庚、房皥、段克己、段成己、曹之謙凡八人。皆與元遺山游從唱酬，一時以詩鳴河汾間者，祺故合選之。弘治戊子車璽序。

豳風概一卷續一卷 刊本。

右明東魯蔣如平輯。録歷代詩之有繫于邠州者。以《七月》八章弁焉。

成都文類五十卷 曝書亭藏刊本。

右宋寶文閣學士安吉袁説友輯。朱彝尊跋曰：「輯漢以下迄宋淳熙蜀人詩文。書成于慶元五年，自爲之序。分門十一，頗爲詳整。楊文憲公慎《全蜀藝文志》所由本也。自楊氏志行，而袁氏之《文類》庋之高閣矣。予從海鹽陳氏得刊本，重裝而藏之。」

三賢集三卷 刊本。

右明翰林蜀中楊名輯。以宋周子及王十朋，并明宋濂，皆曾官夔州，嘉靖間建祠于夔，并次其遺文，彙題曰《三賢集》。

遊峩集一册 刊本。

右明御史上虞謝瑜輯。蓋瑜按蜀時游峩眉山，同寮友唱和之詩也。

楚風補四十八卷 刊本。

右國朝長沙廖元度輯。博蒐羣書中歌詩謡諺有關于楚地者，及楚中前哲之詩，彙編焉。意謂十五國無楚風，因以補名。後附《拾遺》一卷。

閩中十子集三十卷 刊本。

右明袁表、馬熒同選。十子者：禮部員外福清林鴻、長樂陳亮、翰林典籍高棅、祠部尚書郎閩縣周玄、泉州訓導侯官黄玄、國子助教閩縣鄭定、陝西副使唐泰、翰林典籍王恭、國史院檢討永福王偁、王府紀善王褒也。

閩南唐雅十二卷 刊本。

右明石阡費道用輯。所録皆唐詩人之系閩産者，凡若干家。

武夷游咏一册 刊本。

右明提學田汝成，于崇安閲士訖，偕蔡汝楠游武夷唱和，合而録此。

名筆私抄六卷 刊本。

右明監察御史臨川張佩〔一〕輯。佩于嘉靖間按閩，因取各郡志乘所載唐宋元明諸名人之作之有關風教者彙録之，以見八閩文物之盛云。

〔一〕按：《四庫總目》作「曾佩」。

嶺南五朝詩選三十五卷 刊本。

右國朝番禺黄登輯。所選嶺南人物名宦之詩，自唐宋元明迄國朝，合編之，故謂之五朝。

廣州四先生詩選一册 抄本。

右明通判黄哲、知縣李德、給事中王佐、布衣趙介四家之詩。

廣東詩粹十二卷 刊本。

右國朝順德梁善長輯。録自唐張九齡以下迄國朝凡四百十三家。

粤西詩載二十四卷 刊本。

粤西文載七十五卷 刊本。

粤西叢載三十卷 刊本。

右俱國朝桂林通判桐鄉汪森輯。前二編録廣西一省歷代詩文而彙次之。《叢載》則雜記廣西人物、風土及碑刻、軼事、仙釋、怪異，并諸撫循土蠻事蹟具焉。〇按《叢載》應入地理類，因三書合刻，故附于此。

市隱園詩文初紀二册二紀二册 刊本。

右《初紀》爲明金陵姚淛築市隱園，因與顧璘、許穀、文徵明輩唱酬之作。《二紀》爲淛子元允同時諸人題咏。書載《千頃堂目》，然無甚可採者。

楚辭類

天問天對解一册 刊本。

右宋廬陵楊萬里輯。取屈原《天問篇》及柳宗元《天對》合編之，各爲注焉。

騷畧三卷 刊本。

右宋高似孫撰。皆擬《騷》之作。

楚範六卷 刊本。

右明松江張之象撰。乃論楚《騷》體裁，及造句、用韻、遺字諸義例。分十一門。

楚騷綺語六卷 刊本。

右前人輯。此則摘其字句，畧仿林樾《漢雋》、蘇易簡《文選雙字類要》之體。

楚騷協韻十卷 刊本。

右明屠本畯撰。專取叶韻之字，注其音切。前有《讀騷大旨》六篇。黄〔一〕姬水序稱「王叔師、洪慶善闕而未協，朱仲晦協而未詳，意謂此書較備于前人」云。

〔一〕「黄」原誤「王」。據羅以智校改。

離騷草木疏補四卷 刊本。

右書本宋吴仁傑疏，補之者屠本畯也。錢曾曰：「田叔芟其蔓衍而補益之，改盡斗南舊觀，且以吴氏闕鳥獸爲非通論。夫美人香草，騷之寄托，後人止疏草木者，其意適與靈均合。田叔别撰《昆蟲疏》，蓋欲多識鳥獸草木之名，失騷人之旨矣。」

屈騷心印五卷 刊本。

右國朝開化夏大霖輯。于音釋文義爲詳。

别集類一 唐

盈川集十卷 刊本。

右唐盈川令華陽楊炯撰。炯爲唐初四傑之一。集本三十卷。晁《志》二十卷。今止十卷。蓋逸者多矣。

靈隱子六卷《書録解題》作十卷。刊本。

右唐臨海丞義烏駱賓王撰。陳振孫言「首卷有魯國郗雲卿序，謂賓王光宅中廣陵亂伏誅」。乃蜀本序。又謂「廣陵起義不捷，因致遁逃」。今按蜀本序語與本傳合，似可從。

陳伯玉文集十卷 刊本。

右唐拾遺射洪陳子昂撰。詩二卷，餘俱雜文，乃明弘治間刻。楊春、楊澄校。

元次山集十二卷 刊本。

右唐道州刺史長沙元結撰。晁《志》作《元子》十卷《琦玕子》一卷《文編》十卷，與此不合。公武稱「其辭義幽約，譬古鐘磬，不諧于俚耳，而可尋玩。在當時名出蕭、李下，至韓愈稱唐之文人，獨及結云」。

漫叟拾遺一册 寫本。

右前人撰。有竹岡居士跋云：「次山全集廣南近已重刊，湛甘泉序之詳矣。顧此數首，于警策人心，感激時事，頗切。故别録之，非有所去取也。」

王右丞集十四卷 刊本。

右唐王維撰。錢曾曰：「寶應二年正月七日王縉搜求其兄詩集十卷，隨表奉進。今本增多四卷，爲宋劉辰翁註。」

李北海集六卷附録一卷 刊本。

右唐北海太守李邕撰。今本爲崇禎庚辰梁溪曹荃序。

李遐叔文集二册 寫本。

右唐司户參軍贊皇李華撰。不分卷。有獨孤及序。第多訛字，吴焯爲之校正。

李元賓文集五卷 晁《志》作《文編》三卷《外集》二卷。寫本。

右唐太子校書趙州李觀撰。大順中陸希聲序曰：「自廣明後喪亂，天下文集畧盡。予得《元賓文集》于漢上，惜其先後磨滅。因條次爲三編。論其意以冠于首。」

杜詩解八卷 寫本。

右明高唐州知州鄞縣楊德周撰。分類注釋，詳于故實，兼採前人評語。

杜律註評二〔一〕卷 刊本。

右明陳與〔二〕郊輯。此則專取杜律，旁加批點，以便誦習。

〔一〕「二」原作墨丁，據《杜集書録》補。

〔二〕「與」原作「禹」，據《杜集書録》改。

李青蓮全集輯注三十六卷 刊本。

右唐李白撰。注李集者世惟傳張齊賢本，不無陋畧。國朝錢塘王琦因重爲徵引而詳釋之。

高常侍集十卷 知不足齋影宋寫本。

右唐左散騎常侍渤海高適撰。前八卷詩，後二卷賦表雜文。陳振孫曰：「適年五十始爲詩即工，杜子美所善也。」

吕衡州集十卷 寫本。

右唐衡州刺史河中吕温撰。温在八司馬之數，而終以好利敗。與竇群、羊士諤昵比傾誣宰相李吉甫，謫死。晁公武曰：「温從梁肅爲文章，規摹《左氏》，藻贍精富，流輩推尚。劉禹錫爲編次其文，序之。」

中山集三十卷 舊刊本。

右唐檢校禮部尚書兼太子賓客彭城劉禹錫撰。陳振孫曰：「集本四十卷，逸其十卷。常山宋次道哀集其遺，得詩四百七篇，雜文二十二篇，爲《外集》。然未必皆十卷所逸也。」今本止三十卷，爲璜川吴氏硃筆校者。

劉賓客外集十卷 寫本。

右前人撰。説見前。

顧華陽集三卷 晁《志》作二十卷。 刊本。

右唐饒州司户參軍蘇州顧況撰。況自號華陽真逸，遂署其書。原有皇甫湜序稱二十卷。今本係明姚士麟暨況裔孫名端，裒拾散亡而存之者。

文藪十卷 刊本。

右唐太常博士襄陽皮日休撰。有柳開序及自序。自序云:「發篋次類文編,繁如藪澤,因以名之。」日休陷黄巢之難,遂見害。其事詳陸游《筆記》。

盧户部集十卷 刊本。

右唐郎中河中盧綸撰。綸大曆十才子之一。晁《志》作一卷,屬誤。

長江集十卷 刊本。

右唐普州司倉參軍范陽賈島撰。文宗時坐飛謗貶長江,取以名集。以上二種皆明人所刻者。

歐陽行周文集八卷附録一卷 陳氏《解題》作五卷,《敏求記》作十卷。寫本。

右唐國子四門助教泉州歐陽詹撰。詹亦韓同年進士,早死。愈爲哀辭,李翺作傳。黄璞乃有太原函髻之謗,小説之誣甚矣。今本爲明萬曆丙午刻。曹學佺序。

孫可之集十卷 刊本。

右唐職方郎中遼東孫樵撰。自爲序。凡三十五篇。

李文公集十八卷 刊本。

右唐山南東道節度使李翺撰。陳氏《解題》作十卷,注云「蜀本分二十卷」。晁《志》作十八卷。與今本合。翺從韓愈爲文,不善于論,故集皆雜文。蘇舜欽序。

皇甫持正集六卷 刊本。

右唐工部郎中新定皇甫湜撰。陳振孫曰：「東都修福先寺碑，碑三千字，字索三縑。甚輕傲不羈，非裴晉公鉅德，殆不能容之。」以上三種皆東吳毛晉合刻之本。

李長吉歌詩注四卷 刊本。

右唐李賀撰。注賀詩者多矣，今本亦王琦重訂，視舊注較爲詳確。

玉川子詩注五卷 刊本。

右唐盧仝撰。舊本祇八十五篇。今本增多二十二篇。又加《櫛銘》一篇、《月詩》一篇，通計百有九篇。亦近時孫之騄所裒集而爲之箋註者。

絳守居園池記注一册 二老閣藏刊本。

右唐諫議大夫南陽樊宗師撰。宗師之文，世稱辭艱難讀。今本爲宋趙仁舉注，元吳師道補正者。

樊紹述集注二卷 刊本。

右即前人所撰《絳守居園池記》及《綿州越王樓詩序》二篇。此本爲國朝仁和孫之騄所著。觀其自序，蓋未見趙注者。

沈下賢文集十二卷。

右唐福建團練副使吳興沈亞之撰。亞之，字下賢。宋元祐丙寅無名氏序，稱其「嘗游韓愈門，李賀許其工爲情語，其後杜牧、李商隱俱有擬沈下賢詩。」

李深之集六卷 知不足齋寫本。

右唐學士贊皇李絳撰。大中五年史臣蔣偕序畧云：「公平生所論諫凡數十事，自始内廷，訖于罷相，次成七篇，著之東觀，目爲《李相公論事集》。」

毗陵集二十卷 刊本。

右唐朝散大夫使持節常州諸軍事守常州刺史洛陽獨孤及撰集。爲門下生安定梁肅編。肅有後序。又中書舍人崔祐甫作神道碑。虔州刺史李舟作序。俱載前。晁公武曰：「及爲文以立憲誡世、褒賢遏惡爲用。長于論議。《唐寔録》稱韓愈師其爲文云。」

權文公詩文集十卷 寫本。

右唐贈尚書左僕射畧陽權德輿撰。有唐楊嗣復序，及昌黎所作墓誌。此編曾刻于明嘉靖間，見敖英後序。按《敏求記》嘉靖辛丑劉大謨刻于川中，或即敖所云也。

李衛公集二十卷别集十卷外集四卷 刊本。

右唐太尉趙郡李德裕撰。陳氏《解題》作《會昌一品集》，其卷袠與此合：「《一品集》者，皆會昌時在相位制詔、誥、册、表、疏之類也。《别集》詩賦。《外集》則《窮愁志》也。德裕自穆宗時已掌内外制，累踐方鎮，遂相文宗。平生著述詎止此。此外《姑臧集》四卷而已。《窮愁志》晚年遷謫後所作，凡四十九篇。

《周秦行紀》一篇，奇章寃家所爲，而文饒遂信之爾。」

唐李丞相追昔遊集三卷 寫本。

右唐尚書右僕射門下侍郎李紳撰。皆平生歷官及遷謫所至，述懷紀遊之作也。陳振孫嘗書其後云：「讀此編見其飾智矜能，誇榮殉勢，益知子陵、元亮爲千古高人。」

梨嶽集一册 刊本。

右唐建州刺史李頻撰。皆自著各體詩，後附録碑記等文。

陸甫里集二十卷 刊本。

右唐左拾遺蘇州陸龜蒙撰。少高放，通六經大義，尤明《春秋》。居松江甫里，以文章自怡，故以名其集。

杜樊川集十一卷 刊本。

右唐中書舍人樊川杜牧撰。牧，佑之孫。其甥裴延翰編而序之。樊川，蓋杜氏所居也。陳氏《解題》載有二十一卷。《敏求記》載《文集》二十卷《外集》一卷，則此非足本。

一鳴集十卷 寫本。

右唐中書舍人虞鄉司空圖撰。有光啓三年泗水司空氏中條王官谷濯纓亭自記云：「以中條別業一鳴以目其前集。」

麟角集一册 寫本。

右唐水部郎中福清王棨撰。無序跋。有唐鄉貢進士黄璞撰傳一篇附。

蒲陽黄御史集二册 刊本。

右唐監察御史裏行充威武軍節度推官莆田黄滔撰。宋淳熙三年刻。後有楊萬里、謝諤序跋。再刻于明正德八年。此則萬曆十二年重刻者。

元英先生集八卷 刊本。

右唐新安方干撰。唐末舉進士不第，隱鏡湖上。其貌陋，又兔缺，而喜陵侮。嘗謁廉帥，誤三拜，人號「方三拜」。將薦于朝而卒。門人謚元英先生。今本署裔孫南岑廷璽官山陰時刊于卧龍山亭。

龍筋鳳髓四卷 陳氏《解題》作十卷。 刊本。

右唐司門員外郎張鷟撰。陳振孫曰：「唐以書判拔萃科選士，此集凡百題，自省臺、寺監、百司，下及州縣、類事、屬詞，蓋待選預備之具也。」今本爲明劉允鵬注。

宗元先生文集三卷 寫本。

右唐嵩陽觀道士華陰吴筠撰。筠舉進士不中第。天寶初，召至京師，爲道士待詔翰林。爲高力士所斥。後入剡中天台，卒。弟子謚宗元先生。事見《隱逸傳》。今本爲王顔編次。權載之序。

寒山詩集一卷 刊本。

右唐寒山子撰。後附豊干、拾得詩。錢曾謂應同《龐居士詩》並添入三藏目録中，庶不致泯没無傳耳。

廣成集十二卷 一作十七卷〔一〕。刊本。

右唐道士杜光庭撰。其書見《道藏》敢、毁字内。一應青詞表文，醮青詞文移式具焉。

〔一〕 羅以智批：「《道藏》本十七卷。」

杼山詩文集十卷 寫本。

右唐釋吴興皎然撰。吴焯題云：「《讀書志》：『皎然工篇什，德宗詔録本納集賢院。集前有于頔序。』案此本前有院牒及于序，當是貞元進本。又案于序稱皎然字清晝，而晁《志》作如晝。他本或以晝爲皎然之名。似當以此爲正。杼山，其所居也。」〔一〕

〔一〕 盧文弨批：「五月二十四日閲。是日得北平同年張晴溪書。」

浙江採集遺書總録壬集 集部

别集類二 宋

河東集十五卷 寫本。

右宋如京使大名柳開撰，咸淳三年門人張景編序。共九十六首，名曰《默書》，并附景所爲《行狀》一首。陳振孫曰：「本朝爲古文自開始。然其體艱澁，爲人忼慨，喜功名，急義。史亦稱其傲狠强愎云。」

徐公文集三十卷 陳氏《解題》作《徐常侍集》。 寫本。

右宋左散騎常侍廣陵徐鉉撰。其二十卷，仕於江南所作。餘十卷歸朝後所作也。淳化四年彭年序，畧云：「禁林制誥〔二〕表章，多不留草。其餘存者，子壻尚書水部員外郎吴君淑編爲十卷。通成三十卷。所撰《質論》、《稽神録》，奉詔撰《江南録》，修許慎《説文》，並别爲一家，不列於此。」又天禧元年胡克順表進，稱六十卷。與此卷袠相懸。或合所撰各書爲之也。

〔一〕「制誥」原作「判詔」，據《四部叢刊》影印黄丕烈校宋本改。

田表聖奏議一册 寫本。

右宋工部尚書洪雅田錫撰。所著有《咸平集》，此特其奏議也。

小畜集三十卷 寫本。

右宋翰林學士鉅野王禹偁撰。禹偁將名其集，以《周易》筮之，遇乾☰之小畜☴。《乾》之《象》曰：「君子以自强不息。」是修辭立誠，守道行己之義也。《小畜》之《象》曰：「君子以懿文德。」是位不能行道，文可以飾身也。咸平三年《自叙》云。

寇忠愍公詩集三卷 刊本。

右宋尚書右僕射下邽寇凖撰。乃近時依宋本校刊者。前有贈謚誥一道及孫抃奉勑撰碑，又宋范雍、王次翁、辛敦三序。

武夷新集二十卷 刊本。

右宋贈禮部尚書浦城楊億撰。億初入翰苑，當景德丙午，明年條次十年新集而序之，其畧云：山林之士，不忘維桑之情，雕篆之文，竊懷敝帚之愛。命題之意良在是也。

春卿遺藁一卷 刊本。

右宋禮部尚書宜興蔣堂撰。堂舊有《吴門集》二十卷，不傳。今本爲裔孫璜於天啓間掇拾二十餘篇刊之。

穆參軍集三卷 寫本。

右宋潁州文學參軍汶陽穆脩撰。慶曆三年祖無擇序云：「公之殁，無擇求遺文於嗣子熙，得詩五十六，書序記誌祭文總二十，與無擇所藏，增多詩一十二，書序各一。又從其舊友而求之，往往知愛而不知傳，故無獲焉。姑類次是以爲三卷，題曰《河南穆公集》。」按今所傳抄本無是序，見《洛陽九老祖龍學文集》中，特取以冠此。

林和靖詩集四卷省心録一卷 刊本。

右宋錢塘林逋撰。晁《志》作二卷。陳振孫《解題》作《集》三卷《西湖紀逸》一卷。今本未詳誰人所編。

鉅鹿東觀集七卷 舊影寫本。

右宋贈秘書省著作郎蜀魏野撰。天聖元年薛田序云：《漢書》班固引著作局爲東觀，因取諸贈典命之曰《鉅鹿東觀集》。

尹河南集二十七卷附録一卷 晁《志》作二十卷。《敏求記》作二十七卷。寫本。

右宋右司諫河南尹洙撰。高平范仲淹撰序。又淳熙庚戌尤袤跋云：師魯集承旨姚公手録者，予往嘗刻師魯文百篇于會稽行臺，今乃得閲其全，甚慰，復梓行之。今本即影抄此者。

武溪集二十卷 刊本。

右宋工部尚書集賢院學士贈尚書左僕射累贈少師韶州余靖撰。屯田郎中騎都尉周源序稱：「此集乃公子屯田員外郎仲荀所編。」今本係明成化九年刊，有丘濬、蘇韡二序。後附歐陽公作神道碑及紹興丁巳潁川韓璜跋。

樂全集四十卷 寫本。

右宋太子少師贈司空宋城張方平撰。陳氏《書録》又有《玉堂集》二十卷，今未見。

安陽集五十卷 刊本。

右宋贈尚書令魏忠獻王安陽韓琦撰。趙希弁曰：「王，安陽人，故以名集。」

包孝肅奏議十卷 刊本。

右宋樞密副使合肥包拯撰。晁《志》卷袠同。

清獻公集十卷 刊本。

右宋資政殿大學士西安趙抃撰。抃以清德服一世，平生蓄雷氏琴一張，鶴與白龜各一，所向與之俱。後過泗州，前已放鶴，至是復以龜投淮中。故其詩有「馬尋舊路知歸處，龜送長淮不再來」。自紀其實也。

文潞公集四十卷 刊本。

右宋參政介休文彦博撰。明嘉靖五年吕柟序。

孫明復小集一卷附録一卷 知不足齋寫本。

右宋國子監直講平陽孫復撰。復居泰山，深於《春秋》。自石介以下，皆師事之。慶曆中，范文正、富鄭公嘗薦之。晁《志》作《睢陽小集》十卷，則闕逸者多矣。

徂徠集二十卷 刊本。

右宋直集賢院奉符石介撰。陳振孫曰：「集中有《南京夏尚書啓》及《夫子廟上梁文》，皆爲夏竦作。此介所謂『大奸之去如距斯脱』者也。」今本乃國朝康熙間知泰州燕山石鍵秉仁序刊。

蔡忠惠公集三十六卷別記十卷 刊本。

右宋端明殿學士莆田蔡襄撰。晁《志》作十七卷，謂襄文章清遒粹美，工書爲本朝第一，殘章斷稿，得者珍藏之。

蘇學士文集十六卷 陳氏《書録》作十五卷。刊本。

右宋湖州長史開封蘇舜欽撰。舜欽，易簡之孫，杜祁公衍之壻。坐進奏院用公錢會客，爲王拱辰輩所擠，坐廢。買園蘇州，爲滄浪亭，竹水之勝，冠于吳下。故又名《滄浪集》。

王荆公詩箋注五十卷 刊本。

右宋荆國公臨川王安石撰，資政殿學士丹陵李壁〔一〕注。壁，文簡公燾之子，謫居臨川時所爲也。晁《志》卷袠同。今本爲近時仿元刊者。

〔一〕兩「壁」字原誤爲「璧」，據《四庫提要》改。

蘇詩補注五十卷 刊本。

右宋蘇軾詩集。舊有王十朋、施宿二家注，而施稱善。海寧查慎行以其尚有訛漏，更博采而補注之，并取諸家倡酬之作悉附焉。讀蘇詩者無賸義矣。又慎行云：「施氏本多殘闕，近從吳中借鈔，每首視新刻或多一二行，乃知新刻復經增删，今輒補録，以仍其舊。漫不可辨者則缺之。」新刻者謂宋氏犖所刻本也。

蘇魏公文集七十二卷 寫本。

右宋太子太保丹陽蘇頌撰。陳振孫曰：「紳之子也。紳在兩禁，人稱其險詖。而頌器局閎厚，未嘗與人校短長。其爲相在元祐末，大臣奏事，多禀宣仁，獨頌必再以白哲廟。其後免于遷謫，蓋上以爲識君臣之禮也。」有紹興九年汪藻序。

伐檀集二卷 刊本。

右宋進士知康州分寧黄庶撰。自爲序。庭堅其子也。陳振孫曰：「世所傳『山鬼水怪著薜荔』之詩，集中多此體。庭堅詩律，蓋有自來也。」

古靈先生文集二十五卷 宋槧本。

右宋尚書右司郎中累贈少師福唐陳襄撰。生于福州之古靈，後鄉人號古靈先生。紹興三十一年孫右朝請大夫直秘閣知贛州軍事輝題云：「四世從祖密學公文二十五卷，里人大夫徐君世昌嘗摹刻于家。而其間頗有舛譌。竊有志于校正，因仍未遑。揭來章貢，屬僚士參校，因命仲子曄推次年譜，併鋟諸木。」

公是集三册 晁《志》作七十五卷。寫本。

右宋翰林學士新喻劉敞撰。號公是先生。晁公武謂其「爲文章尤敏贍，好摹倣古語句度。在西掖時，嘗食頃揮九制，各得其體」。

南陽集三十卷 寫本。

右宋太子少保靈壽韓維撰。封南陽郡公，故以名集。有鮮于綽行狀，沈晦跋語附後。

三沈文集八卷 刊本。

右宋翰林學士錢塘沈遘、光禄少卿沈括、轉運使沈遼合集。遘，字文通，吏事精明强敏，爲杭州、開封府，皆有能名。括于文通爲叔，而年少于遘，世傳文通常稱括叔。今四朝史本傳以爲從弟者，非也。遼爲遘弟，以兄任爲京官，坐法流貶。事見《揮麈録》。今其序如此，蓋未之考也。

祖龍〔一〕學文集十六卷 寫本。

右宋龍圖閣學士上蔡祖無擇撰。署「洛陽九老祖龍學」。錢曾曰：「集十卷，附名臣賢士往來詩文二卷，系家集。又四卷，其曾孫衍編次成帙，并著龍學始末于卷末。」

〔一〕「龍」字原誤作「無」，據《四庫總目》、《中國古籍善本書目》改。

李盱江集三十七卷外集二卷 刊本。

右宋太學説書權同勾管太學南城李覯撰。門人陳次公誌墓云：「先生其實如秋，其受如海，外示發舒，中以直正。」又嘉祐三年詔云：「爾醇明茂美，通于經術，東南士人推以爲冠，弟子著録千餘人。」今集後有門人録一卷，紀有三十八人之本末，大畧附焉。

宛陵集六十卷 刊本。

右宋都官員外郎國子監直講宣城梅堯臣撰。凡五十九卷爲詩，他文賦纔一卷。謝景和所集，歐陽公爲之序。

馮安岳詩五卷 寫本。

右宋祠部郎中普州馮山撰。初名獻能。所著《安岳集》今存者惟詩而已。

樂圃餘稿十卷 刊本。

右宋蘇州教授吴郡朱長文撰。有紹興甲寅姪孫足序。今本乃國朝康熙間鐫者。

無爲集十五卷 寫本。

右宋提點刑獄無爲軍楊傑撰。號無爲子。有紹興癸亥右朝請大夫知無爲軍趙彩序。蓋即其所編者。

擊壤集二十卷 刊本。

右宋河南邵雍撰。晁《志》卷袠同。有治平丙午自序，元祐六年門人邢恕後序。其書爲明畢亨校刊。

三孔清江集三十卷 知不足齋寫本。

右宋中書舍人新喻孔文仲、禮部侍郎孔武仲、金部郎中孔平仲合集。皆先聖四十八世孫也。嘉祐、治平間，連三科兄弟以次登第。其著述多散佚弗傳。周必大序云：「慶元四年太守濡須王遴寔來，政修教明，瞻喬木而慕先賢，既奠謁其像于學宮，又博訪遺文而刊之。」兹本即影抄此也。

范太史文集五十五卷 寫本。

右宋翰林學士華陽范祖禹撰。鎮之從孫也。

鄱陽集十二卷 寫本。

右宋權吏部尚書鄱陽彭汝礪撰。汝礪以附會劉摯出知江州，故有《鄱陽集》。

西塘集十卷 晁《志》作二十卷。刊本。

右宋光州司法參軍福清鄭俠撰。俠坐上書詆王安石、吕惠卿謫官，其風節足稱也。入元祐黨籍。自號一拂居士。

曾文昭公集四卷 刊本。

右宋翰林學士南豐曾肇撰。布弟也。入黨籍。有《曲阜集》、《西掖集》。

邕州小集一卷 寫本。

右宋康州團練使祁陽陶弼撰。曾歷官知邕州，故以名集。

廣陵文集二十卷 寫本。

右宋廣陵王令撰。字逢原。王安石愛其才，因妻以吴夫人女弟。年二十八卒。

丹淵集四十卷 刊本。

右宋湖州守梓潼文同撰。晁《志》卷袠同，謂其「進士高第，以文學名，韻操高潔，畫筆尤妙」。

慶湖遺老集九卷拾遺一卷 知不足齋寫本。

右宋泗州通判衛州賀鑄撰。有丙子十月庚戌江夏寶泉監阿堵齋自序，畧云：「鑄生始七齡，嘗先子專授五七言聲律，迄元祐戊辰，凡著之稿者何啻五六千篇，即投諸煬竈。年髮過壯，志氣日衰，計後日所賦益寡，而未必工于前，始裒拾其餘而繕寫之。」北山程俱撰墓誌并詩序附。

張右史文集六十卷 舊影寫本。

右宋太常少卿淮陰張耒撰。晁《志》作一百卷，謂「元祐中，蘇氏兄弟以文倡天下，號長公、少公。文潛，少公之客也。諸人多早没，文潛獨後亡，故詩文傳于世者尤多」。

青山集三十卷 寫本。

右宋知端州府當塗郭祥正撰。陳振孫曰：「李端叔晚寓其鄉，祥正與之争名，未嘗同堂語，至爲俚語以譏誚之。則其爲人不足道也。」

龜山集四十二卷 寫本。

右宋工部侍郎將樂楊時撰。時游二程之門，學者稱龜山先生。

元城盡言録十三卷 刊本。

右宋待制元城劉安世撰。有淳熙五年梁安世跋。

龍雲集三十二卷 知不足齋影寫本。

右宋著作佐郎安福劉弇撰。周必大序云：「廬陵自歐陽文忠公以文章續韓文公正傳，繼之者龍雲劉公也。先是汴京及麻沙刻公集二十五卷，紹興初余故人會昌尉羅長弼編求别本，手自編纂，至三十二卷，凡六百三十餘篇。」

演山文集六十卷 寫本。

右宋禮部尚書南平黄裳撰。陳氏《書録》卷袠同。自爲序，又前左朝散郎權知温州莆田王悦序。

景迂生集二十卷 小山堂藏寫本。

右宋中書舍人鉅野晁説之撰。晁《志》、陳《録》卷袠同。説之少慕司馬温公之爲人，故自號景迂生。

鷄肋集七十卷 刊本。

右宋著作郎鉅野晁補之撰。晁《志》卷袠同，謂其在杭州作文曰《七述》，叙杭州之山川人物之盛麗。時蘇子瞻倅杭州，亦欲有所賦，見其所作，歎曰：吾可以閣筆矣。

姑溪集五十卷後集二十卷 楝亭曹氏寫本。

右宋樞密院編修李之儀撰。之儀嘗代范忠宣作遺表，爲世傳誦。然坐是得罪，編置當塗，遂居焉，因以名集。

何博士備論一卷 寫本。

右宋武學博士何去非撰。明歸有光題云：「《博士備論》二十八篇，今缺二篇，而《苻堅論》頗有脱誤，又編寫失次，未得善本校之。宋世士大夫憤于功之不競，而喜論兵如此。熙寧間，徐僖、蕭注、熊本、沈起之徒，用之而輒敗，天子尋以爲悔。元符、政和開邊之議復起，馴致國亡。嗚呼，兵豈易言哉！」

宗忠簡公集六卷 刊本。

右宋東京留守義烏宗澤撰。今本爲明嘉靖間重刊。後備録本傳等篇。文徵明爲之序。

紹陶録二卷 寫本。

右宋編修鄆州王質撰。上卷刊栗里、華陽二譜。取二陶集、傳中如南村、斜川、勾屈山、積金澗諸地，琹、觴、中、拂諸物，各撰其詞。下卷書唐濟民、鹿伯可二事，及《山友詞》、《水友詞》，皆禽言也。又《山友續詞》，則係食品。

山谷文集三十卷別集二十卷外集十四卷年譜三十卷詞一卷 刊本。

右宋知太平州分寧黄庭堅撰。晁《志》止《豫章集》三十卷《外集》十四卷。此增多《別集》、《年譜》、《詞》三種。時秦少游、晁無咎、張文潛皆以文學游蘇氏之門，至是同入館，世號「四學士」，而魯直之詩尤奇，世又謂之「蘇黄」。吕居仁作《江西詩社宗派圖》，其畧云：「古文衰于漢末，先秦古書存者，爲學士大夫剽竊之資。五言之妙，與《三百篇》、《離騷》争烈可也。自李、杜之出，後莫能及。韓、柳、孟郊、張籍諸人，自出機杼，别成一家。元和之末，無足論者，衰至唐末極矣。然樂府、長短句有一唱三歎之致。國朝文物大備，穆伯長、尹師魯始爲古文，盛于歐陽氏。歌詩至于豫章始大出而力振之。後學者同作並和，盡發千古之秘，亡餘藴矣。録其名字，曰江西宗派，其源流皆出豫章也。宗派之祖曰山谷，其次陳師道無己、潘大臨邠老、謝逸無逸、洪朋龜父、洪芻駒父、饒節德操乃如璧也、祖可正平、徐俯師川、林敏修子仁、洪炎玉父、汪革信民、李錞希聲、韓駒子蒼、李彭商老、晁冲之叔用、江端友子我、楊符信祖、謝邁幼槃、夏倪均父、林敏功、潘大觀、王直方立之、善權巽中、高荷子勉，凡二十五人。」

精華録八卷 寫本。

右前人撰。有天社任淵序。

后山集二十四卷 刊本。

右宋秘書省正字彭城陳師道撰。陳振孫曰：「江西宗派之説出于吕本中，前輩固有議其不然者矣。后山雖曰見豫章之詩盡棄其學焉，然其造詣平正，直趨自然，實豫章之所缺也。」

謝幼槃集十卷 寫本。

右宋臨川謝邁撰。朱彝尊跋云：「《書録解題》兩載《竹友集》，一曰十卷，一曰七卷，蓋七卷者詩，而十卷者合文言之也。是集流傳甚罕。謝布政在杭抄之内府。在杭收藏宋人集頗富，近多散失，惟此係其手書，裝界成册。平湖陸編修次友典福建試，抄得之。余見而令楷書生亟録其副。詩派遺集傳者無幾，余所儲陳無己、饒德操、洪玉父、韓子蒼、晁叔用、吕居仁，僅六家。得此而七焉。」按七家今俱著于録。

西渡集二卷 寫本。

右宋秘書少監南昌洪炎撰。補遺四首，附洪朋詩九首，洪芻詩二十四首，雜文二首。朋舉郡試第一。芻第進士，靖康中爲諫議大夫，汴京失守，以誣陷坐貶沙門〔一〕。劉後村云：「三洪與徐師川皆豫章之甥。龜父警句往往前人所未道，然早卒，惜不多見。駒父詩尤工，初與龜父游梅仙觀，龜父有詩，卒章云：『願爲龍鱗嬰，勿學蟬骨蜕。』是以直節期乃弟矣。駒父後居上坡，晚節不終，不特有愧于舅氏，亦有愧于長君。玉父南渡後爲少蓬，聞師川召，有懷駒父詩云：『欣逢白鶴歸華表，更想黄龍〔二〕出羽淵。』然師川卒不能返駒父于鯨波之外。玉父愛兄之道至矣。余讀而悲之。」

〔一〕「沙門」下盧文弨校補「島」字，是。

〔二〕「龍」原誤「熊」，今據劉克莊《江西詩派小序》改。

陵陽集四卷 寫本。

右宋中書舍人權直學士院仙井韓駒撰。晁《志》作《韓子蒼集》三卷，謂「王甫嘗命子蒼咏其家藏《太一真人圖》，詩盛傳一時，宣和廷臣獨以能詩稱」。劉後村云：「子蒼蜀人，學出蘇氏，與豫章不相接，吕公强之入派，子蒼殊不樂。其詩有磨淬翦戳之功，終身改竄不已。有已寫寄人數年而追取更易一兩字者。故所作少而善。」今本署江西詩派。

倚松老人集二卷 寫本。

右宋撫州饒節撰。晁公武曰：「曾布之客也，性剛峻，晚與布論不合，因棄去，祝髮爲浮屠，在襄漢間聲望甚重。」今本亦署江西詩派，慶元己未校官黄汝嘉重刊。

具茨集一卷 刊本。

右宋承務郎濟北晁冲之撰。紹興十一年陵陽俞汝礪序。

東萊詩集二十卷 寫本。

右宋中書舍人壽州吕本中撰。乾道二年贛川曾幾題畧云：儀真沈公宗師，名卿之子，方黨禁未解時，專與元祐故家厚往來，酬唱最多。子公雅，亦與公游。乾道初元，幾就養吴郡，與公雅裒集公詩無遺者，次第歲月，爲二十通，鋟板置之郡舍。

寶晉英光集八卷 知不足齋寫本。

右宋禮部員外郎吴郡米芾撰。紹定壬辰鄂國岳珂序。又張丑記云：「吴文定公原博故物也。萬曆丁丑中秋十日獲于公之孫所。校讎之次，摘録孫、劉二公四詩于後，以志梗槩。」

石林建康集八卷 知不足齋寫本。

右宋知建康府吴縣葉夢得撰。皆帥建康時詩文。夢得以崇慶節度使致仕。其居在卞〔一〕山，奇石森列，藏書數萬卷，故名。陳振孫謂石林二字本出《楚詞·天問》。

〔一〕「卞」原誤「下」，據《直齋書録解題》改。

劉左史集四卷 寫本。

右宋承議郎權發遣宣州軍管勾學事永嘉劉安節撰。有留元剛序，并許景衡墓誌附。

劉給事集五卷 寫本。

右宋給事中永嘉劉安上撰。安節從弟也。朱彝尊跋云：「曩從劉考功公㦷借鈔二劉長史合集，元禮止得半部而已。康熙壬子福州林孝廉吉人抄此本見寄，乃得其全。」

眉山文集十四卷詩集十卷 刊本

右宋進士丹稜〔一〕唐庚撰。晁《志》作《唐子西集》十卷，或止詩耳。今本爲近時歸安汪亮采校刊。

〔一〕「稜」原作「徒」，據《四庫總目》改。

高峯集四卷 寫本。

右宋徽猷閣直學士順昌廖剛撰。

浮溪文粹十五卷附録一卷 刊本。

右宋學士德興汪藻撰。晁《志》有《浮溪》、《龍溪》二本，皆六十卷。謂「藻工于儷語，所爲制詞，人多傳誦」。今本乃嘉靖庚寅黄訓序。

南蘭陵孫尚書大全文集七十卷 寫本。

右宋户部尚書蘭陵孫覿撰。晁《志》作五十七卷。謂覿「常以靖康間文字得罪，廢徙久之」。蓋其平生出處不足道也。嘗提舉鴻慶宫，故又名《鴻慶集》。

内簡尺牘十卷拾遺一卷 刊本。

右前人撰。

竹溪文集二十四卷 寫本。

右宋户部侍郎連江李彌遜撰。嘉定四年四明樓鑰序。

梁溪文集一百八十卷 知不足齋寫本。

右宋觀文殿學士邵武李綱撰。淳熙十年觀文殿大學士陳俊卿序。梁溪名集者，梁溪在錫山，以綱嘗廬墓于此。

簡齋集十五卷 寫本。

右宋參知政事洛陽陳與義撰。劉後村云：「元祐後詩人迭起，一種則波瀾富，而句律疎。一種則煆煉精，而情性遠。要之不出蘇、黄二體而已。及簡齋出，始以老杜爲師，《墨梅》之類，尚是少作。建炎以後，避地湖嶠，行路萬里，詩亦奇壯。」

潘默成公集八卷 刊本。

右宋中書舍人金華潘良貴撰。淳熙丙午朱子序云：「公自少至老，出入三朝，前後在官不過八百六十餘日，公之清明直諒，確然無慾，可謂剛毅而近仁者。有《默成居士集》十五卷。」則今本未爲全書。

龜溪集十二卷 刊本。

右宋知樞密院吴興沈與求撰。陳氏《書録》卷袠同。謂「建炎、紹興之間，歷三院，翰苑以至執政。嘗奏言王安石之罪，大者在于取楊雄、馮道，時學者唯知有安石，喪亂之際，甘心從僞，無仗節死義之風，寔由安石倡之」。今本爲明萬曆庚子裔孫子本序刊。

盧溪集五十卷 小山堂藏寫本。

右宋直敷文閣安福王庭珪撰。署曰「吉州東岡劉宅梅溪書院善本」。

陳文正公集十三卷 刊本。

右宋丞相弋陽陳康伯撰。前有乾道二年朱子序，稱「新安門人」。原集三十卷。今本止第一卷掇拾表奏遺文數篇，以後俱係附録勅書、譜系，并自宋迄明諸家紀述、題跋之作而已。

韋齋集十五卷 刊本。

右宋吏部員外郎婺源朱松撰。朱子之父也。陳氏《書録》作十二卷。今增多三卷。

玉瀾集一卷 刊本。

右宋婺源朱槔撰。韋齋之弟，朱子之叔父也。嘗夢爲玉瀾之游，甚異，有詩紀之，因以名集。

尹和靖集十卷 刊本。

右宋徽猷閣待制洛陽尹焞撰。子漸之孫。從伊川學。舉進士，策問欲誅元祐黨籍。不對而出。靖康中賜號和靖處士。

傅忠肅集三卷 寫本。

右宋徽猷閣待制濟源傅察撰。堯俞從孫也。周必大爲之序。

北山小集四十卷 知不足齋藏影宋槧寫本。

右宋左朝請大夫徽猷閣待制開化程俱撰。有石林葉夢得、中吴門人鄭作肅二序。吴之振識云：「此册昔年爲季滄葦侍御所贈，侍御從絳雲樓宋栞本影寫者。」

北山律式二卷 寫本。

右前人撰。此石林葉夢得專選致道近體詩也，顔曰《北山律式》，以授門人鄭晦者。

苕溪集五十五卷 寫本。

右宋待制歸安劉一止撰。曹廷棟曰：「一止爲人沖澹寡欲，博學無不通。爲文不事纖刻，制詔坦明有體。嘗草顏魯公孫持命官制，甚偉，高宗嘆賞，爲手書之。」

松隱文集三十卷 知不足齋寫本。

右宋太尉陽翟曹勛撰。紹興中僑居天台。以韋太后北還迎鑾功，官至昭信軍節度使。嘗使金，好事者戲作小詞，其後闋曰：「單于若問君家世，説與教知，便是紅窻迴底兒。」謂勛父元寵昔以此曲著名也。

王著作集八卷 寫本。

右宋右廸功郎秘書省正字平江王蘋撰。蘋先爲福青人。厥考始徙居吴。從學程門。時尚經義，廢《春秋》。守所學，不就科舉。守臣疏先生學行。初授官福清，邑庠舊有先生文。後以福清墨本刊于吴學。末卷係《震澤紀善録》，宋宫教所録。乾道八年周憲、曾逮二跋，并淳熙二年施温舒跋。

豫章文集十七卷 刊本。

右宋主簿羅源羅從彦撰。從龜山遊，學者稱豫章先生。

盡忠録八卷補録二卷 刊本。

右宋朝奉郎秘閣修撰丹陽陳東撰。東于欽宗時率其徒伏闕上書，論蔡京、王黼等誤國奸狀。又上書請留李綱。高宗即位，召至行在。上書乞罷黄潛善、汪伯彦。會布衣歐陽澈亦上書言事。潛善遽以語激怒高宗。與澈同死于市。此《盡忠録》所由名。

歐陽修撰集七卷 刊本。

右宋贈秘閣修撰崇仁歐陽澈撰。陳振孫曰：「澈死時年三十一。環溪吴沆哀其詩爲《飄然集》三卷，而會稽胡衍晉遠取其所上三書併刻之臨川倅廨。」今本乃增多四卷。

武穆王集五卷 刊本。

右宋少保湯陰岳飛撰。陳氏《書録》作十卷。謂「飛功業偉矣，不必以集著也。世所傳誦其《賀和議成》一表，當亦是幕客所爲，而意則出于岳也」。

胡澹菴文集六卷 寫本。

右宋資政殿學士廬陵胡銓撰。銓嘗抗疏詆和議，累謫吉陽軍。所作詩文，骯髒有氣格。陳氏《書録》作七十卷。今止六卷。

雪溪集五卷 寫本。

右宋樞密院編修官汝陰王銍撰。銍自號汝陰老民。南渡後家剡溪，故名。

北山文集三十卷 刊本。

右宋宣撫使金華鄭剛中撰。陳氏《書録》卷袠同。謂其「受知秦相，後忤意，貶死封州」。

東溪集二卷 寫本。

右宋廸功郎漳浦高登撰。考試潮州，策問忤秦相，謫死。陳氏《書録》有三十二卷。今本乃林希元茂貞編，黄直以方校正，惜多訛缺。

别集類三 宋

汪文定公集十四卷 寫本。

右宋學士玉山汪應辰撰。應辰天才甚高，而不喜爲文。謂不宜弊精神于無用。然每作輒過人。所撰制詔，温雅典寔，得王言體。朱晦翁稱爲近世第一。夏復序云「全集五十卷」。兹僅十二卷，學士篁墩程公摘抄自閣本者，合附共十四卷。

默堂集二十二卷 寫本

右宋宗正少卿沙縣陳淵撰。一字幾叟，了翁之姪孫。其爲門人沈度編。淳熙戊戌楊萬里序。

夾漈遺稿三卷 知不足齋寫本。

右宋樞密院編修官莆田鄭樵撰。居夾漈山中，自稱溪西逸民，此其遺稿。

知稼翁集十一卷詞一卷 刊本。

右宋左朝散郎尚書考功員外郎莆田黄公度撰。莆陽陳俊卿序。公度與俊卿，戊子同年進士也。又慶元二年焕章閣學士洪邁序。

歸愚集十卷 知不足齋寫本。

右宋吏部侍郎丹陽葛立方撰。勝仲之子，丞相邲之父也。陳氏《書録》作二十卷。

盤州文集八十卷 知不足齋影宋槧寫本。

右宋通奉大夫尚書右僕射兼樞密使鄱陽洪适撰。趙希弁《附志》卷袠同。謂紹興十二年與文安公遵同中博學宏詞科，除勅令所删定官。後三年文敏公邁亦中選。由是洪氏文名滿天下。

胡五峯集五卷 寫本。

右宋承務郎崇安胡宏撰。淳熙三年門人張栻序。

李延平集五卷 刊本。

右宋延平李侗撰。門人朱子編定。

蘆川歸來集六卷 知不足齋寫本。

右宋長樂張元幹撰。嘉定己卯孫通直郎欽臣跋。

太倉稊米集七十卷 舊影寫本。

右宋編修右司宣城周紫芝撰。自謂取山谷告甥之語以名集。乾道丁亥左朝散郎陳天麟序云：「作詩先嚴格律，然後及句法。余得此語于張文潛、李端叔，故以告子。竹坡于書無所不讀，其詩清麗典雅，雖梅聖俞當避路。在山谷、後山派中，亦爲小宗矣。」竹坡，紫芝自號也。

范香溪文集二十二卷 刊本。

右宋賢良蘭溪范浚撰。以秦檜當國，不起。學者稱香溪先生。

屏山集二十卷 刊本。

右宋興化軍通判崇安劉子翬撰。朱子，其門人也。陳氏《書録》卷袠同。

鄮峯漫録五十卷 天一閣藏寫本。

右宋太師鄞縣史浩撰。門人周鑄編次。末附《童丱須知》。陳氏《書録》作《鄮峯真隱漫録》。

嵩山文集五十四卷 知不足齋寫本。

右宋鉅野晁公遡撰。乾道四年門生宣教郎師璿序。

雙溪集十五卷 寫本。

右宋監丞婺州蘇籀撰。轍之子，遲之孫。南渡後居婺州。

周益公集二百卷 知不足齋寫本。

右宋少傅廬陵周必大撰。分《省齋文稿》四十卷《平園續稿》四十卷《省齋別稿》十卷《詞科舊稿》三卷《掖垣類稿》七卷《玉堂類稿》二十卷《政府應制稿》一卷《歷官表奏》十二卷《奏議》十二卷《奉詔録》七卷《承明録》十卷《辛巳親征録》一卷《壬子龍飛録》一卷《癸未日記》一卷《閒居録》一卷《丁亥游止録》三卷

《庚寅奏事録》一卷《壬辰南歸録》一卷《思陵録》二卷《玉堂雜記》三卷《二老堂詩話》二卷《二老堂雜誌》五卷《玉蘂辨證》一卷《樂府》一卷《書稿》十五卷《附録》五卷《年譜》一卷。開禧丙寅嗣子綸編，山陰陸游序。

于湖集八卷 晁《志》作《于湖居士集》四十卷。 寫本。

右宋學士烏江張孝祥撰。孝祥甲戌冠多士，思陵親擢。不五年登法從阜陵，尤眷之。不幸不得年。上常有用不盡之嘆。其文翰超逸，天才也。吴門錢禧序云：「友人張文伯梓《二張集》。《二張集》者，唐文昌先生籍，爲司業。宋于湖先生孝祥，爲學士。並和州人。」此即文伯合刻之一。

石湖集三十四卷 刊本。

右宋參政吴郡范成大撰。石湖在太湖之濱，姑蘇臺之下，去城十餘里，面湖爲堂，匾「石湖」二字，阜陵宸翰也。今本爲近時吴郡顧氏刊。

誠齋集一百三十三卷 知不足齋寫本。

右宋煥文閣學士吉水楊萬里撰。卷末雍正八年東昌宋賓王記云：「《經籍志》、《楊誠齋集》一百三十三卷。閲公贈誥，有『文規堯姒，一百三十卷之多，詩到陰何，積四千二百首之富』。則此爲集之全。向無目，浦先生刱之。浦名星纆。」

王忠文公集五十卷 刊本。

右宋龍圖閣學士樂清王十朋撰。劉珙序云：「公平居無所嗜好，顧善爲詩，渾厚質直，懇惻條暢，如其爲人。」今集不止詩，因此可以知其文之槩焉。

拙齋文集二十卷 倦圃藏寫本。

右宋朝奉郎侯官林之奇撰。首有《紀聞》一卷，條論經義，并所聞于其前哲者。按之奇學于吕本中，而太史祖謙學于之奇。之奇登第當紹興辛未，年已四十。未幾即入館，方鄉用而得末疾。

縉雲集四卷 寫本。

右宋奉禮郎巴縣馮時行撰。時行嘗以斥和議坐廢。

吕東萊集十五卷别集十六卷外集五卷附録三卷 刊本。

右宋直秘閣著作郎國史院編修金華吕祖謙撰。祖謙尚書右丞好問之孫，倉部郎大器之子。上世文靖公夷簡，居壽州，至右丞從駕南渡，始居金華。謂之東萊者，本其世父本中嘗號東萊，因亦取以爲號。

攻媿集一百二十卷 寫本。

右宋參知政事鄞縣樓鑰撰。陳氏《書録》卷袠同。

艾軒文集十卷 晉江黄氏藏刊本。

右宋集英殿修撰知婺州提舉興國宫莆田林光朝撰。正德辛巳族孫見素俊序。

義豐集一卷 寫本。

右宋撫州守德安王阮撰。有淳祐癸卯吴愈敘。又近人晉安黄瓚識云：「此集癸卯先嚴借抄于東莊，想東莊所藏亦非全集。據吴序云：『南鄉先生所爲文，無一字無來歷。』則有文明矣。又云：『省闈之策，辭嚴而義偉。』策亦不見。想詩亦不止此。」

羅鄂州詩文集五卷 寫本。

右宋知鄂州歙縣羅願撰。汝楫子。乾道中以守鄂州，故名。

蠹齋鉛刀編三十二卷 知不足齋寫本。

右宋真州教授濟南周孚撰。淳熙己亥京口陳珙序云：「公既歿之二年，平陽解君伯時得公遺文、古賦、古律詩、表、牋、啓、書、序、記、疏、青詞、贊、碑銘共三十卷。」按今本增多二卷。

緣督集十二卷 刊本。

右宋朝散大夫樂安曾丰撰。爲參知政事門人真德秀奏行。

象山文集二十八卷外集四卷語録四卷 刊本。

右宋著作丞金谿陸九淵撰。晁《志》卷袠同。此多《外集》耳。嘗作書院于象山之上，以待講學之士，因以自號。

陳止齋文集五十二卷 刊本。

右宋寶謨閣待制瑞安陳傅良撰。分各體詩文五十一卷。附録碑志并補遺合一卷。近時海昌陳世修校刊。

止齋論祖五卷 刊本。

右前人撰。分四書、諸子、通鑑、君臣、時務五門。

永嘉八面鋒十三卷 刊本。

右書不署名，題曰永嘉先生。時有兩永嘉，其論説多陳傅良平日之言，知爲傅良撰也。

雲莊文集二十卷 山陰祁氏澹生堂藏寫本。

右宋尚書建陽劉爚撰。天順三年十世孫歸善典史梗編次。

王雙溪集十二卷 刊本。

右宋金紫光禄大夫知湖州婺源王炎撰。字晦叔。嘗與朱子講《易》于東山九曲亭，甚相契合。有延祐丙辰胡炳文序。

杜清獻公集十卷 知不足齋寫本。

右宋右丞相黄巖杜範撰。卷首列史館檢校黄震戊辰修史稿中《丞相杜範傳》一篇。今本爲崇禎間刊。〔一〕

〔一〕 盧文弨批：刊則非寫本。

江湖長翁集四十卷 刊本。

右宋淮浙安撫使參議高郵陳造撰。晚號江湖長翁，故以名。

水心集二十九卷 刊本。

右宋江淮制置使永嘉葉適撰。晁《志》作二十卷。謂門人趙汝鏜序刊。水心，其自號也。今本有正統戊辰黎諒識語。

竹齋詩集四卷 刊本。

右宋大理司直新建裘萬頃撰。止古今各體詩，附録勑表志傳等文于後。朱彝尊爲序。

竹洲文集十卷 刊本。

右宋安撫使新安吴儆撰。内附《棣華雜著》，又《附録》一卷。嘉熙改元外曾孫壻古鄮陳塤序畧云：「想慕乾淳人物，每形之夢寐。新安二吴公名亦傳播海寓。乃今取竹洲翁文觀之，崖峭軒特，如怒蛟出水，濤勢震湖。南軒贈言，龍川序引，洵乎其不誣矣。」

南軒集四十四卷 刊本。

右宋安撫使廣漢張栻撰。爲翠巖劉氏慎思齋刊。

梅山續稿十八卷 寫本。

右宋浙東馬步軍副總管慶遠軍節度使麗水姜特立撰。特立靖康中以父綬死難補官。有《梅山稿》、《續稿》。今止《續稿》。

漫塘文集三十六卷 刊本。

右宋將作少監直敷文閣金壇劉宰撰。自號漫塘逸叟，故以名。

龍川文集三十卷 刊本。

右宋僉判永康陳亮撰。陳振孫曰：「亮少入太學，嘗三上孝廟書，召詣政事堂。宰相無宏度，迄報罷，後以免。舉爲癸丑進士第一，未禄而卒。所上書，論本朝治體本末源流，一時諸賢未之及也。才甚高而學駁，其與朱晦翁往返書，所謂金銀銅鐵混爲一器者，可見矣。葉正則未遇時，亮獨識之。後爲集序及跋，皆含譏誚。識者以爲議。」

崔清獻公言行録内外集共四卷 刊本。

右宋參知政事右丞相增城崔與之撰。與之又有《菊坡集》。

洛水集二十六卷 刊本。

右宋禮部尚書翰林學士休寧程珌撰。珌先世本洛州，自號洛水遺民。

龍洲集十五卷 刊本。

右宋太和劉過撰。過嘗伏闕上書，請光宗過宫。復以書抵時宰，陳恢復方畧。不報。放浪湖海間。

網川月漁集八卷 寫本。

右宋廸功郎福清林亦之撰。其書爲朱氏竹垞所收藏者，有潛采堂印。

鶴山集一百三卷 刊本。

右宋安撫使邛州魏了翁撰。淳熙己酉吳淵序。今本爲嘉靖辛亥吳鳳、王棻校刊于邛州官舍者。

默齋遺稿一卷 寫本。

右宋充荆鄂宣武參謀官建陽游九言撰。呰之子也。

高菊磵集一册 刊本。

右宋餘姚高翥撰。後附高鵬飛、高選、高邁、高似孫諸家詩。

履齋遺集四卷 刊本。

右宋特進左丞相寧國吳潛撰。字毅夫，淵弟也。以沈炎論劾謫官。

安晚堂集十二卷 寫本。

右宋左丞相鄞縣鄭清之撰。内一卷至五卷原佚不傳。卷末注「臨安府棚北大街睦親坊南陳解元宅書籍鋪刊行」。

徐清正公集六卷 小山堂藏寫本。

右宋禮部侍郎豐城徐鹿卿撰。字德夫，謚清正。有《泉谷存稿》。

徐文惠公集五卷 小山堂藏寫本。

右宋翰林學士知制誥豐城徐經孫撰。以忤賈似道罷歸，閑居十年。有《矩山存稿》。以上二書疑後人重編。

松垣集十一卷 寫本。

右宋通議大夫高安幸元龍撰。首署古筠洪城幸清節公，其裔孫鳴鶴爲之編釋。

友林乙稿一卷 刊本。

右宋閤門宣贊舍人鄞縣史彌寧撰。晁《志》作一卷。今本有名域者原序，不著姓，乃近時仿宋槧摹刻者。

方壺集四卷 刊本。

右宋休寧汪莘撰。字叔耕。嘉定中以布衣應詔，上封事，不果用。

流塘集三卷 寫本。

右宋學録休寧詹初撰。字子元。與汪莘善。

黄勉齋集四十卷 寫本。

右宋知安慶府閩縣黄榦撰。榦受業朱子之門，以子妻之者。

北溪集五十卷 元刊本。

右宋安溪簿龍溪陳淳撰。至元漳州教授王環翁序云：「淳祐戊申郡倅薛季良鋟梓龍江書院，歲久佚壞。乙亥冬，幕賓本齋高公刱謀，委學録黄元淵之三山墨莊重刊焉。」

方鐵菴集三十七卷 寫本。

右宋寶謨閣直學士方大中撰。族孫良永、良里校編。

頤菴集二卷 寫本。

右宋慈谿劉應時撰。字良佐。

方是閑居士小稿二卷 寫本。

右宋崇安劉學箕撰。字習之。屏山先生子翬之孫，七省〔一〕翁玶之子也。劉叔通云：「居士詩摩香山之壘，詞拍稼軒之肩。」嘉定戊寅甥開封趙必愿序。

〔一〕「省」原誤「者」，今正。

芳蘭軒集一卷 寫本。

右宋永嘉徐照撰。字靈暉，號山民，四靈之一。葉水心誌墓云：「山民有詩數百，琢思尤奇，皆蘇絶倐起，冰懸雪跨，使讀者變踔憀慄，肯首吟嘆，不能自已。然無異語，皆人所知也，人不能道耳。」

二薇亭集一卷 寫本。

右宋長泰令永嘉徐璣撰。字文淵，一字致中，號靈淵，四靈之一。

西巖集一卷 寫本。

右宋永嘉翁卷撰。字續古，一字靈舒，四靈之三。

清苑齋集一卷 寫本。

右宋宗室永嘉趙師秀撰。太祖八世孫，字紫芝，號靈秀，四靈之四。振孫云：徐照、徐璣、翁卷、趙師秀「四人號『永嘉四靈』，皆晚唐體也。惟師秀嘗登科改官，亦不顯」。

燕堂詩稿一卷 寫本。

右宋宗室常熟趙公豫撰。

覆瓿集六卷 寫本。

右宋宗室東莞趙必瑑撰。太宗十世孫，字玉淵，號秋曉。登咸淳元年進士。任南康縣丞。文丞相開府于惠州，瑑攝惠州軍事判官。入元隱温塘村。

石屏集十卷 寫本。

右宋黄巖戴復古撰。附戴敏〔一〕《東皋集》一卷。至正戊戌黄師泰序畧云：「先生詩大約悉本于杜，而未嘗有一詞蹈襲之者。今其詩傳世已久，而又有八君子爲之論者。予生也晚，復何言哉。諸孫文璜，校舊本以圖新刻，曾廣其傳。」今按卷内跋語，有浚義趙汝騰、荆溪吴子良、四明樓鑰、盱江包恢、東平趙以夫、建安真德秀、潛齋王埜[二]子文、壽峯倪祖義、剡姚[三]鏞、栗齋鞏豐、眉山楊汝明等，則不止八君子也。

[一]「戴敏」原誤「戴毓」，據《中國古籍善本書目》、《北京圖書館古籍善本書目》改。

[二]「王埜」原誤「王楚」，據《皕宋樓藏書志》、《抱經樓藏書志》改。

[三]「姚鏞」原誤「劉鏞」，據《皕宋》、《抱經》二藏書志改。

滄浪吟卷二卷　刊本。

右宋邵武樵川嚴羽撰。第一卷詩辨、詩體、詩法、詩評、詩證五則，文一首。第二卷詩。正德庚辰吴郡都穆序稱：「其論詩精切簡妙，不襲故常，足以指南後學。」

文溪集二十卷　刊本。

右宋龍圖閣待制吏部番禺李昴英撰。字俊明。歸隱文溪，故名。

雪窻文集二卷　舊影寫本。

右宋贈宣奉大夫集英殿修撰慈谿孫夢觀撰。嘉靖丁酉餘姚陳塏序。裔孫應奎校刊。

可齋雜稿三十四卷續稿八卷續稿後十二卷　寫本。

右宋觀文閣學士覃懷李曾伯撰。咸淳庚午嗣男杓編。

翠微南征録十卷 刊本。

右宋殿前司官貴池華岳撰。此録係岳爲武學生，因奏韓侂冑貶建寧獄時，所作詩并雜記。歲久失傳。近世黄虞稷從史館抄得，屬池人郎遂刻之。

牧萊脞語二十卷二稿八卷 寫本。

右宋長沙陳仁子撰。其《脞語》二十卷署「靈山古迂陳仁子同倩述，門人李懋宣楊廷輯」。其《二稿》八卷署「茶陵古迂陳某，門人譚以則伯可輯」。又廬陵鄧光薦序云：「咸淳天子在位十年，取左丞相江文忠公以湘帥賓興鄉漕士，得公甫、道甫、同甫，計闈，與余皆公門生。而宋科目亦止此。」

玉楮詩稿八卷 刊本。

棠湖〔一〕詩稿一卷 刊本。

右宋淮東總領湯陰岳珂撰。嘉熙庚子自序。爲十六世孫元聲等重刊。

〔一〕「湖」原作「村」，據《中國古籍善本書目》、《中國叢書綜録》改。

秋崖文稿四十五卷 刊本。

右宋朝散大夫祁門方岳撰。嘉靖丙戌族裔孫前進士方謙爲之序。

秋崖詩稿三十八卷 刊本。

右前人撰。嘉靖壬寅莆田吴焕章序。

秋崖小簡十四卷 寫本。

右前人撰。

竹溪鬳齋十一藁續集三十卷 寫本。

右宋興化軍福清林希逸撰。劉後村跋云：「乾淳間林艾軒始好深湛之思，加煅煉之功，有經歲累月繕一章未就者。一傳爲網山林氏。再傳爲樂軒陳氏。三傳爲竹溪詩。」今本爲石塘林同序。

汶陽端平詩雋四卷 寫本。

右宋陽穀周弼撰。寶祐丁巳荷澤李龏和父述云：「選二百首，曰《端平詩雋》，俾萬人海中續芸陳君書塾入梓流行。」續芸，臨安府陳解元書鋪之號也。

柴氏四隱集三卷 寫本。

右宋廸功郎江山柴望、知建昌軍柴隨亨、察推柴元彪撰。按《四隱集》足本流傳最少。向有秀野草堂顧氏本、文瑞樓金氏本及今所傳潛采堂朱氏本，俱祇秋堂一卷而已。惟錢塘吴石倉手鈔本，則瞻屺〔一〕、澤臞二公詩詞在焉，秋堂卷中多詩五篇。又石倉從志乘中增入者。至吉甫詩文隻字不傳。十一世孫復貞序之詳矣。

〔一〕「屺」原誤「岵」，今正。

四明文獻集五卷 寫本。

右宋尚書鄞縣王應麟撰。按此即從鄭千子《四明文獻》摘出，非完書。

舒文靖集一册 寫本。

右宋教授鄞縣舒璘撰。吴焯題云：「雍正間，慈溪鄭義門過杭，以此册見貽。蓋爲姚江梨洲黄氏從其裔孫抄得者。」

後村居士全集五十卷 知不足齋寫本。

右宋學士莆田劉克莊撰。係廸功郎新差昭州司法參軍林秀發編次。淳熙己酉竹溪林希逸序。

蒙川遺稿四卷 寫本。

右宋學士樂清劉黻撰。係弟中山劉應奎成伯校正。

蛟峯集七卷 刊本。

右宋兵部侍郎國史修撰淳安方逢辰撰。宋亡，元世祖詔起之。不赴。卒于家。

本堂先生文集九十六卷 寫本。

右宋著作郎鄞縣陳著撰，曾孫煦編次。有至大戊申榜下士荆溪蔣巖跋。蓋蔣與先生同榜也。按集内又有《剡學講義》云：「埸來試令，必有我師。」則曾官于剡者。原缺六卷。

疊山集二卷 刊本。

右宋江東制置使弋陽謝枋得撰。係里人黄溥所編。

格齋三松集一卷 寫本。

右宋成都帥幕廬陵王子俊撰。字才臣。格齋，其號也。周益公、楊誠齋之客。今本朱彝尊有跋語。

魯齋遺集十二卷 刊本。

右宋金華王柏撰。初號長嘯，後號魯齋。受業何北山之門。郡守蔡康、楊棟、台〔一〕守趙景緯，相繼聘主麗澤、上蔡兩書院。咸淳十年卒。

〔一〕「台」原誤「召」，今正。

潛齋文集十一卷 刊本。

右宋大理寺卿淳安何夢桂撰。初名應祈，字申甫。入元累徵不起。築室小西源，以著書爲事。今本爲康熙間刻。

梅巖文集十卷 刊本。

右宋貴池縣尉婺源胡次焱撰。字次鼎，號梅巖。又名《餘學集》，爲族孫漣所輯。後二卷附録。

霽山文集五卷 刊本。

右宋從政郎平陽林景熙撰。厲鶚曰：「霽山宋亡不出，與王修竹、鄭樸翁、胡天放輩尋歲晏之盟，往來吳越。庚午卒于家。」

佩韋齋集十六卷佩韋輯聞四卷 寫本。

右宋進士玉山俞德鄰撰。署太玉山人。皇慶壬子建安熊禾序。

桐江續集四十八卷 元刊本。

右宋歙縣方回撰。卷首有各印，曰「玉蘭堂」，曰「梅溪精舍」，曰「蓮涇」，曰「竹垞」，曰「辛夷館」，曰「灌稼村翁」，曰「太原王叔子藏書記」，曰「季振宜藏書」，則其書之流傳，爲人愛重，可知矣。

蘭皋集二卷 知不足齋寫本。

右宋休寧吴錫疇撰。咸淳七年陸夢發序。

陵陽集二十四卷 寫本。

右宋大理寺卿湖州牟巘撰。端明學士子才之子。元初起教授陵陽州，以上元簿致仕。當宋亡時，已退不任事。子應龍，咸淳進士。一門父子，自爲師友，討論經學，以義理相切磨。所著《陵陽集》，次子帥府都事應復所編。程端學爲之序。

所南文集一卷一百二十圖詩一卷 寫本。

右宋連江鄭思肖撰。附鄭震《清雋集》一篇。

勿軒集八卷 寫本。

右宋司户參軍建陽熊禾撰。至元間許衡序云:「生平著述甚富,厄于兵火。鰲峯嗣孫家藏遺稿,族孫孟秉類次成帙。」

湖山類稿五卷水雲集一卷 刊本。

右宋錢塘汪元量撰。元量以善琴事謝后、王昭儀。宋亡,隨三宫留燕,後爲黄冠師南歸。往來匡廬、彭蠡間,人以爲神仙,多畫其像祀之。李鶴田跋其《類藁》云:「開元、天寶之事,紀于草堂,後人以詩史目之。水雲之詩,亦宋亡之詩史也。其詩亦鼓吹草堂者也。」

吾汶稿十卷 寫本。

右宋廬陵王炎午撰。元統二年揭傒斯序。

晞髮集六卷 刊本。

右宋長溪謝翱撰。厲鶚曰:「翱咸淳中試進士不第。丞相文信公開府延平,署咨議參軍。信公被執後,避地浙東,在浦江主吴渭家,與方鳳、吴思齊遊。度釣臺南地爲文冢,名會友之所曰汐社,期晚而信。集同好名氏作《許劒録》,取吴季子意也。乙未八月寓杭,終于婦劉氏舍。友人方鳳、吴思齊輩歸其骨,葬于釣臺,從初志也。」今本爲明隆慶壬申歙凌琯序刊。

存雅堂遺稿十三卷 刊本。

右宋浦江方鳳撰。厲鶚曰：「試太學，舉禮部，不第。特恩容州文學。歸隱仙華山。吴渭闢家塾敬事之。疾革，命子樗題其旌曰『容州』，示不忘也。」今本爲同邑張燧夫輯評，順治間刊。

玉斗山人集三卷 寫本。

右宋教授玉山王奕撰。首卷《東行斐稿》，次雜體詩，末卷《曲窻如菴記》一篇，附録諸名人題咏。皆爲明陳中州批注。

月洞吟一卷 寫本。

右宋縣尉括蒼王鎡撰。厲鶚曰：「當帝㬎播遷，棄印綬歸隱湖山，與尹緑波、虞君集、葉柘山諸人結社賦詩。」按《宋藝文志》載鎡《文集》二十三卷。原集無傳。茲爲前明嘉靖時其族孫養端編者。

富山詩集五卷 刊本

右宋淳安方夔撰。一名一夔，字時佐，號知非子。生于宋季。嘗從何潛齋遊。攻舉子業，不利于有司。退隱富山之麓，授徒講學于此。

富山遺稿十卷 刊本。

右前人撰。乃五世孫文傑編。

待清軒遺稿一卷 寫本。

右宋天台潘音撰。字聲甫，宋季躬畊不仕，築室南洲山中。詔徵天下遺逸，廉訪使檄贊之行，固辭。

志道集一卷 寫本。

右宋吳中顧禧撰。

野趣有聲畫二卷 寫本。

右宋新安楊公遠撰。字叔明，以善畫山水、能詩，名著于徽。詩稿二卷，自題曰《野趣有聲畫》。古梅吳龍翰序。又至正丁巳盧贄序。

客亭類稿六册 知不足齋藏宋刊本。

右宋江陵楊冠卿撰。

陳克齋集十七卷 小山堂藏寫本。

右宋上饒陳文蔚撰。

象臺首末五卷 續鈔堂藏刊本。

右宋大理評事胡夢昱撰。前三卷自著詩。後二卷附録。

須溪記鈔八卷 刊本。

須溪集畧四卷 刊本。

右宋廬陵劉辰翁撰。少登陸象山之門，補太學生。景定壬戌廷試對策。賈似道置丙第。以親老請濂溪書院山長。薦居史館。又除太學博士。皆固辭。宋亡，隱居卒。

古梅遺稿六卷 寫本。

右宋歙縣吳龍翰撰。字式賢，號古梅。咸淳鄉貢，後以薦授編校國史院實録院文字。至元丙子鄉校請充教授。尋棄去。

石堂遺集二十二卷 刊本。

右宋寧德陳普撰。字尚德。爲恂齋韓氏門人。韓出于廣元輔氏。蓋考亭的派也。宋亡後，三辟爲本省教授，不起。

寧極齋稿一卷 寫本。

右宋平江陳深撰。附《慎獨齋稿》一卷。字子微。宋亡，棄舉子業，閉門著書。

伯牙琴一卷 知不足齋寫本。

右宋錢塘鄧牧撰。字牧心。與謝翶友善。歲丙申至山陰，王修竹延致陶山書院。己亥入洞霄，止于超然館，住山沈介石爲營白鹿山房居之，無疾而化。《伯牙琴》者，雜文稿名也。

黄四如集四卷附一卷 刊本。

右宋國簿莆田黄仲元撰。元至治三禩前進士清源傅定保序。

真山民集一卷 寫本。

右書厲鶚跋曰：「山民自呼山民，或云名佳芳，括蒼人。宋末進士。李生喬嘆以爲不媿乃祖文忠西山。以是知其性真。痛值亂亡，深自湮没，世無得而稱焉。惟所至好題詠，流傳人間。張伯子謂爲宋末一陶元亮云。」

九華詩集一卷 知不足齋寫本。

右宋青陽陳巖撰。至大戊申同里方時發序。

羅滄洲集五卷 寫本。

右宋縣尉永豐羅公升撰。大父開禮，爲武康教授。德祐間，文丞相開府閩廣，辟開禮知縣事，授安撫使，後兵敗被執，不食死。公升少有將畧，以軍功爲本邑尉。傷大父死節，傾資北遊燕趙，與宋宗室趙孟榮諸公圖復宋祚。知勢不可爲乃已。其集劉辰翁爲序。

仇山村遺集一卷 刊本。

右宋錢塘仇遠撰。字仁近。宋咸淳遺老。詩有盛名。吾丘衍不可一世，獨推重之。舊有《金淵集》已佚。今爲近人收集零篇而梓之者。

興觀集一册 寫本。

右即前人集暨明瞿佑二家七言近體詩，以其俱錢塘人也。合編之者爲佑之侄暹。按以上十家《千頃堂書目》俱編入元集。然考各人，皆生宋季，而于元俱無禄位，因列於此。

四六標準四十卷 刊本。

右宋中書舍人直學士院寶章閣待制崇仁李劉撰。號梅亭。有《詩文類稿》。此其四六也。劉嘗從真德秀游，丐詞科文字，留飲書室。指竹夫人爲題曰：蘄春縣君祝氏可衛國夫人。劉援筆立成，末聯云：「於戲，保抱攜持，朕不忘乙夜之寢；展轉反側，爾尚形四方之風。」德秀擊節嘆賞。嘉熙己亥四月誕皇子，告廟祝文，劉以學士當筆。以四柱作一聯云：「亥年己月，無長蛇封豕之虞；午日丑時，有歸馬放牛之兆。」時方有蜀警。人咸賞其中的。

臞軒四六一卷 寫本。

右宋贈司農少卿仙遊王邁撰。字實之，號臞軒居士。

巽齋四六一卷 寫本。

右宋權工部侍郎邵武危昭德撰。字子恭。有《春山集》。

橘山四六二十卷 刊本。

右宋進士於潛李廷忠撰。萬曆丁丑曲阿孫雲翼校注。

壺山四六一卷 寫本。

右書不著撰人姓名。按宋時號壺山者有三：其一爲宋自遜，字謙父，號壺山，方虚谷所謂謁賈似道獲楮幣二十萬以造華居者也。其一爲徐師仁，字存聖，所著有《壺山集》七十卷，見于《續文獻通考》。其一則閩漕方大琮，號壺山，與王臞軒友善，見周公謹《齊東野語》。今考集中第一首即《除福建漕謝喬平章啓》，知爲方作無疑矣。因識于此，以俟博覽者考正焉。

郴江百詠一卷 寫本。

右宋知袁州舒城阮閱撰。有《詩話總龜》、《松菊集》。《郴江百詠》其一也。宣和甲辰自序云：「郴，古桂陽郡，陳迹故事盡載圖史，亦間見于名人才士歌咏。如杜子美《寄聶令入郴州》，韓退之《郴江》，柳子厚《登北樓》，沈佺期《望仙山》，戴叔倫《過郴州》之類是也。余官于郴三年，欲補其缺，强作一二小詩，積至百篇，使未嘗到湖湘者觀之，亦可知郴在荆楚自是一佳郡也。」

華亭百詠一卷 寫本。

右宋華亭許尚撰。號和光老人。生淳熙間。蓋取華亭古蹟而詠之者。

金陵百詠一卷。 寫本。

右宋臨川曾極撰。字景建，布衣也。以詩語訕謗謫是州卒。又有《舂陵小雅》。

嘉禾百詠一卷 寫本。

右宋嘉興張堯同撰。

斷腸集九卷 元刊本。

右宋閨秀錢塘朱淑真撰。錢塘鄭元佑爲之注。

支離子集一卷 寫本。

右宋道士黄希旦撰。希旦本樵人，棄家爲道士。熙寧間尸解去，後有見之于蜀者，相異以爲神仙。士大夫駭而傳之。集有淳祐間方澄孫、陳宗禮二序。又附《九天彌羅真人支離子傳》一篇，述之頗詳。

白真人集十二卷 刊本。

右宋道士閩清葛長庚撰。署瓊琯白先生。

鐔津文集二十二卷 刊本。

右宋釋藤州契嵩撰。卷首列尚書屯田員外郎陳舜俞所撰《行業記》。弘治己未重刊。

參寥子集十二卷 刊本。

右宋釋於潛道潛撰。晁公武曰：「與蘇子瞻、秦少游爲詩友，其詩清麗，不類浮屠語。」

北磵詩集九卷文集十卷 知不足齋寫本。

右宋釋潼州居簡撰。其詩集載有龍泉葉適與光孝頭堂禪師札。其文集嘉定間張自明誠子序。

石門文字禪三十卷 刊本。

右宋釋筠州惠洪撰。一作洪覺範。其文俊偉，不類浮屠語。韓駒子蒼爲塔銘云。

柳塘外集四卷 刊本。

右宋江西饒州薦福寺沙門道璨撰。字無文，姓陶氏。

別集類四 金 元

滏水集二十卷 知不足齋寫本。

右金翰林學士滏陽趙秉文撰。署閑閑老人，其別號也。元光癸未臯落楊雲翼爲之引。

滹南文集四十五卷 知不足齋寫本。

右金延州刺史藁州王若虛撰。字從之。有欒城李冶、東明王鶚、荆臺冷官胡應龍三序。

遺山集二十卷 刊本。

右金員外郎太原元好問撰。此集與《薩天錫集》、廼賢《金臺集》、顧瑛《玉山草堂集》、宋无《翠寒集》、《啽囈集》、倪瓚《雲林集》、陶宗儀《南村詩集》、張羽《句曲外史集》、馬臻《霞外集》，係東吴毛晉合刻本。崇禎戊寅徐燉序。今俱著于録。

莊靖集十卷 知不足齋寫本。

右金澤州李俊民撰。正德戊辰沁水李瀚序云：「金承安間，嘗以經義大魁多士，入爲應奉翰林文字。勝國初，嘗徵入見，仍乞還山。上重其節而從之。」

二妙集八卷 知不足齋寫本。

右金河東段克己、成己撰。伯氏克己，字復之，在金以進士貢，金亡廿餘年而卒。仲氏成己，字誠之，在金登進士第，主宜陽簿，至元間乃卒。按二段詩此爲元本，從錢塘汪氏抄得之。以《全金詩》校勘，謬誤特甚，益信元本不可廢棄，不特多樂府二卷而已。《補遺》八首得之《河汾諸老集》中。又按《曝書亭書目》有段鏞、段鐸《二妙集》。今以虞集《段氏世德碑》考之，鏞、鐸爲克己、成己五世祖行，未嘗有集行世，而茲集「二妙」之目爲《滏水閑閑》之所題，亦非有所沿襲，知竹垞所藏即此集。其題曰鏞、鐸者，偶誤耳。

湛然居士集十四卷 知不足齋寫本。

右元領中書省遼東耶律楚材撰。有甲午仲冬晦日萬松〔一〕野老行秀中夜秉燭序，并癸巳平水冰巖老人王鄰、襄山孟攀鱗二序。又明歸有光跋云：「耶律文正佐元，有開闢天地之功，而于禪理超悟如此。余少知耶律晉卿，今始識從源真面目也。本十四卷，亡其前七卷，當竢求之。」茲爲足本。

〔一〕「松」原誤「招」，今正。

還山遺稿二卷附録一卷 知不足齋寫本。

右元參議奉天楊奐撰。卷首有《楊文憲公考歲畧》，俱列金世宗、章宗各年號。蓋先生修家于金，治國于元也。嘉靖元年王元凱序，謂「此集原六十卷，久亡，今本係宋廷相訪求二十年僅得此，故曰《遺稿》」。

藏春集六卷附録一卷 刊本。

右元光録大夫贈太傅邢州劉秉忠撰。至元丁亥閻〔一〕復序。

〔一〕「閻」原誤「閑」，據《愛日精廬藏書志》、《鐵琴銅劍樓藏書目録》改。

水鏡集一卷 寫本。

右元溧陽路總管臨〔一〕川元淮撰。正統甲子吉水謝倬序。

〔一〕「臨」原誤「陵」，據《四庫提要》改。

淮陽集一卷 寫本。

右元蒙古漢軍都元帥河内張弘範撰。延祐六年加封淮陽王，謚獻武。弘範善馬槊，頗能爲歌詩。幼嘗學于郝信使經，故屬意文辭爲甚。鄧侍郎光薦曰：「公天分英特，雖觀書大畧，率意吐詞，往往踔厲奇偉。」

魯齋遺書十四卷 刊本。

右元國子監祭酒河内許衡撰。衡與姚樞、竇默同隱蘇門，得程朱遺書，日相講習。世祖在秦中，聞其名，徵授官，洊歷祭酒。年七十三卒，語其子曰：「我生平爲虚名所累，死後慎弗請謚立碑也。」

秋澗先生大全文集一百卷 倦圃藏刊本。

右元翰林學士承旨汲縣王惲撰。惲嘗從學于紫陽、遺山、鹿菴、神川諸公。及壯，周旋于單侍講、曹南湖、高吏部、郝陵川、王西溪、胡紫山之間。天資既異，師友講習，又至博學能文，爲當時推重。集爲其子翰林待制公孺所編次。延祐己未就家取進，咨發江浙行省給公帑刊行。詳王秉彝及公孺兩後序。時秉彝爲嘉興郡守，屬郡文學椽羅應龍校刊，羅有序。

劉文靖公集二十八卷 刊本。

右元贊善大夫容城劉因撰。卷末附考異，不知何人所作。

漢泉曹文貞公詩集十卷 刊本。

右元資政大夫行中書左丞碭山曹伯啓撰。其子復亨編次。曹鑑奉勅撰神道碑附。

吳文正公集一百卷 刊本。

右元翰林學士崇仁吳澄撰。澄嘗作草屋數間，題其牖曰「抱膝梁父吟，浩歌出師表」。程文憲因題之曰「草廬」。學者稱草廬先生。

雪樓集三十卷 刊本。

右元翰林學士承旨河内程鉅夫撰。卷末識云:「謄寫始于至正癸卯之春,書市余通父筆也。前十卷刻而復燬,後二十卷寫而未刻。洪武辛未春,以印本、寫本併刻于朱氏之肆。」未詳識之人姓氏。

松雪齋集十卷外集一卷 刊本。

右元翰林承旨湖州趙孟頫撰。大德戊戌戴表元序。

松鄉集十卷 黄松石校寫本。

右元湖州安定書院山長句章任士林撰。同邑後學孫能傳識云:「萬曆乙巳春,予校閣中藏書,有《任松鄉先生文集》四帙,乃元至正四年浙江行中書省舊刻,爲記四十一、誌銘九首、傳六首、敘二十一首、説引八首、賦十八首、雜著二十二首、詩三百六十八首、雜著二十三首,凡十卷。」

剡源集三十二卷 《千頃堂書目》作三十卷。天一閣寫本。

右元教授奉化戴表元撰。據别一本無詩,止二十六卷。宋序云「二十八卷」。萬曆周儀序云「三十卷」。又云「獨詩集一部,僅備諸體,而散落尚繁」。則知此集流傳卷袠多寡不一。兹范氏天一閣所進乃完書也。自二十三卷以下增多詩十卷。首有楊鏡川題云:「余嘗得先生手札稿百餘篇,多《剡源集》所未載者。」又梨洲黄氏有選本,花山馬氏刊行。疑從此本選出者。

湛㴱集一卷 知不足齋寫本。

右元江浙儒學副提舉錢塘白珽撰。剡源戴表元序云：「廷玉詩甚似渡江陳去非，而嘗諱言去非。又特好記覽，每一篇必欲全注于六經之苑，披條于百氏之畹。」宋濂墓誌附于末。

在軒集一卷 寫本。

右元邵武黄公紹撰。俱係文詩一二而已。

金仁山文集四卷 刊本。

右元金履祥撰。附柳貫所著行狀一篇。

許白雲集四卷 刊本。

右元金華許謙撰。國朝雍正時金孔時所刊。

雲峯集十卷 刊本。

右元蘭谿學正婺源胡炳文撰。正德丁卯三山林瀚序。

陳定宇文集十七卷 刊本。

右元休寧陳櫟撰。國朝康熙間族孫嘉基校刊。

桂隱文集四卷詩集四卷 寫本。

右元吉水劉詵撰。其詩有至正元年門人羅如篪跋。又嘉靖癸亥同邑羅洪先序，畧云：「桂隱劉公，當元初時廢科舉，抱所長無所于洩，自任斯文之重，與宋遺老上下倘佯。當事力荐，不屈。既卒，賜謚文敏。元雖廢科舉，而謚不爲限，故公以布衣得之。」

稼村類稿三十卷 刊本。

右元提舉江西學事豐城王義山撰。正德丙子楊濂序。

杏庭摘稿一卷 寫本。

右元休寧尹洪焱祖撰。有宋濂、危素二序。

養蒙先生文集十卷 寫本。

右元翰林學士嘉興張伯淳撰。字師道。稱趙魏公孟頫爲内弟。與巴西鄧文原同直詞林，情義欵洽。文原嘗謂：「師道爲文，恥尚鈎棘，而春容紆餘，鏗乎如金石之交奏。」没後無成稿。其子河東宣慰副使采、長孫武康縣尹炯，訪求遺逸，釐爲十卷，蜀郡虞集爲序刊之。

陳剛中集三卷 刊本。

右元翰林待制臨海陳孚撰。分《觀光稿》、《交州稿》、《玉堂稿》爲三卷。

巴西集一册 知不足齋寫本。

右元集賢學士兼國子祭酒綿州鄧文原撰。句章任士林曰：「善之渾厚以和，沉潛以潤，如清球在縣，明珠在乘。」

存悔齋稿一卷　寫本。

右元江浙儒學副提舉真州龔璛撰。宋司農卿潗之子。宋亡，例遣北上。潗行至莘縣，不食卒。璛悲不自勝，因與其弟理刻苦于學。戴帥初、仇仁近、胡汲仲皆與爲忘年交，聲譽藉甚，人稱兩龔，以比漢兩龔云。

翠寒集一卷　刊本。

唫囈集一卷　《千頃堂目》作八卷。刊本。

右元晉陵宋无撰。自爲序，并延祐庚申海一粟馮子振序。其《唫囈集》俱咏史詩。

純白齋類稿二十二卷　刊本。

右元太常博士東陽胡助撰。字古愚。好讀書，蔚有文采。臨川吴澄見其詩文，大加稱賞。致仕卒。遺言弗丐人狀其行、銘其墓。自著《純白先生傳》。

趙寶峯集二卷　知不足齋寫本。

右元慈谿趙偕撰。字子永。宋之宗室也。門人烏斯道序畧云：「先生早歲攻舉子業，以不窺聖涯，即棄去。讀楊文元公書，有覺而益致其力。見明而守固，文不追琢，不矯揉，皆發乎道心之正，非蹈襲乎末世之弊者。」有六世孫趙文華序跋，蓋有玷于先生者也，今去之。

梅道人遺墨二卷　寫本。

右元嘉興吴鎮撰。有同里錢棻題詞。

道園學古録五十卷 花山馬氏藏元刊本。

右元侍講學士蜀郡虞集撰。至正六年歐陽元序云：「李漢于昌黎、子瞻，于廬陵，皆能知而能言者。走豈能爲前人役乎，第于公有世契，故不辭而爲之序。」

道園先生遺稿六卷詩續三卷 季振宜藏寫本。

右前人撰。朱彝尊跋云：「凡七百餘篇，公之從孫克用所纂述也。其《學古録》諸編，以刊板行世，而此詩實世所罕覯刻。」

揭文安公文集十四卷 知不足齋寫本。

右元學士富州揭徯斯撰，門生前進士燮理溥化校録。

揭文安公文粹一册 寫本。

右前人撰。

范德機集七卷 寫本。

右元福建廉訪司知事清江范梈撰，臨川葛雝仲穆編次。卷一卷二五古詩，内雜以排律，疑誤。其書署「至元庚辰良月益友書堂新刻」。其校訂者，學正孫存吾也。向有歐陽原功、蘇天爵諸公序，今闕。唯存吳全節後序，及諸人題咏。

黄文獻公集二十三卷 元刊本。

右元侍講學士義烏黄溍撰，門人宋濂、傅藻同編。

圭齋集十六卷 刊本。

右元翰林學士承旨瀏陽歐陽玄撰。宋景濂序云：「公之文自擢第以來多至一百餘册，藏瀏陽里第，盡燬于兵。此則在燕所録七年間所作耳。」

馬石田文集十五卷 寫本。

右元行臺中丞靖州馬祖常撰。至元己卯王守誠序，并趙郡蘇天爵陳旅序。

金臺集二卷 刊本。

右元編修南陽迺賢撰。至正壬辰歐陽元序，又李好文、黄溍、貢師泰三序。

薩天錫集三卷外集三卷 刊本。

右元河東廉訪經歷雁門薩都剌撰。薩都剌者，猶漢言濟善也。徐興公曰：「《天錫集》成化乙巳兖州守關中趙蘭刻于郡齋，得之仁和沈文進家藏舊本。」

至正集八十一卷 知不足齋寫本。

右元中書左丞湯陰許有壬撰。無序跋。與焦氏《經籍志》卷帙同。

圭塘小稿十三卷别集二卷續集一卷外集一卷 季振宜藏刊本。

右前人撰。元中憲大夫弟有孚編。《續集》，裔孫嶼編。《外集》一卷，有目無文，宣德間遺佚。説見朱禋、丘霽二序。

圭塘欸乃一卷 知不足齋寫本。

右書鄱陽周伯琦序畧云：「中丞安陽公謝事歸相州，于其第之西二里得康氏廢園，薙灌莽，剗菑翳，鑿池其中，袤廣以步計者千餘，深八尺，形如桓圭。以池之占勝居多，故以『圭塘』名。此倡彼和，少長同歡，遂名其篇曰《欸乃》。公季弟都司君自爲之引。亦以見安陽一門文物之盛云。」按此集《元詩選》專作許有孚，似未覈。

吕敬夫集六卷 寫本。

右元崑山吕誠撰。分《來鶴草堂稿》、《番禺稿》、《既白軒稿》、《草堂雜録》、《竹洲歸田稿》、《鶴亭唱和》六卷。至正七年會稽楊維禎序。

順齋閑居叢稿二十六卷 澹生堂寫本。

右元儒學提舉眉州蒲道源撰，男機類編。至正十年黄溍序。

雲林集十七卷 林氏樸學齋寫本。

右元直集賢學士宣城貢奎撰。弘治庚戌天台范吉識云：「奎所著各書甚多，永樂間以采書收諸秘府，遂失其傳。唯此詩集僅藏于家。曾孫選部正郎元禮君世其業，乃搜諸元大家集中，更得律詩若干篇，合録成帙。」

佩玉齋類稿二册 知不足齋寫本。

右元太常博士上元楊翮撰。至元丙子陳旅序。

吴禮部文集二十卷附録一卷 寫本。

右元禮部郎中蘭谿吴師道撰。正傳自羈丱知學，善記覽，工詞章，發爲詩歌，才思涌溢。嘗與同郡黄晉卿、柳道傳友善。

存復齋集十卷 刊本。

右元儒學提舉吴郡朱德潤撰，曾孫發重編。虞集題曰：「澤民文章典雅，而理致甚明。獨惜以畫事掩其名。然識者不厭其多能也。」又有俞焯序，及周伯琦墓銘附。

竹素山房集三卷 寫本。

右元錢塘吾丘衍撰。字子行，本太末人。其祖家錢塘。嗜古博學，工篆籀，精音律。眇左目，右足跛，而風度特藴藉。對客輒吹洞簫，弄鐵如意，或援筆製字，旁若無人。每以郭忠恕自比，號「貞白處士」。居生花坊一小樓，客至卒莫得登。後爲仇家所誣，投水死。

栲栳山人集三卷 寫本。

右元餘姚岑安卿撰。黄宗羲曰：「安卿字静能，自號栲栳山人。志節自矜，唾涕富貴，人皆敬之，名閥家。雖至凋零，多藉以自立崛起之輩。有不義者，惟恐其聞。所交皆名士。序其詩者宋濂，唱和者危素也。嘗有詩云：『鄰家酒如澠，歌管朝夕度。此樂非吾知，看書日還暮。』其胸次如此。」

月屋漫稿四卷 《千頃堂書目》作《月屋樵吟》。知不足齋寫本。

右元天台黄庚撰。泰定丁卯自序云：「自科目不行，始得脱屣場屋，放浪江湖，凡生平豪放之氣盡發而爲詩文。且歷考古人沿襲之流弊，遂得率意爲之。惟吟咏性情，講明禮義，辭達而已。」

書林外集七卷 知不足齋寫本。

右元翰林院檢閲官鄞縣袁士元撰。至正四年臨川危素序謂：「彦章示余詩百五十首，其詞氣清麗可喜。」

茶山老人遺集一册 刊本。

右元長興沈貞撰。今本爲乾隆戊午長興令雲中鮑鈐訂。

此山集四卷 知不足齋寫本。

右元松陽周權撰。權以四明袁文靖公荐選預館職。雅志沖抱，垂成而歸。延祐庚申袁桷序云：「衡之詩意度簡遠，議論雄武。法蘇、黄之凖繩，達騷、選之旨趣。」按今本係陳旅選定者。

續軒渠集四卷 寫本。

右元莆田洪希文撰。其父巖虎，宋貢士，爲興化教諭，有集曰《軒渠》。因自號《續軒渠集》。

秋聲集四卷 寫本。

右元昭武黄鎮成撰。篤志力學，不嗜榮利。部使者屢薦之，不就。其後政府奏授江西儒學副提舉。命下而已卒。年七十有五。號曰貞文處士。其集新安鄭潛嘗序之。

傲軒集一卷 知不足齋寫本。

右元平江胡天游撰。初名乘龍，以字行。附邑人艾科元所作傳。

咏物詩一册 刊本。

右元金陵謝宗可撰。附明瞿佑、國朝張劭二家。爲康熙間嘉興賀光烈序刊。

安雅堂集十三卷 知不足齋寫本。

右元國子監丞莆田陳旅撰。至正己丑河東張翥序謂：「中山之序柳州，白傅之序江夏，友義之重，古今所同。因餫之請，乃書而冠之首。」

五峯集十卷 知不足齋寫本。

右元秘書監丞樂清李孝先撰。據《千頃堂書目》作《雁峯文集》二十卷。

清江碧嶂集一卷 刊本。

右元清江杜本撰。此係毛晉附刻谷音後者。

圭齋先生集二卷 知不足齋寫本。

右元漕司提舉惠安盧琦撰。明隆慶壬申朱一龍序云：「公文乃元陳誠中所編爲《圭峯集》與公之子昺所次爲《平陽集》，欲鋟梓而未就者。今合而得此。」

蛻菴集五卷補遺一卷 知不足齋寫本。

右元翰林學士承旨晉寧張翥撰。豫章沙門釋蒲菴來復序云：「河東仲舉張公，以詩自任五十餘年。造語命意，一字未嘗苟。至正丙午春，其方外友廬陵北山杼禪師，以公手稿選次而刊行之。」

經濟文集六卷 寫本。

右元翰林學士承旨新野李士瞻撰。此集爲國子監丞孫仰編次。附録孤子守誠等壙志、陳祖仁行狀。又弘治辛亥胡拱辰序畧云：「集中所計僅百十有六篇。《元史》載順帝時公爲樞密，所上時政二十條。載其目不載其文。觀其目知其文矣。」

傅與礪文集十一卷附録一卷詩集八卷 寫本。

右元新喻傅若金撰。文集爲其弟若川次舟編刊。詩集有范梈、揭傒斯、虞集三序。濟南王士禛跋云：「若金歌行頗得子美一鱗半甲，七律亦有格調，視南宋俚俗之體相遠矣。康熙己巳借竹垞太史宋元人抄本詩集數種，讀此如黄茅白葦間忽遇嘉樹美箭，爲之眼明。」

居竹軒詩集四卷 知不足齋寫本。

右元蕪城成廷珪撰。臨川危素序云：「成君原常隱居廣陵，不出求仕。其所與游，多至尊顯，亦莫有薦用之者。」

俟菴文集三十卷 刊本。

右元安仁李存撰。永樂三年徐旭序。其臨川危素所作墓誌附。

藥房樵唱三卷 知不足齋寫本。

右元蘭谿吴景奎撰。附録一卷。至正宋濂序。其黄溍所作墓誌附。

鹿皮子集四卷 季振宜藏刊本。

右元東陽陳樵撰。正德戊寅慈谿周旋序。

檜亭集九卷 知不足齋寫本。

右元天台丁復撰。稿目分前集、續集。至正庚辰永嘉李孝光序。

梅花字字香二卷 鹽官吴氏藏寫本。

右元郭豫亨撰。

可傳集一卷耕學齋詩集十二卷 寫本。

右元崑山袁華撰。與鐵崖諸公唱和，曾編《玉山紀遊詩》。

南村詩集四卷 刊本。

右元天台陶宗儀撰。

滄浪櫂歌一卷 刊本。

右前人撰。正德丁丑提學雲間唐錦序評。

静春堂詩集四卷 寫本。

右元長洲袁易撰。易嘗爲石洞書院山長。

玉井樵唱三卷 知不足齋寫本。

右元教授遂昌尹廷高撰。其父竹坡，當宋季以能詩稱。廷高遭亂轉徙，宋亡二十年始歸故鄉。嘗掌教于永嘉。秩滿至京謝病歸。

輝山存稿一卷 寫本。

右元吴江蕭國寶撰。至正辛未孔濤序。

青陽集六卷 刊本。

右元贈淮南江北等處行中書省平章政事合淝余闕撰。闕守安慶。陳友諒來攻。城陷死之。謚忠宣。

顧嗣立曰：「廷心留意經術，爲文有氣魄，能達其所欲言。詩體尚江左，高視鮑、謝，徐、庾以下不論也。」

師山文集八卷遺文五卷 刊本。

右元待制歙縣鄭玉撰。附《濟美録》四卷，備載鄭氏家世事蹟。

所安遺集一卷 知不足齋寫本。

右元龍泉簿茶陵陳泰撰。延祐初與歐陽玄同舉于鄉。以《天馬賦》得薦。考官評曰：「氣骨蒼古，音節悠然，天門洞開，天馬可以自見矣。」其集爲曾孫朴所編。

友石山人遺稿一卷 知不足齋寫本。

右元潮州路總管靈武王翰撰。初名那木罕。年十六，領所部，有能名，省府交薦之。陳有定據守全閩，表授官。後陳氏敗，浮海抵交，占界不果，屏居永福之觀獵山，自號友石山人。尋辟書再至，歎曰：「女豈可更適人哉。」賦詩見志，遂自引決。年四十六。

聞過齋集八卷 寫本。

右元閩縣吳海撰。洪武戊寅門人靈武王偁編。

玩齋文集十卷 刊本。

右元禮部尚書秘書卿宣城貢師泰撰。前載《年譜》及揭汯撰碑，并楊維楨、俞謝肅、錢用壬、王偉序。末附《拾遺》一卷。

近光集三卷 知不足齋寫本。

右元江南行御史臺侍御史鄱陽周伯琦撰。附《扈從紀行集》一卷。

雲陽先生集十卷 刊本。

右元江浙儒學副提舉茶陵李祁撰。字希蘧，又字一初。成化間族孫東陽校刊。

雲松巢詩集十卷 寫本。

右元贈朝列大夫樂清朱希晦撰。天台鮑原弘〔一〕、章陬撰序。

〔一〕「原弘」二字原作「宏原」，今正。

東維子集三十卷 刊本。

右元儒學提舉會稽楊維楨撰。維楨會兵亂，避地富春山，徙錢塘。張士誠招之，不往。又忤達識丞相。自蘇徙松。明洪武二年召修禮樂書。維楨謝曰：「豈有八十歲老婦，就木不遠，而再理嫁者耶。」賦《老客婦詞》以進。賜安車詣闕，以白衣乞骸骨。放還。卒年七十有五。

麗則遺音四卷 寫本。

右前人撰。至正壬午自序謂：「少年學賦，嘗私擬數十百題，不過應場屋一日之敵。既而誤爲有司所采。近至錢塘，又有以舊所製梓于書坊，且過以則名，而吾同年黄子肅君又贅以評語。」蓋當年坊行本也。

玉笥集十卷 周櫟園藏寫本。

右元會稽張憲撰。成化五年劉釪序。

灤京百詠一卷 寫本。

右元吉水楊允孚撰。成化丁酉羅璟識云：「讀之當時事宛然如見。楊文貞家有録本。璟嘗借録于表叔司務公。録時草草。此本則舍弟璋爲予重録者。」

江月松風集十二卷 知不足齋寫本。

右元儒學副提舉錢塘錢惟善撰。至元戊寅陳旅序。

海巢集三卷 寫本。

右元西域丁鶴年撰。

雲林詩集二卷説學齋稿二册 知不足齋寫本。

右元學士臨川危素撰。隆慶辛未括蒼山人恭焕識云：「震川歸師曾向余覓危太樸文不得。後偶檢元集，乃獲此，實先文莊抄存，題曰《危翰林文》。」

林屋山人漫稿一卷 寫本。

右元長洲俞琰撰。

拱和詩集一卷 知不足齋寫本。

右元古婺曹志撰。

弁山小隱吟録二卷 知不足齋寫本。

右元慈谿黄玠撰。至正乙酉自序。

僑吴集十二卷 倦圃藏刊本。

右元儒學教授遂昌鄭元祐撰。至正庚子謝徽序云：「嘗以文師承于金華石塘胡公、剡源戴公。」今本爲弘治丙辰吴下張習刊，有跋。

夷白齋稿三十五卷外集一卷 知不足齋寫本。

右元江浙行省郎中臨海陳基撰，金華戴良編。

可閑老人集二卷 知不足齋寫本。

右元樞密院判官廬陵張昱撰。正統元年同郡楊士奇序云：「先生少事虞文靖公，得詩法。張潞公翥最先知之。予近從給事中夏時得其五七言古近體一帙，以授其外孫浮梁縣丞時昌，俾刻之。」按今抄上卷八十八翻，下卷七十九翻。疑非編次原本。

静思集二卷 刊本。

右元郭鈺撰。鈺壯年盛氣負奇，適當元季之亂。際明興，以茂才徵，不就。年逾六十，竟以貧死。

竹齋集三卷續集一卷 知不足齋寫本。

右元諸暨王冕撰。元章嘗用「會稽外史」章，見《王弇州續稿·跋梅竹雙清卷》。景泰丙子郡人白圭書云：「是集之傳，先生曾孫堉駱大年編。」

九靈山房集三十卷 刊本。

右元儒學提舉浦江戴良撰。今本爲近時其裔孫所刻，吴城爲之序。

梧溪集七卷 知不足齋寫本。

右元江陰王逢撰。至正己亥周伯琦書云：「原吉中年築草堂于松之青龍江上，追維大母徐夫人，嘗手植雙梧于故里横河之上。今世遠地殊，因自號梧溪子，示不忘也。」今本從錢、顧二選本校過者。

樵雲獨唱五卷 寫本。

右元金華葉顒撰。字景南。少壯有志事功，未嘗干謁，人罕知者。晚遭元季之亂，結廬城山東隅，名其地曰雲顒，自號雲顒天民。自序所作詩，以爲「薪桂老而雲山高寒，音調古而寒谷絶響」。故名之曰《樵雲獨唱》。長孫雍編次成帙，曾孫淇重刻之。安丘袁凱爲之序。

南湖集二卷 刊本。

右元閩理官宣城貢性之撰。四世孫欽序。

陳子上存稿六卷 刊本。

右元平陽陳高撰。眉山蘇伯衡序云：「子上以親老，欲取慶元路録事，南還赴任，未幾輒自免去。擅兵柄而倔强州郡間者，争致子上用之，卒不爲用。最後總戎其州者必欲脇致之。子上遂棄妻子，南至于閩，北至于懷慶，尋卒。」

黄楊集二卷補遺一卷 刊本。

右元無錫華幼武撰。九世孫允誠序刻。

石初集十卷 知不足齋寫本。

右元安成周霆震撰，門生僉事廬陵晏璧編。王士禛跋云：「周處士詩、雜文各五卷。七言歌行如金城、豫章、潯陽諸篇，可以庀史。近體朴直，文詞亦不甚洗録。」

雲林詩集六卷外集詩一卷 刊本。

右元無錫倪瓚撰。其先世以貲雄一郡。元鎮不事生産，强學好修，刻意文史。所居有雲林堂、蕭閒館、清閟閣諸勝。至正初，盡斤賣其田産，得錢以與貧交疎族。兵興，富家多被剽掠，人乃服其先識。明洪武初，始還鄉里。時年七十有四矣。

玉山名勝集十册 寫本。

右元諸名人題贈顧仲瑛草堂名勝詩也。附《玉山璞稿》一卷《外集》一卷。至正間黄溍、李祁序。仲瑛有園池别墅，治屋廬其中，名其前之軒曰「釣月」，中之室曰「芝雲」，東曰「可詩齋」，西曰「讀書舍」。後累石爲山，山前之亭曰「種玉」。登山而憩注者曰「小蓬萊」。山邊之橋曰「小游仙」。最後之堂曰「碧梧翠竹」。又見「湖光山色」之樓，過「浣花」之溪，而「草堂」在焉。所謂「柳堂春隱莊」者，又其東偏之景也。臨池之軒曰「金粟影」，合而稱之曰「玉山佳處」。凡四方士夫及釋子仙客，至則與之晉接列坐，而賦、記、序、雜文、歌行、長短諸體靡所不有。即以玉山之誌榜顔屋者分題列于每卷，以類相從，裒次成帙。

玉山草堂集二卷 寫本。

右元崑山顧瑛撰。即仲瑛也。元統癸酉浙東李祁序。

玉山草堂雅集十三卷 知不足齋寫本。

右前人類編。

太平金鏡策八卷 刊本。

右元布衣東平趙天麟撰。皆時務策也。係天麟經進之本。前另有《筌策秘訣》十二條。劉錦文跋云：「右一十二條，不知何人所撰，相傳以爲貢士曾畋子白之所編。本堂兹因刊刻佐谿氏《策學提綱》、東平趙氏《金鏡策》，故用輯于卷首。願與有志者快覩之。」署「至正己丑建安日新堂誌」。劉錦文，書坊人也。

林外野言二卷 知不足齋寫本。

右元崑山郭翼撰。有會稽楊維楨序。

北郭集六卷 寫本。

右元江陰許恕撰。字如心。曾以薦爲澄江書院山長。後附子節、孫輅詩。洪武乙丑天台林右序。

艮齋詩集十四卷 知不足齋藏元刊本。

右元真定侯充中撰。字正卿。幼喪明。聆羣兒誦書，不終日能悉記所授。著《大易通義》。年九十餘而卒。

惟實集八卷 刊本。

右元提舉永豐劉鶚撰。

貞素齋集八卷 知不足齋寫本。

右元台州學正績溪舒頔撰，裔孫新蔡學諭朝陽編次。嘉靖庚子知績溪縣遂寧趙春付梓并序。

劉仲修山陰集八卷 寫本。

右元清江劉永之撰。永之明初首召至京師。洪武壬戌梁寅序。

環谷集八卷 刊本。

右元祁門汪克寬撰。字仲裕。嘗從雲峯胡炳文學。泰定丙寅中浙江鄉試。次年會試，論《春秋》與主司不合，遂見斥南歸。篤志著述。以所居山谷環遶，稱曰環谷，故以名集。

龜巢稿二十卷 知不足齋寫本。

右元武進謝應芳撰。有目無序。間以《四朝詩》校之，畧有異同。如《踏婦歌》作《踏婦謡》，字句有潤删者。

山窻餘稿一卷 寫本。

右元餘干甘復撰。成化丙子邑人劉憲序謂：「保寧節推張君敬先得之閬中學諭趙君時用，因刻之以傳。其文根據道理，沖融閑雅，灑然山林氣象。詩則俊逸清奇，凌駕鮑、謝。」

望雲集五卷 寫本。

右元淮南郭奎撰。

白雲稿五卷 寫本。

右元臨海朱右撰。原十卷，今缺後五卷。有至元、至正間李孝光、張天英、危素、倪中、楊翮、劉仁本六序。又宋濂一序，稱右著述甚多，所謂《書傳發揮》、《春秋傳類編》、《三史鈎玄》、《秦漢文衡》、《深衣考》、《郲子世家》、《元詩補遺》，皆不在集中。

天籟集二卷 寫本。

右元白璞撰。

一山文集九卷 寫本(一)。

右元翰林檢討東安李繼本撰。

〔一〕「寫本」字原作墨丁，盧文弨校補。

桐山老農集一册 寫本。

右元開化魯貞撰。

山中白雲詞八卷 刊本。

右元臨安張炎撰。係自著詞稿。末附《樂府拾遺》。近上海曹氏新刻足本也。凡三百餘闋。有炎同時舒岳祥、仇遠、陸文奎、鄭思肖及明井時、殷重諸人序跋，俱合刻焉。錢塘龔氏又别有刻本。

蘭雪集二卷 知不足齋寫本。

右元閨秀松陽張玉孃撰。附録一卷。王詔傳云：「玉娘有殊色，敏惠絶倫，能文章，工詩，自以班大家比。侍兒二人，冢紫娥，副霞娥，皆有才色。所畜鸚䳇，亦辨慧。號曰閨房三清。笄字沈生佺。佺早死。玉娘不食而殞。」

肅雝集一卷 刊本。

右元閨秀吴郡鄭允端撰。至正壬寅錢維善序。

霞外詩集十卷 刊本。

右元道士錢塘馬臻撰。少慕陶貞白之爲人，著道士服，隱于西湖之濱。大德中，嗣天師張與材至燕京，行内醮，名流並集，虚中在焉。未幾辭歸。手畫《桑乾》、《龍門》二圖傳于世。

句曲外史集三卷外集一卷補遺三卷 刊本。

右元道士錢塘張雨〔一〕撰。吴郡徐良夫序其詩曰：「虞、范諸君子，以英偉之才，諧鳴于館閣，而流風餘韻，播諸丘壑之間。外史以豪邁之氣，孤鳴于丘壑，而清聲雅調，聞諸館閣之上。雖出處不同，其爲詞章之宗匠，一也。」

〔一〕「張雨」原誤作「張羽」，據《四庫總目》及《中國古籍善本書目》改。

白雲集三卷 知不足齋寫本。

右元釋錢塘英實存撰。至元壬辰牟巘序。附《栯堂山居詩》四十首。

東皋録一卷 寫本。

右元釋吴郡妙聲撰。

山林清氣集一卷 寫本。

右元釋錢塘德静撰。

夢觀集二十四卷 刊本。

右元釋晉江大圭撰。

筠溪牧潛集七卷 刊本。

右元釋高安圓至撰，華山釋明河訂。毛晉刻。有崇禎己卯序。

蒲室集十五卷 寫本。

右元釋大訢撰。字笑隱。其集虞邵菴序。

桐嶼詩集四卷 寫本。

右元釋錢塘德祥撰。

浙江採集遺書總録癸集上 集部

别集類五 明

誠意伯文集二十卷 刊本。

右明御史中丞青田劉基撰。首《郁離子》，次《覆瓿集》，次《犁眉公集》，次《寫情集》，次《春秋明經》，合爲一編，而以行狀、碑文冠于首。

鳳池吟稿八卷 刊本。

右明右丞相高郵汪廣洋撰。宋景濂曰：「右丞以絶人之資，博極羣籍，作爲詩章。從征伐則震蕩超越，在廊廟則莊雅尊嚴。其集以《鳳池》爲名，則太祖所賜也。」

陶學士集二十卷 刊本。

右明翰林學士當塗陶安撰。俞右吉云：「安謀畧文章，孝陵推爲第一。詩亦拔俗。」

朱楓林集十卷 刊本。

右明翰林學士休寧朱升撰。升本元人，明初被徵授官。自幼力學，至老不倦。尤邃經學。

西隱集四卷 刊本。

右明祭酒滑縣宋訥撰。末有附録一卷。李時遠云：「宋公師道尊嚴，爲一代典型。詩文渾健古雅，同游諸儒皆推之。」

宋文憲公文集三十卷 刊本。

右明學士浦江宋濂撰。黄宗羲曰：「歐、蘇而後，得其正統者，虞伯生、宋景濂而已。景濂無意爲文，隨地湧出，波瀾自然浩渺。其在元時之文，雖多奇崛，而痕迹未銷。入明之文，方是大成云。」

宋景濂先生未刻集一册 刊本。

右前人撰。國朝康熙初裔孫既庭所刻。其實亦有間見《潛溪》前後二集者。

王忠文公集二十五卷 刊本。

右明待制義烏王禕撰。忠文著有《華川》、《玉堂》二集。此本則張維樞重選者。凡本集二十四卷、附一卷。

翠屏集四卷 刊本。

右明侍講學士古田張以寧撰。以寧三使安南，道卒。前有劉三吾、宋濂、陳南賓三序。

坦坦齋文集二卷 刊本。

右明學士茶陵劉三吾撰。坦坦齋，原作坦齋，以三吾初名如孫，字坦甫也。著有《璚署》、《春坊》、《北園》、《化鶴》、《正氣》等集。桐江俞蓋知茶陵，始合之。今本卷首標題乃知茶陵州事韓城賈緣輯梓。

恒軒詩集七卷 寫本。

右明山陰韓經撰。宋魏公之裔也。南渡時遷越。有楊士奇序。

玉笥集八卷紀行一卷 寫本。

右明新淦鄧伯言撰。洪武乙卯何俶序。

槎翁詩集八卷 刊本。

右明國子司業泰和劉崧撰。劉仲修云：「子高日課一詩，多至千餘篇。著有《職方詩》九卷，洪武九年門人蕭翀編刻。又一刻十二卷，萬曆丁酉刻。卷衺皆與今本不同。

胡仲子集二卷 刊本。

右明教授金華胡翰撰。此集又名曰《信安集》。別有門人劉綱所編集十卷，未見。

庸菴詩集十卷 寫本。

右明徵士餘姚宋禧撰。禧字无逸。洪武初徵修《元史》，自《高麗傳》以下皆出其手云。

白石山房稿五卷 刊本。

右明按察副使浦江張丁撰。字孟兼。著有《西臺慟哭記》。

清江集三十卷 刊本。

右明助教崇德貝瓊撰。字廷琚。從楊廉夫學詩。黄梨洲稱其多一唱三嘆之致。

石門集二卷 刊本。

右明徵士新喻梁寅撰。寅元末時嘗辟爲儒官。明初被徵，寅年已六十餘，入禮局纂修，書成辭還，居石門山。

林登州集二十三卷 刊本。

右明登州知府龍溪林唐臣撰。元末進士。後更名弼。明初徵修《元史》。嘗使安南，能却重賕。其集一名《梅雪齋稿》。

滄螺集十卷 刊本。

右明司業江陰孫作撰。作自號東家子。宋景濂爲作《東家子傳》，稱其詩「絶去元季之習，好盤硬語，蓋欲力追涪翁者」。

趙考古集二卷 寫本。

右明瓊山教諭餘姚趙撝謙撰。洪武時徵修《正韻》，歸築考古臺，述《聲音文字通》一書，今著于録。

其所作詩一名《考古餘事》，不傳。是編其遺稿耳。末附《造化經綸圖》。

静居集四卷 刊本。

右明太常司丞潯陽張羽撰。張企翱云：「明初以高、楊、張、徐比唐四傑，不惟文才之似，其末路亦不相遠。眉菴、盈川令終如一。太史之斃，同乎賓王。北郭雖不溺海，僅全首領，而非首丘。司丞自投龍江，又與照隣無異。」羽自號静居，因名其集。

北郭集六卷 刊本。

右明河南左布政使吴郡徐賁撰。舊傳《北郭集》是吴人張習編。汪汝淳跋云：「《吴中四傑集》萬曆間高安陳邦贍曾合刻于浙，此本其一也。」

西菴集九卷 刊本。

右明翰林典籍南海孫蕡撰。蕡與黄佐、黄哲、李德、趙介結社南園，稱南園五先生。

鳴盛集四卷 刊本。

右明禮部員外郎福清林鴻撰。與陳亮、唐泰〔一〕、高棅、周元、黄元、鄭定、王恭、王偁、王褒同時，稱「閩中十子」，鴻爲巨擘。閩人言詩，率本于鴻。所著《鳴盛集》一名《膳部稿》，劉子高序。

〔一〕「陳亮」下盧文弨校補「唐泰」，是。

嘯臺集二十卷 刊本。

右明翰林典籍長樂高棅撰。嘗選《唐詩品彙》，極其精博。其詩篇盛傳海内。又工書畫。時稱三絶。别有《木天清氣集》，乃棅爲翰林待詔時所作。論者議其應酬冗長，不如《嘯臺集》擬唐之作音節可觀也。

三畏齋集四卷 晉江黄氏藏寫本。

右明按察使僉事崑山朱吉撰。有崇禎間裔孫集芳、集璜二跋。

白雲樵唱詩二卷 寫本。

右明翰林典籍閩縣王恭撰。恭隱七岩山，自號背山樵者。著有《白雲樵唱》、《鳳臺清嘯》、《草澤狂歌》三種，此其一也。

韓山人詩集四卷 刊本。

右明吴縣韓奕撰。元末人。入明與王賓皆隱于醫，吴中高士以二人爲首。姚善守吴時訪之，不見。

王光菴集四册 寫本。

右明長洲王賓撰。其詩《越來溪》一首盛傳于世。又附録一卷。

愛禮先生集十卷 黄氏藏刊本。

右明左都御史龍溪劉駟撰。講學宗陳北溪，闢佛甚嚴，目佛爲泥厮。《題天善寺詩》云：「若無僧寺塔，直是一唐虞。」集爲弘治六年林雍所序。

甘白先生集六卷 寫本。

右明工部郎中長洲張適撰。按《静志居詩話》稱：「有《樂圃》、《江館》、《南湖》、《江行》、《滇池》等集，燬于火，其孫桄得十之二三，合爲《甘白先生集》。」

凌柘軒集五卷 寫本。

右明成都教授錢塘凌雲翰撰。柘軒，其號也。學于陳衆仲，故其詩華而不靡，馳騁而不離乎軌。

秫坡先生集八卷 刊本。

右明徵士新會黎貞撰。貞爲孫仲衍門人，自號陶陶生。黄佐爲傳。區越序。

遜志齋集二十四卷 刊本。

右明文學博士寧海方孝孺撰。永樂初，嚴禁其文。門人王稌藏之。此本刻于萬曆四年，後有《外紀》二卷。黄宗羲云：「正學不欲以文人自命，然其經術之文，固文之至者也。書得子瞻之神髓，敘事亦登史遷之堂。惟序記多有庸筆雜之，疑門人掇拾之誤。」

金川玉屑集二册 刊本。

右明御史大夫新淦練子寧撰。永樂時，亦禁其詩文。至正德中始出。集有二本。一刻于萬曆丁酉。一刻于國朝康熙癸卯。今祇本集二卷《遺事》一卷，即康熙間刻者。

巽隱齋集四卷 刊本。

右明僉都御史崇德程本立撰。《静志居詩話》云：「建文諸臣，文莫過方希直，詩莫過程〔一〕原道。其詩大都刻意學杜者。」

〔一〕「程」原誤「陳」，據盧文弨校改。

貞白齋集十卷 刊本。

右明遼府左長史績溪程通撰。附《顯忠録》二卷。靖難時，從遼王泛海歸京師，陳禦備策。諸臣言封事，多指斥者，械死于獄。《顯忠録》特詳其事。

自怡集一卷 寫本。

右明布政使參政青田劉璉撰。璉爲誠意伯劉基長子。

易齋稿二册 刊本。

右明谷王左府長史青田劉璟撰。基次子。洪武時帝命璟襲父爵，璟讓于璉子廌〔一〕。乃設閤門使處之。

〔一〕「廌」原誤「薦」，今正。

會稽懷古詩一卷 刊本。

右明侍讀山陰唐之淳撰。之淳别有《萍居稿》，今未見。

野古集三卷 刊本。

右明崑山龔詡撰。詡以戍守金川門，靖難後隨歸，賣藥、授徒二十餘年。巡撫周忱薦，不起。

繼志齋集十二卷 寫本。

右明國子博士義烏王紳撰。紳一作縉。按《明史・王褘傳》：「子名紳，字仲縉，受業宋濂，往雲南求父遺骸不獲，即死所致祭，述《滇南慟哭記》。後薦爲國子博士。與方孝孺友善。」則此本因紳字而誤。有永樂元年侍講鄒緝序。

逃虚子集十卷 寫本。

右明少師長洲姚廣孝撰。其初爲僧，名道衍。後官雖尊，不蓄髮終其身。高啓稱其詩「險易並陳，濃淡迭顯」。

春雨齋集十卷 刊本。

右明廣西参議吉水解縉撰。縉才名烜赫，傾動海内。俗儒小夫，諧語謔詞，皆爲藉口。其集存者多出後人掇拾，真贋參半。

東里文集二十五卷 刊本。

右明大學士泰和楊士奇撰。黄梨洲評其文「平遠縈回之致多，而波瀾澎湃之觀少。然自景濂、希直之後，不得不以正統歸之」。

楊文敏公集二十五卷 刊本。

右明大學士建安楊榮撰。榮久居館閣，朝廷高文典册，皆出其手。所著詩有《雲山小稿》、《静軒近思》等集。其文集曰《兩京類稿》三十卷。此本三十五卷，蓋後人重定者。

夏忠靖公集六卷附遺稿二册 刊本。

右明太子少傅湘陰夏元吉撰。原集有楊溥序。今本乃國朝康熙間重刻。

冢宰文集一册 寫本。

右明吏部尚書富平張紞撰。紞事建文、永樂朝，後自經死。詳見《明史》。

黄介菴集六卷省愆集二卷 刊本。

右明户部尚書永嘉黄淮撰。有《介菴》、《歸田》、《省愆》等集。《省愆集》者，成祖北征時，留輔太孫，漢庶人中以蜚語，繫詔獄十年，遂以名集。

友石山房稿五卷 刊本。

右明中書舍人無錫王紱撰。紱字孟端，善畫，爲倪元鎮後一人。人品亦未多遜。

泝菴集十卷 刊本。

右明左贊善泰和梁潛撰。楊東里稱其詩「高處逼晉宋」。

柳莊詩集一册 刊本。

右明太常寺丞鄞縣袁珙撰。按《明史・方技傳》：「珙爲元翰林袁彦章之子，得相法于别古厓。識文皇于潛邸，遂遷寺秩。」歌詩入格，不失菊村家數。

義門鄭氏道山集六卷 刊本。

右明檢討浦江鄭棠撰。棠永樂時人，與弟柏俱受業宋濂之門，以文詞知名，棠尤善馳騁。永樂初與纂修《大典》，除翰林院典籍，陞檢討，以疾辭歸。著《道山集》二十卷。今作六卷，恐非足本。

鳳鳴後集六卷 刊本。

右明蜀府左長史浦江鄭楷撰。棠弟。有前集，今不見。

高節菴集八卷 刊本。

右明宗人府經歷錢塘高得颺撰。號節菴，爲處士一元之子。嘗充《永樂大典》副總裁。

夢草堂詩集十二卷 刊本。

右明歙縣胡鎮撰。鎮客錢塘，悦西湖之勝，因家焉。蓋賢而隱于商者。馬〔一〕三才序云。

〔一〕「馬」原誤「焉」，據盧文弨校改。

歲寒集二卷 刊本。

右明兵部尚書番陽孫瑀撰。字原貞，以字行。附録一卷。

西墅集十卷　刊本。

右明禮部左侍郎永豐曾棨撰。楊東里稱其詩「迅筆千言，不費思索，而理致文采皆到，雖沉思者有所不及」。别有《巢睫集》四卷。

西磵先生文集十六卷　刊本。

右明舉人吉水熊直撰。其子概編定。楊士奇、金幼孜、曾棨各有序。概官都察院右都御史。

東墅詩集六卷　寫本。

右明左庶子吉水周述撰。永樂中曾命賦《午門觀燈詩》，爲時所稱。

古廉文集十二卷　刊本。

右明祭酒安福李懋撰。一名時勉。論者謂「忠文古之遺直，詩亦能品」。

王抑齋集十三卷　刊本。

右明太子太師泰和王直撰。直在翰林三十餘年。詩與王英齊名。

質菴文集二册　刊本。

右明禮部侍郎會稽章敞撰。敞兩使南交，却金不受。以清德聞。

南齋稿十卷　刊本。

右明禮部尚書蕭山魏驥撰。驥仕宦歷四十年，官階二品，年近百齡。其文極雅醇，詩亦蘊藉。

東行百詠集句十卷附年譜一卷 刊本。

右明大學士泰和陳循撰。循爲詩不事規摹，饒有清剛之氣。別有《芳洲集》，今逸。

河汾詩集八卷 刊本。

右明大學士河津薛瑄撰。文清《讀書録》一以宋儒爲師。集中五言醇雅，綽有陶、孟、韋、柳之風。論者謂「宋之晦菴，明之敬軒，皆不墮古人理趣」。其集爲孫瑮編定。

于肅愍公集八卷 刊本。

右明少保贈太傅錢塘于謙撰。少保在成化時原謚肅愍。後改忠肅。所著詩文一名《節菴存稿》。

樂府遺音五卷 刊本。

右明周府長史錢塘瞿佑撰。佑幼爲楊廉夫所賞，風情麗逸。樂府歌詞，爲時傳誦。

蘭庭集一册 寫本。

右明姑蘇謝縉撰。縉字孔昭。畫入能品。董尚書稱爲「勝國名流」。其詩集曾刊于永樂中，汝南周傳、浚儀張肯爲之序。

澹軒集八卷 刊本。

右明侍講學士贈禮部尚書臨朐馬愉撰。

二麓正議三卷 刊本。

右書上卷爲明正統時無埭學諭湯光烈疏稿。中下二卷係其子韶〔一〕所著《野史辨誣》，并各體詩文。光烈號西麓。韶號小麓。故稱二麓。

〔一〕按：《四庫總目》作「頀」。

武功徐先生集十册 刊本。

右明大學士吳縣徐有貞撰。有貞志在經世，詩文取通達，不屑雕章飾句。封武功伯，因以名集。

松岡集十一卷 刊本。

右明修撰欒安姜洪撰。按《明史》有《姜洪傳》，廣德人，由知縣起家，擢御史，仕終山西巡撫。並未官修撰。疑别一人。俟再考。

姚文敏公集八卷 刊本。

右明太子少保桐廬姚夔撰。夔久領容臺，修明禮樂，先賢祀典，聞必舉行。所著一名《蘬蘁堆稿》。

商文毅公集六卷 刊本。

右明大學士淳安商輅撰。李德恢稱其詩「但寫性情，雍容雅淡，有陶、韋風」。其集本名《素菴集》。

商文毅公疏稿一册 寫本。

右前人撰。其孫汝頤所輯。輅文集凡數十卷，兩燬于火，此卷獨存。

沈蘭軒集十卷 刊本。

右明郎中武康沈彬撰。

葉文莊集四十卷 刊本。

右明吏部右侍郎崑山葉盛撰。盛初官兵科給事，有《西垣奏草》。出官山西參政協贊軍務，有《邊奏存稿》。巡撫兩廣，有《兩廣奏草》。巡撫宣府，有《上谷奏草》。崇禎時鄭以偉合而序之。别有詩文集曰《涇東小稿》、《菉竹堂稿》。

卞郎中詩集七卷 刊本。

右明户部郎中江陰卞榮撰。景泰間，榮詩名甚盛。居郎署二十年，乞詩者常擁塞户限。成化間夏時正等序刻。

運甓漫稿七卷 刊本。

右明河南參政廬陵李禎撰。禎正統時人。

類博稿五卷 刊本。

右明興化知府滁縣岳正撰。集爲其婿李賓之所刊。别本有作十卷者。

古直先生文集十六卷 刊本。

右明大學士壽光劉珝撰。古直，珝號也。集爲李東陽序。

王端毅公奏議十五卷 刊本。

右明尚書三原王恕撰。恕忠亮勁節，于奏議可想見其梗概云。

平橋稿十八卷 刊本。

右明進士崑山鄭文康撰。論者謂其文簡質處類石守道、尹師魯一流，詩亦蘊藉。

王文肅公集十二卷 刊本。

右明南京吏部尚書武進王與撰。李時遠稱「其詩清雅，間出悲壯之音」。李東陽作傳，李獻吉選定，一名《思軒稿》，都穆跋。

清風亭稿八卷 刊本。

右明吏部尚書鄱陽童〔一〕軒撰。別有《枕肱集》。

〔一〕「童」原誤「董」，據盧文弨校改。

王太傅集二卷 《千頃堂書目》作四卷。刊本。

右明太傅濬縣王越撰。一名《雲山老嬾集》。越，字威寧。《静志居詩話》云：「威寧功紀旂常，盟申帶礪，立功已足不朽，而于詩長篇奔放，如快馬不受羈紲。」

覺非集十卷 刊本。

右明左副都御史東莞羅亨信撰。亨信于土木之變，固守宣府也。先挾上皇至城南，傳命啓門。亨信登城語曰：「奉命守城，不敢善啓。」先後守禦，勞績甚著。丘瓊山序其集。

馬端肅公奏議十四卷 刊本。

右明吏部尚書鈞州馬文升撰。

徐文靖公謙齋集四卷 刊本。

右明大學士宜興徐溥撰。朱懋忠稱其詩「清潤和平，足以鳴國家之盛」。

文肅公文集三十四卷 刊本。

右明刑部尚書廣昌何喬新撰。一名《椒丘集》。

倪文毅公集二十四卷 刊本。

右明吏部尚書上元倪岳撰。岳事天順朝，陳請百餘事，軍國弊政，剔抉無遺。疏出，人多傳録之。一名《青溪漫稿》。

閔莊懿公集八卷 《千頃堂書目》十卷。刊本。

右明刑部尚書烏程閔珪撰。珪爲法宫最久，會情比律，歸于仁恕。劉瑾用事，乞休歸。集爲珪四世孫一范〔一〕所刊。

〔一〕「范」原爲墨丁，據《中國古籍善本書目》補。

方洲集四十卷 刊本。

右明汀州知府海寧張寧撰。寧知汀州，歸築草堂于海澨，名曰「方洲」，居三十年。詩歌畫筆與雲東逸史齊稱。

瓊臺類藁七十卷 刊本。

右明大學士瓊山丘濬撰。

草窻集二卷 刊本。

右明太醫院吏目長洲劉溥撰。景泰稱詩豪者十才子，而劉溥、湯允勣爲之首。姚綬序其集。

張東白集二十四卷 刊本。

右明吏部左侍郎南昌張元禎撰。

東園文集十三卷詩集續編八卷 刊本。

右明南京户部尚書仙遊鄭紀撰。

滄洲集十卷 刊本。

右明修撰太倉張泰撰。泰與陸釴、陸容齊名，號「婁東三鳳」。集爲李東陽、謝方石、吴匏菴選定。東陽爲之序。

康齋文集十二卷 刊本。

右明徵士崇仁吳與弼撰。天順初徵拜左春坊左諭德。辭不就。

布衣存稿九卷 刊本。

右明漳州陳真晟撰。真晟初應舉，恥爲有司防察，棄之。篤志聖賢之學。天順初赴闕，上《程朱正學纂要》。歸閩後，自號「漳南布衣」。

敬齋集三卷 刊本。

右明餘干胡居仁撰。吳與弼講學崇仁，居仁往與之游。以主忠信、求放心爲先務，故以敬名其齋。

玩畫齋雜著編八卷 刊本。

右明學博嘉興姚翼〔一〕撰。所著詩文一名《桂岩集》。

〔一〕「翼」原作「翌」，據《存目叢書》影印明刻本改。

思玄集十六卷 刊本。

右明柳州通判常熟桑悅撰。悅自號思玄居士。負氣自高，書過目輒焚棄，曰「已在吾目中矣」。在京師，見高麗使臣市本朝兩都賦無有，以爲耻，遂賦之。俞憲稱其「理學、詞章皆足淩厲一世」云。

文氏五家詩集十二卷 刊本。

右明涑水教諭長洲文洪《涑水集》二卷、洪孫翰林院待詔徵明詩二卷、徵明長子博士彭《博士集》二卷、次子和州學正嘉《和州集》一卷、孫上林録事肇祉詩五卷。

文温州集十二卷 刊本。

右明温州知府長洲文林撰。林，徵明父也。按文氏一門祖孫父子五世皆以詩文、書畫、篆刻擅名海内。徵明尤負盛名。

一峯集十卷 刊本。

右明修撰永豐羅倫撰。倫以論南陽奪情事謫廣東市舶副提舉，召還復職。黄宗羲曰：「其文剛毅之氣形于筆端，芒寒色正。」

莊定山集十卷 刊本。

右明南京吏部郎中江浦莊昶撰。昶居定山三十年。巡撫王恕餽金十五鎰爲其葺廬，却之不受。與陳白沙、羅一峯善。詩歌尤類白沙。黄宗羲曰：「定山之詩，汰其道學腐語，其在有意無意之間者，是則詩之至也。」

楓山文集八卷 刊本。

右明南京禮部尚書蘭溪章懋撰。黄宗羲云：「懋不以文士自居，而其文綽有風致。」

張東海詩集四卷文集五卷 刊本。

右明南安知府華亭張弼撰。弼幼善文，工草書，號東海居士。張東海之名流播外裔。李東陽、王廷相序，四世孫以誠跋。

醫閭先生集九卷 刊本。

右明户科給事中廣寧賀欽撰。欽以戎籍隸遼之義州衛。養疾隱醫閭山下。

東華文集十三卷附録一卷 刊本。

右明布政使上虞陸淵之撰。

太和堂集六卷 刊本。

右明太子太保平湖屠勳撰。勳屢任部曹，手不釋卷，辭章之名播于中外。

關中奏議全集十八卷 刊本。

右明大學士巴陵楊一清撰。係一清巡撫陝時著。其詩有《石淙稿》行世。

歸田稿八卷 刊本。

右明大學士餘姚謝遷撰。遷歸田後專事吟咏，有沖淡閒雅之致。其稿爲手自定者。

馬東田漫稿六卷 刊本。

右明左都御史故城馬中錫撰。中錫七歲能詩。其體格早類許渾，晚入劉長卿、陸龜蒙之間。

東洲初稿十四卷 刊本。

右明太常寺正卿南城夏良勝撰。良勝少爲學使公孫清所知，曰：「子異日必爲良臣，當無有勝子者。」遂名良勝。正德朝諫南巡，杖謫歸。世宗朝爲張璁等所擠，復杖謫。卒于戍所。

楊文忠公三録六册 刊本。

右明大學士新都楊廷和撰。三録者，《題奏前後録》二卷、《視草餘録》二卷、《辭謝録》四卷，廷和皆自序之。

欝洲遺稿九卷 刊本。

右明大學士順德梁儲撰。儲受業陳獻章。武宗朝多建白。迎立世宗時，儲年已老，猶奮力任之。

見素集七卷西征集一册 俱刊本。

右明刑部尚書莆田林俊撰。俊字見素。《西征集》者，正德時俊撫四川時作。三山林瀚爲序。楊應寧云：「見素詩宗子美，晚乃入黄山谷、陳無已之間。」

巽川集十六卷 刊本。

右明江西布政使東莞祁順撰。順號巽川居士。嘗因詿誤謫守石阡，有循吏聲。

耻菴集十一卷 刊本。

右明浙江參政閩縣陳煒撰。耻菴其自號也。有附録一卷。

西軒效唐集十二卷 刊本。

右明雲南布政使仁和丁養浩撰。西軒，養浩號也。劉丙序。

半江集十六卷 刊本。

右明按察使吳江趙寬撰。寬世居吳江之雪灘里，因名半江。本集十五卷，附録一卷。

静軒集十三卷 刊本。

右明貴州巡撫泰和陳宜撰。自號静軒。

桐山詩集九卷附録一卷續編附録一卷 刊本。

右明兵部侍郎攸縣王偉撰。偉自號桐樹山人，故名其集。成化壬辰襄城李敏序。

容春堂前集二十卷後集十四卷續集十八卷别集九卷 刊本。

右明南京禮部尚書無錫邵寶撰。寶初爲户部郎，受業李東陽。東陽以衣缽期之。後李、何之燄大張，而寶獨守其師法，確然不變。取程子日格一物之義，名「日格子」。學者稱二泉先生。

莊渠遺書十六卷 刊本。

右明太常卿崑山魏校撰。其先本李姓，居蘇州葑門之莊渠，因以爲號。私淑胡居仁主敬之學。

蔡虚齋文集五卷 刊本。

右明祭酒晉江蔡清撰。清學深于易，其用功初主静，後主虚，故以虚名齋。林俊序。

陳紫峯集五册附録一册 刊本。

右明江西提學副使晉江陳琛撰。琛學與虚齋合。《明史·儒林》附《虚齋傳》後。

儲文懿公集十五卷 刊本。

右明吏部侍郎泰州儲巏撰。巏别號柴墟。一名《柴墟集》。邵寶嘗語顧璘曰：「立身當以柴墟爲法。」

南峯逸稿二十二卷 刊本。

右明主事吴縣楊循吉撰。《遼小史》一卷、《金小史》一卷、《齋中拙詠》一卷、《盧陽客記》一卷、《吴郡志畧》六卷、《烟窓末藝》一卷、《攢眉集》一卷、《都下贈僧詩》一卷、《菊花百咏》一卷。黄宗羲稱「其文疎爽簡潔，濯去陳腐之言，是一能手」。

虚齋遺集十卷 刊本。

右明陝西提學副使海寧祝萃撰。

費文憲公集七卷 刊本。

右明大學士鉛山費宏撰。一名《鵝湖稿》。康陵時以守正拒寧庶人。

費文通公集五卷 刊本。

右明禮部尚書鉛山費寀撰。寀與兄宏等一門並列禁近，時人榮之。

熊峰〔一〕先生集四卷 刊本。

右明大學士藁城石珤〔二〕撰。一名《恒陽集》，曲周令皇甫汸删定。

〔一〕「峰」原誤「嶧」，據《四庫總目》改。

〔二〕「瑶」原作「瑶」，據《四庫總目》改。

翰林王介塘文畧一卷 刊本。

右明編修鄞縣王相撰。相尚志節，事親孝。仕僅四年而卒。

玉坡奏議五卷 刊本。

右明給事中三原張原撰。原自號玉坡居士。汰冗食、慎工作、禁貢獻諸疏，每切中正德時弊政。

湘皐集二十二卷 刊本。

右明大學士全州蔣冕撰。當正德之季，冕獨持正不撓，有古大臣風。其文博贍有法，非苟作者。

凝齋集九卷別集二卷 刊本。

右明南京户部尚書南陽王鴻儒撰。鴻儒學務窮理致用，爲世所推。

月湖〔一〕浄稿十九卷遺稿一卷續稿二卷四稿十卷五稿七卷六稿七卷 刊本。

右明南京禮部尚書豐城楊廉撰。其詩宗陳白沙、莊定山之派。是編皆其自定。前三稿無序跋。四稿、五稿林希元、汪偉序。六稿自題小引。婺源令羅縉爲之合刻。

〔一〕「湖」原作「峯」，據《四庫總目》、《千頃堂書目》改。

羅文肅公集三十卷 刊本。

右明吏部尚書南城羅玘撰。玘出李西崖之門。居金陵最久。每有撰述，必棲喬樹之巓，或閉一室。

客有竊窺者，見其形色枯槁。所傳詩文一名《青峯稿》。

堇山遺稿十五卷 刊本。

右明工部左侍郎鄞縣李堂撰。堂所居名堇山莊，因以題集。

立齋遺稿一册 刊本。

右明廣東石城所吏目合州鄒智撰。初官翰林庶吉士，坐言事被謫。踰嶺從陳文恭講學。其集爲天啓時李廷渠重刊。

沈石田集八卷 刊本。

右明長洲沈周撰。周字石田。嘗舉賢良，不赴。詩畫擅名一時。何元朗謂：「石田詩有絶佳者，但爲畫所掩耳。」

西村集八卷 刊本。

右明吴江史鑑撰。鑑才名亞于石田，而其詩刻意學古，似當勝沈一籌。

丹崖先生集十卷 刊本。

右明瑞州府訓導崑山黄雲撰。雲懷才不遇，嘗渡清淮，投其文稿。晚就一氊，苜蓿不充。觀集中《闕食》、《絶糧》諸作，可想其概。門人朱實昌編其集并序。

董從吾詩稿二卷 刊本。

右明海鹽董澐撰。澐自號從吾道人，集名本此。渡江從陽明講學，不自知有家室。見陽明序本。

鴻泥堂小稿四卷續稿十卷 刊本。

右明江陰薛章憲撰。章憲，字浮休。俞憲曰：「江陰有隱逸士曰薛浮休，平生恬愉自得，曠達好遊。工于詞賦之學，其聲調殊別。雖難躋大方，然積學之博，搆思之勤，不可泯也。」

白露山人文集二卷 刊本。

右明蘭溪黄傅撰。

西村詩集二卷 刊本。

右明海鹽朱樸撰。

賓竹小鳴稿十卷 刊本。

右明秦簡王成泳撰。太祖來孫也。弘治元年襲封。年十齡，嫡母陳妃以唐詩教之，日紀一篇。嗣位後，日賦一詩，三十年靡間。紀善張晟校而刻之。

鶴灘稿六卷 刊本。

右明修撰華亭錢福撰。福遊楊邃菴、李西涯之門。嘗言：「作文須昌其氣，詞必根據道理，雖恒言俗事，亦不可放過。」可謂得作文之要。

懷里堂集三十卷 刊本。

右明應天府通判長洲祝允明撰。有《祝氏集畧》。又有《金縷》、《醉紅》、《窺簾》、《暢哉》、《擲果》、《拂弦》、《玉期》等集。世傳六如畫、枝指生書，允稱絶品。其號枝指生者，右手枝指故也。

杭雙溪詩集八卷 刊本。

右明右副都御史宜興杭淮撰。孝宗朝，李、何二公首倡詩學，一時如徐廸功、熊士選、康對山、王浚川輩，皆同聲而應之。雙溪與其兄澤西亦預焉。爲詩嚴整雅健，有作者之風。今本有朱彝尊手跋。

劉清惠公集十二卷 刊本。

右明工部尚書上元劉麟撰。麟官尚書，後棄歸，寓長興之南垣，自號垣上翁。與孫一元、龍霓、吴琉、施侃等結詩社，號苕溪五隱。世宗旌别士僚，御屏書「冰清玉潔」者二人，一爲大理卿陳恪，一即麟也。今本一名《南垣老人集》，朱鳳翔序。

南川稿十二卷 刊本。

右明兵部侍郎會稽陶諧撰。諧年十六即領鄉薦，捷南宫。居官抗直。一名《南川漫游稿》。

矩洲〔一〕詩集十卷 刊本。

右明兵部右侍郎南海黄衷撰。衷歷官所至，皆有題咏。集後附其弟裴《樗亭集》一卷。

〔一〕「洲」原作「州」，今據《四庫總目》、《千頃堂書目》、《中國古籍善本書目》改。盧文弨校改爲「齋」，蓋從《明史·藝文志》，恐誤。

唐一菴集輯要四卷 刊本。

右明刑部主事歸安唐樞撰。樞號一菴。少學于湛若水。留心經世之畧。于九邊及越、蜀、黔、滇險阻阨塞無不親歷。至老不衰。世宗朝疏論李福連獄，破以六疑。被斥爲民。乃講學著書。監司守令爲創一菴書院于湖城。著有《木鐘臺集》三十卷。今本爲國朝王表正輯其要者。末附年譜。

王文成全書三十八卷 刊本。

右明南京兵部尚書新建伯餘姚王守仁撰。

陽明要書八卷附年譜三卷逸事辨証二卷 刊本。

右書陳龍正輯。凡《傳習録》、書奏文移序説共八卷。《年譜》、《辨証》附焉。崇禎時刊。黄宗羲云：「有明之文統始于宋，至陽明而中興，爲之一振。自宋以外，文與道分爲二。故陽明之門人不欲奉其師爲文人，遂使此論不明。可爲太息。」

雙江文集十四卷 刊本。

右明兵部尚書永豐聶豹撰。初好新建良知之説，與辨難，心益服。聞新建没，爲位哭，以弟子自處。後著《困辨録》與王説異同。

洛村遺稿二卷 刊本。

右明刑部主事雩〔二〕都黄弘綱撰。弘綱學于陽明，與何善山齊名。時人語曰：「江有何、黄，浙有錢、王。」皆姚江弟子也。吉水鄒元標序。

〔一〕「雩」原作「雲」，據《明史》、《明儒學案》改正。

西行草一册 刊本。

右明尚書温陵曾偉芳撰。今本乃偉芳謫象郡詩作。

貞翁静稿十二卷 刊本。

右明刑部尚書崑山周倫撰。

白齋竹里詩集六卷文略一卷 刊本。

右明福建左參政鄞縣張琦撰。其詩嘔心刻腎，去陳言者。

張伎陵集七卷 《盛明百家詩》作六卷。寫本。

右明户部主事洵陽張鳳翔撰。李夢陽爲之傳，稱其「目羞短視，暗處反明，燈月之下猶晝也。字左手横書，瞬息滿紙。其詩子安再生，文房復出」云。

周恭肅公集十六卷 刊本。

右明吏部尚書吴江周用撰。用十歲能畫，長師石田，得其指授。集中有詩云：「畫品仍游藝，詩家特擅名。輞川稱三絶，早晚慰平生。」蓋以摩詰自喻也。所著亦名《白川集》。

魯文恪公集十卷 刊本。

右明祭酒景陵魯鐸撰。鐸號東岡，一號蓮北。有李濂序。

山堂萃稿十六卷 刊本。

右明工部尚書武進徐問撰。别有《養齋集》。

何文定公集十一卷 刊本。

右明右都察御史贈工部尚書武涉何瑭撰。黄宗羲云：「辨論瀾翻，是其所長。脱除議論，則未免常調。」

水南稿十九卷 刊本。

右明山西提學僉事德清陳霆撰。霆博學著聞，留心風教，不苟作者。

洹詞十二卷 刊本。

右明南京禮部左侍郎安陽崔銑撰。

左桂坡集十四卷 刊本。

右明浙江參政盱江左贊撰。前集五卷，後集九卷。

栗菴遺稿二卷 刊本。

右明太常少卿仁和鄭環撰。環廉介方正，不妄取與。家居，足跡不踐公府，人稱特立之操。

使東日録一册 刊本。

右明工部尚書寧都董越撰。越于弘治時使朝鮮所作詩文，其子天錫輯爲此録。

梅岩集三十卷 刊本。

右明伊陽知縣休寧張旭撰。此編爲竹洲書院藏本。

儼山集一百卷續集十卷外集四十卷 刊本。

右明詹事府詹事上海陸深〔一〕撰。深練習典章，生平紀載，可資國史采擇。黄宗羲謂：「其文倣歐、曾，有明之正派也。」

〔一〕「深」原誤「源」，據盧文弨校改。下同。

龍臯文稿十九卷 刊本。

右明翰林院侍講學士武進陸簡撰。簡自號龍臯子。顧清序稱二十二卷。今本祇十九卷，恐非足本。

石川集一册 刊本。

右明南京工科給事中壽張殷雲霄撰。雲霄常與太白山人倡和，風度多似之。别有《瀛洲》、《芝田》二集。俞憲稱其詩「氣逸才雄，思奇語勁，騷壇中一勍敵也」。

孟有涯集十五卷 刊本。

右明南京大理寺卿信陽孟洋〔二〕撰。集爲浚川王氏所輯。杜柟、徐九臯序之。

〔一〕「洋」原誤「渾」，據盧文弨校改。

梅國集四十一卷 刊本。

右明刑部侍郎大庾劉節撰。

倪小野集八卷 刊本。

右明南雄知府餘姚倪宗正撰。

西樵遺稿四卷 刊本。

右明大學士南海方獻夫撰。獻夫初爲吏部郎，與陽明論學，請爲弟子。尋謝病歸。讀書西樵山十年。嘉靖初還朝，以議大禮驟顯。

別集類六 明

李空同集六十四卷〔一〕 刊本。

右明江西提學副使扶溝李夢陽撰。夢陽母夢日墮懷而生，故名夢陽。罷官歸，自號空同子。與何景明、徐禎卿、邊貢、朱應登、顧璘、陳沂、鄭善夫、康海、王九思號「十才子」。李、何尤爲諸家之倡。

〔一〕羅以智批：全集僅六十三卷，睦桴撰傳亦言詩三十六卷文二十七卷，別有《空同子》八篇，或爲一卷歟。

邊華泉詩集八卷 刊本。

右明户部尚書歷城邊貢撰。俞憲稱其「調逸情真，氣舒音亮」。詩多散亡。今本有嘉靖間蘇佑復序。

渼陂〔一〕集十六卷續集三卷 刊本。

右明吏部郎中鄠縣王九思撰。九思與康海同里同官同心。劉瑾黨廢，每相聚滸東鄠杜間，重貲購樂工，學琵琶。海搊彈尤善。工小詞。詩有太樸不雕之風。

〔一〕「陂」原誤作「波」，今正。

王氏家藏集六十五卷 刊本。

右明太子太保儀封王廷相撰。黄宗羲云：「《家藏集》欲以博洽見長，故于律吕、夏正、深衣、陰陽，無所不論。」

憑几集五卷浮湘稿四卷 刊本。

右明南京刑部尚書上元顧璘撰。二集皆撫湖廣時作。别有《山中》、《歸田》二集。璘與劉元瑞、徐昌穀號江東三才。又與陳魯南、王欽佩稱金陵三俊。俞憲稱其詩「隨事闡義，因物洩情，志希大方，當在陳石亭、王南原之上」。

息園集九卷 刊本。

右前人撰。息園者，璘罷官後所搆，時時與客豪飲，伎樂雜作。

太白山人漫稿八卷 刊本。

右明關中孫一元撰。一元詭跡塵外，清放自居。嘗棲太白之巔，自號太白山人。初寓無錫，後徙西湖，從苕溪，與劉麟等結社，稱苕溪五隱。按《盛明百家》稱二卷，正德間鄭少谷刻。疑别一本。

鄭少谷集十五卷 刊本。

右明吏部郎中閩縣鄭善夫撰。善夫詩能于李、何之外别開生面。文則規模逼窄，嫣然有秀色。初以主事告歸，作少谷草堂于金鰲峯下。嘉靖初以薦起官，便道游武彝九曲，絶糧而卒。今本有正德間林鉞序。

雪窻詩六卷 刊本。

右明上海吴爰撰。正德丙寅華亭顧清序。

吕涇野集三十六卷 刊本。

右明南京禮部右侍郎高陵吕柟撰。柟受業渭南薛敬之，接河東薛瑄之傳。官南都，與湛若水、鄒守益共主講席，天下學者不歸姚江，即歸若水，獨守程朱不變者，惟柟與羅欽順云。著書十餘種，此其一也。

東塘詩集十卷 刊本。

右明太子太保吉水毛伯温撰。嘗與夏公謹、李獻吉、方思道相酬倡。

涂水集五卷 刊本。

右明兵部右侍郎榆次寇天叙撰。天叙與崔銑、吕柟善，有孝行。武宗南巡時，攝應天府丞，一時權幸多爲禁制。

歐陽恭簡公集二十二卷 刊本。

右明吏部左侍郎泰和歐陽鐸撰。鐸有文學，修内行。嘗知延平，毁淫祠數十百所，以其材葺學宫。

韓五泉詩四卷 刊本。

右明山西左參議朝邑韓邦靖撰。邦靖與兄邦奇號二韓。

碧川文選四卷 刊本。

右明尚書鄞縣楊守阯撰。碧川，守阯字。所著本名《乾乾齋集》。此則從集中選出者。

海涯文集八卷 刊本。

右明舉人通州顧磐撰。

高吾摘稿八卷 刊本。

右明兵部侍郎武陵陳洪謨撰。洪謨官都御史時，陳張原、毛玉等妻子流離狀，請卹于朝，士論多之。

東廓文集十二卷 刊本。

右明南京祭酒安福鄒守益撰。守益出姚江之門。姚江卒，服心喪。日與吕柟、湛若水輩論學。九廟災，上言落職歸。

俟知堂集十三卷 刊本。

右前人撰。

石居漫興二卷 刊本。

右明刑部主事臨海陳器撰，孫承翁編。

峰溪集五卷 刊本。

右明山西按察使僉事平湖蕭玉撰。

棠陵文選八卷 刊本。

右明湖廣按察副使開化方豪撰。豪自號棠陵子，與鄭善夫友善，負才不羈，發諸聲詩，文名亦盛。吴中論者謂在山谷伯仲之間。

筠溪家藏集三十卷 刊本。

右明户部侍郎厓州鍾芳撰。

鄭思齋文一册 寫本。

右明河南道御史莆田鄭洛書撰。洛書與方豪友善。先知上海縣，有德政。上海人爲治田百畝，資其家。

少華先生遺稿四卷 刊本。

右明禮科給事中玉山詹泮撰。泮以致仕終養，鄉里稱其賢。

丁吏部文選八卷 刊本。

右明吏部郎中常熟丁奉撰。奉號南湖，其集一名《南湖留稿》。今本爲宣城梅守箕所選，薛應旂、瞿景淳序之。

錢東畬集十四卷 刊本。

右明思南知府海鹽錢琦撰。俞憲謂其「詞旨懇切，多憂時濟世之懷」。

陽峯家藏集三十八卷 刊本。

右明大學士石首張璧撰。

孫毅菴奏議二卷 刊本。

右明南京吏科給事中慈谿孫懋撰。顧英跋云：「德夫居恒，前後留京五六載，乘逆瑾蠹政，武宗多事之秋，不訐不諱，惟其是焉，又多所俞允，以彰遭逢之盛。」

孫孝子集二十卷 刊本。

右明都督僉事餘姚孫堪撰。忠烈公燧長子，與弟墀、陞俱廬墓。以父難，更衰墨三年。世稱三孝子。堪中武會試第一。母楊九十餘没，堪年六七十，以毁卒。弟陞序其集。

棟峯遺稿二卷 刊本。

右明常德知府廣昌曾梧撰。正德辛巳何濤爲序。

七星先生詩文抄十五卷 刊本。

右明進士泰和劉鴻撰。鴻自號七星居士。正德間羅欽順爲序。

黼菴遺稿十卷 刊本。

右明應天府尹崑山柴奇撰。鄒謙之云：「黼菴胸無城府，言無粉繪，行無機穽。詩文皆典雅雄健，不矜刻峭。」

節愛汪府君詩集一册年譜一卷 寫本。

右明大理寺卿崇陽汪文盛撰。文盛與毛伯温同定安南。所著一名《白泉集》，傅汝舟編定。

胡端敏公奏議十卷 刊本。

右明兵部尚書仁和胡世寧撰。世寧性剛直，且知兵，疾惡如讎，薦賢達士如不及。援據古今，洞中窾會。集中諸疏可見云。

石岡集八卷 刊本。

右明兵部侍郎睢州公孫天祐撰。天祐有才智。撫大同時，值兵變，克樹軍功。集爲李濂序。

漸齋詩草二卷 刊本。

右明山西參政平湖趙漢撰。漢常哭争大禮，受廷杖。復疏論張璁、桂萼，朝廷詰責之。嘉靖乙卯餘姚錢德洪序。

洞陽詩集二十卷 刊本。

右明廣東按察副使無錫顧可久撰。俞憲云：「顧君常諫武宗南巡、世宗大禮，兩遭廷杖。其生平不肯依附苟合，如集中屢載避塵等句，心事可知也。」

嵩渚集一百卷 刊本。

右明山西按察僉事祥符李濂撰。濂常作《理情賦》，李獻吉一見大驚，訪之。自此名滿河洛，稱大梁才子。遍遊名山川。著述繁富。黄宗羲題其集云：「文多直叙，不事波瀾。」

觀政集一册 寫本。

右前人撰。濂歷官時所作。别有《嘉靖乙巳春遊稿》一册，當時士林盛傳之。今佚。

薛考功集十卷西原遺書二卷 刊本。

右明考功司郎中亳州薛蕙撰。蕙先偃師人，後家于亳。諫南巡、議大禮。晚年從事性命之學。黄百家云：「考功初生三月，見芒神，連呼曰芒郎芒郎。家人驚怪，沃冷水止之。屏居西原，著書樂道，有得于二氏玄寂。注《老子》以自見。」

旗陽林氏三先生集四册 刊本。

右明程番知府侯官林春澤《人瑞翁集》二册，署曰「閩中百四歲翁」，其子户部右侍郎林應亮《少峯草堂集》一册，又孫工部右侍郎如楚《碧麓堂集》一册。

鹿原存稿九卷 刊本。

右明刑部郎中柳州戴欽撰。

梓溪内集八卷外集十卷 刊本。

右明翰林院修撰進賢舒芬撰。正德時諫南巡，杖謫福建鹽課司副提舉。嘉靖初議大禮，再杖歸卒。黄宗羲云：「梓溪不欲以詞章名世，而識力高華，文有光芒不可掩處。」

東洲集二十卷 刊本。

右明南京禮部右侍郎海門崔桐〔一〕撰。嘉靖間大梁曹金序。

〔一〕「桐」原誤作「同」，據《四庫總目》、《四庫存目標注》改正。

桂州文集五十卷 刊本。

右明大學士夏言撰。言長于應制，小詞亦優。首有《恩綸録》一卷《年譜》一卷。

半洲稿四册 刊本。

右明左都御史侯官蔡經撰。爲趙文華所劾，與楊忠愍同日死市。士論寃之。文華病篤，命禱其平日所陷六人，經其一也。集分《北寓》、《南行》二種。

小山類稿二十卷 刊本。

右明楚蜀總督惠安張岳撰。岳文治武功，所至著〔一〕績。詩特其餘事。

〔一〕「著」原作「登」，據盧文弨校改。

夢澤集十七卷 刊本。

右明裕州同知黄岡王廷陳撰。廷陳初官給事中，諫南巡，杖謫。屏居二十年，益自放廢。其詩調高趣新，頗多奇句。

西元集十卷 刊本。

右明禮部右侍郎綏德馬汝驥撰。汝驥律體華整，取法盛唐。

青湖文集十四卷 刊本。

右明江西按察使僉事山陰汪應軫撰。應軫司諫爲直臣，牧民爲廉吏，講學爲醇儒，皆可傳也。

朱福州集八卷 刊本。

右明福州知府上海朱豹撰。俞憲云：「公詩文集甚多，而傳者止此。及考公之先，以詩名者四世矣。」

張文忠〔一〕公集十八卷 刊本。

右明大學士茶陵張孚敬撰。一名《龍湖集》。

〔一〕「忠」原作「秉」，據《四庫總目》、《千頃堂書目》改。

泰泉集六十卷 刊本。

右明少詹事香山黄佐撰。嶺南自南園五先生後，風雅中墜，賴佐力起衰。學宗程朱，嘗與姚江辨論知行合一之旨。平生撰述至二百六十餘卷。《泰泉集》刻于嘉禾，乃公司成以前之作。

許黄門集十二卷雲村集十四卷 刊本。

右明禮科給事中海寧許相卿撰。按《黄門集》即《雲村集》。《黄門集》後有《附録》一卷、《年譜》一卷，合之則十四卷也。相卿師事甘泉、陽明，淡于宦情。居紫雲山四十年，不入城市，號雲林老人。集皆手定，自題絶句云：「雲材病老語多嚨，造次詩成雜宋腔。還溯開元論風格，拾遺壇上樹旌幢。」

張水南集十一卷 刊本。

右明南京光禄寺卿江陰張衮撰。俞憲云：「水南公居江湖，馳心廊廟，常忽忽不樂也。」

弘藝録三十二卷 刊本。

右明刑部員外郎仁和邵經邦撰。國朝康熙間，經邦四世孫遠平重刻。序曰：「先生所著《三弘集》，曰《弘道》者，載道之文也。曰《弘簡》者，論史之學也。曰《弘藝》，則先生所爲詩古文詞也。」

田秬山稿一册 寫本。

右明貴州提學副使龍溪田頊撰。

張南湖集四卷 刊本。

右明光州知州高郵張綖撰。嘗讀書武安湖上，自號南湖。其詩旨趣沈著，尤工長短句。

古山文集十二卷 刊本。

右明舉人安仁桂華撰。華與兄萼俱學于陽明之門。

雅宜集十卷 刊本。

右明太學生吳縣王寵撰。寵號雅宜。少學于蔡羽。居林屋三年。後讀書于石湖。中道而夭，時賢惜之。

杏東集十卷 刊本。

右明翰林學士儀封郭維藩撰。

二戴小簡二卷 寫本。

右明太平戴豪、戴顒撰。

婁子静文集六卷 刊本。

右明河内婁樞撰。樞爲文定門人。字子静。

霞城集二十四卷 刊本。

右明歙縣程誥撰。誥足跡半天下，其詩得山川之助，凡所經歷，必紀以詩。

傅山人集三卷 寫本。

右明侯官傅汝舟撰。汝舟自號丁戊山人。遊踪遍于吳會、荆襄、齊魯、百粤。善養生術，兼曉黄白。

見者驚爲異人。詩學少谷子，語多奇崛。

張莊僖文集六册 刊本。

右明左都御史烏城張永明撰。集分《南垣諫草》、《中州疏畧》、《部院彈章》及《家訓》、《語録》五種。

潘笠江集十三卷 刊本。

右明左都御史上海潘恩撰。恩六歲能調四聲。嘗訂《詩韻輯畧》。詩與高子業、田叔禾酬和。

芝園別集五十一卷奏議五卷公移六卷 刊本。

右明南京兵部尚書鄞縣張時徹撰。時徹學殖富有，樂府古詩尤多創獲。黄宗羲稱其文「近板實獨，其序豐考功，描寫曲盡」。

大崖李先生集二十卷 刊本。

右明舉人嘉魚李承箕撰。承箕字世卿。兄茂卿，弟藎卿，皆顯仕。舉鄉試後，往師陳獻章，日與登涉山水，投壺賦詩，縱綸古今事。獨無一語及道。久之，承箕有所悟，辭歸。隱黄公山不出。

夏東巖文集六卷詩集六卷 刊本。

右明南京太僕寺少卿永豐夏尚樸撰。尚樸婁諒門人，傳主敬之學，與魏校、湛若水輩日相講習。

葉海峯文一册 寫本。

右明南京刑部郎中太平葉良珮撰。良珮歷任久，熟精刑法。生平究心典墳，以作述名世。所著書凡數百卷，此其一也。

春溪詩集四卷 刊本。

右明南京工部郎中溧陽狄沖撰。沖歷仕不達，晚乃爲郎。集中有詩云：「官銜四轉轉萬里，垂老始博尚書郎。」餘姚陳塏序。

飛鴻亭集四卷 刊本。

右明太子太保吏部尚書秀水吳鵬撰。鵬膽畧過人，在徐沛截漕發賑，而後請命。敗永城賊于五河。罷官，葺野樂園居之。

知白堂稿十四卷 刊本。

右明南京刑部尚書諸暨翁溥〔一〕撰。

〔一〕「溥」原誤作「博」，今正。

蘇門集八卷 刊本。

右明湖廣按察使祥符高叔嗣撰。叔嗣號蘇門，因名其集。陳束序。

天馬山房遺稿八卷 刊本。

右明湖廣道監察御史莆田朱淛撰。嘉靖三年慈壽太后誕辰，有旨命婦罷朝賀。淛疏言謂興國太后既已舉行，慈壽誕辰不當報罷。疏入，永陵震怒，廷杖放歸。

雲岡選稿二十卷 刊本。

右明南京祭酒懷安龔用卿撰。集爲其子燿重編刻。

竹澗〔一〕文集十三卷 刊本。

右明兵部侍郎金華潘希曾撰。希曾號竹澗。分詩文八卷、奏議四卷、附録一卷。

〔一〕「澗」原作「簡」，今正。

治齋奏議十卷詩詞三卷文集四卷 刊本。

右明吏部尚書進賢萬鏜撰。嘉靖中應詔陳八事，語頗切直，斥責家居。十年後爲同年生嚴嵩所援。集自爲序。

菲泉存稿八卷 刊本。

右明禮部主事蕭山來汝賢撰。汝賢工舉業，嘉靖乙酉、壬辰俱第二人。稿爲門人姜寶校刊，有跋。

樗林摘稿三卷 刊本。

右明南京都察院都事無錫秦鏜撰。别號樂易先生。舉明經，親老不應。遇優詔授散銜。

江山人集七卷 刊本。

右明歙縣江瓘撰。

蘭暉堂集四卷 刊本。

右明右春坊右諭德平湖屠應埈撰。勳之子。陳卧子稱其詩典麗流暢。

少泉詩選八卷詩續選八卷文選五卷文續選五卷 刊本。

右明太僕寺少卿京山王格撰。其邑人高岱、李淑同選。王世貞序。

陸子餘集八卷 刊本。

右明知縣長洲陸粲撰。粲官給事，坐劾張、桂謫都匀驛丞。遷知永新。所著名《貞山稿》。今名《子餘集》者，仍其字也。黄宗羲稱其文「秀美平順，不起波瀾，得之王文恪居多，乃歐陽之支派也」。

田叔禾小稿十二卷 刊本。

右明廣西左參議錢塘田汝成撰。一名《豫陽集》。汝成博學，工古文，諳曉掌故，好遊覽。與黄勉之遍遊武林諸山，互相酬唱。

袁胥臺集二十卷世緯一册 刊本。

右明廣西提學僉事吴縣袁袠撰。袠嘗報顧東橋書，有「立言六難」之論。謂學難淵該，事難綜覈，詞難雅健，氣難沖和，議難融貫，志難沉澹。知其著述卓然不苟矣。

趙浚谷集十六卷 刊本。

右明巡撫山西都御史平涼趙時春撰。文十卷、詩六卷。徐階序。時春與熊過、陳束、任瀚、吕高、李開先、唐順之、王慎中爲嘉靖八才子。黄黎洲稱其文「奇崛頓挫，精神透于紙背，在唐亦杜樊川流亞」云。

西巡類稿八卷 刊本。

右明南京工部尚書梧州吴廷舉撰。廷舉在太學時，兄事羅玘。又好薛瑄、胡居仁之學。尊事陳白沙。著有《東湖奏疏》、《東湖吟稿》。此名《西巡類稿》，則官江西參政時作也。門人梁景行序。

王遵巖集二十五卷 刊本。

右明河南參政晉江王慎中撰。慎中號遵岩居士。爲文初學秦漢，後宗歐、曾，與唐順之齊名。

羅念菴集十三卷 刊本。

右明春坊左贊善吉水羅洪先撰。洪先幼好《傳習録》，後罷官，益習姚江之學。自天文地志，禮樂典章，河渠邊塞，戰陣攻守，及陰陽筭數，靡不精究。至人才吏治，國計民生，悉加咨訪。還山居石洞，命曰石蓮。坐一榻，三年不出户。黄宗羲曰：「念菴之文從理窟來，自然轉折也。」

陳后岡文集一卷詩集一卷 刊本。

右明河南提學副使鄞縣陳束撰。束，嘉靖八才子之一。妻爲董侍郎玘女，亦能詩。年俱三十餘卒，無後。稿多散佚。此集僅十之一二。

熊南沙集八卷 刊本。

右明禮部郎中富順熊過撰。一作《南洲集》。黄梨洲稱其文「有精力，亦是能手」。

鶴田草堂集十卷 刊本。

右明刑部尚書臨海蔡雲程撰。

蔡可泉文集十五卷 刊本。

右明南京户部尚書晉江蔡克濂撰。

程文恭公遺稿三十二卷 刊本。

右明南京工部右侍郎永康程文德撰。文德初受業章懋，後從姚江。供事西苑。所撰青詞，頗具規諷。調官留都，疏辭勸帝享安静和平之福。坐謗詘歸。此編首列嘉靖己丑廷試大書御批曰「探本之論」。

松溪文集十卷 刊本。

右前人撰。

明珠集二卷 刊本。

右明湖廣參議長洲吴子孝撰。别有《玉涵堂集》未見。

孔文谷集十六卷續集十卷詩集二十四卷霞海篇一卷 刊本。

右明布政使汾州孔天胤撰。先聖裔。號管涔山人。俞憲謂：「文谷與予同仕籍幾二十年，予欲傳其詩，僅得《霞海篇》數十首。」今本卷帙頗多，皆後出也。

冰玉堂綴逸稿二卷蘭舟漫稿一卷二餘詞一卷 刊本。

右明福建布政使參議太倉陳如綸撰。如綸號午江，本姓許。少育於姑，蒙陳姓。後子謙亨等復歸宗。

閔午塘〔一〕集七卷 刊本。

右明南京禮部尚書烏程閔如霖撰。珪從孫。《明史》附見珪傳。集爲曾孫一范〔二〕合珪集同刊。

〔一〕「塘」原作「堂」，據《存目叢書》影印明萬曆刻本改。

〔二〕「范」字原作墨丁。據《中國古籍善本書目》補。

自知堂集二十四卷 刊本。

右明南京工部右侍郎德清蔡汝楠撰。汝楠八歲侍父玘聽講于湛甘泉，輒有解悟。初汎濫于詞章。守衡州，始與諸生窮經于石鼓書院，而趙大洲來遊，爲之開拓其識見。參政江西以後，與鄒守益、羅洪先遊，學日進益。

寒〔一〕村集四卷 刊本。

右明巡撫遼東都御史固安蘇志臯撰。别有《枹罕集》。

〔一〕「寒」原誤作「塞」，據《四庫全書存目叢書》影印明嘉靖刻本改。

許水部稿三卷 刊本。

右明廣西布政使參政錢塘許應元撰。别有《漪堂稿》，一名《茗山集》，俱見俞憲《盛明百家詩》序。此集以「水部」名者，楊元長序云「官郎署時作」也。

祐山文集十卷詩集四卷 刊本。

右明給事中平湖馮汝弼撰。汝弼初居諫垣，後以劾汪鋐被謫。及歸田，恂恂無忤于物。東湖之好義者，首推之。

龍溪集二十二卷 刊本。

右明南京兵部武選司郎中山陰王畿撰。畿爲姚江高弟，官南都，夏言斥爲僞學，奪職歸。益務講學，吳、楚、閩、越皆有講舍。

心齋先生全集六卷 刊本。

右明處士泰州王艮撰。號心齋。事父以孝聞。篤好姚江之學。姚江弟子遍海内，率爵位有氣勢。艮以布衣抗其間，聲名反出諸子上。

東遊集一册 寫本。

右明莘溪黄金撰。

白洛原遺稿八卷 刊本。

右明尚寶司丞武進白悦撰。皇甫子循嘗稱其詩。

序芳園稿二卷 刊本。

右明廣西按察副使平湖趙伊撰。沈懋孝序。

承啓堂稿二十八卷 刊本。

右明右給事中海鹽錢薇撰。薇受業于湛甘泉。官行人。泊然自守。與同年生蔣信輩朝夕問學。進給事。以言事斥爲民。

奚囊蠹餘二十卷 刊本。

右明吏部尚書仁和張瀚撰。江陵奪情時，中旨令瀚諭留。瀚久不奉詔，冀以感悟，被旨切責。

存笥稿前集續集共二十四卷 刊本。

右明南京祭酒華州王維楨撰。維楨爲文好司馬遷，詩好杜甫。以李夢陽能兼此二人，終身服膺之。俞憲謂其「文多奇古，大勝于詩」。

具茨文集八卷 刊本。

右明編修無錫王立道撰。按目録作七卷附録一卷。今卷中無附録，而增多續刻論表策詔十三篇爲第八卷。立道以少年登第，夙負端揆之望，與唐荆川、王槐野並稱。

嵩陽集七册 刊本。

右明崇慶知府光州劉繪撰。繪初應試中州，主者得其卷，以河嶽英靈目之。黄宗羲稱其文「縱横似蘇子瞻，而加之潤色，是明朝一作手」。

方山文録二十二卷 刊本。

右明陝西提學副使武進薛應旂撰。有馬理序。黄宗羲云：「先生爲考功時，寘龍溪于察典，論者以爲逢迎貴溪。其實龍溪言行不掩，蓋借龍溪以正學術也。先生嘗及南野之門，而一時諸儒不許其名王氏學者，以此節也。然東林之學寔導源于此，豈可没哉。」

施璉川集八卷 刊本。

右明青州知府歸安施峻撰。字平叔。徐伯臣云：「平叔詩隨時上下，而格調渾厚，體裁寔固一代之良。」

見滄文集十五卷 刊本。

右明吏部左侍郎錢塘茅瓚撰。嘉靖戊戌進士第一人。少夢神人授二巨字，文曰「見滄」，因以爲號。後讀書寶奎寺，山顛雷雨夜作，質明露「見滄」二字，乃故鐫宋理宗御書，適符其夢云。

大司空遺稿十卷 刊本。

右明南京工部尚書南海陳紹儒撰。

華陽〔一〕漫稿八卷 刊本。

右明漕運副都御史吴縣章焕撰。

〔一〕「華陽」二字原誤倒，今乙正。

青霞山人集十六卷 刊本。

右明錦衣衛經歷會稽沈錬撰。一名《鳴劍集》。陳卧子云：「青霞快男子，詩亦俊爽。」

白華樓文稿十一卷續稿十五卷吟稿十卷耄年録七卷 刊本。

右明廣西按察副使歸安茅坤撰。坤好談兵事，平猺賊有功，爲忌者所中，坐廢。善古文，心折荆川。荆川喜唐宋文，坤亦有八大家之選，盛行海内。《耄年録》者，蓋自録其晚年所作，皆萬曆壬辰以後者。别有《玉芝山房稿》。

大拙堂集九卷 刊本。

右明通政副使泰和楊載鳴撰。

崇蘭館集二十卷 刊本。

右明浙江布政使華亭莫如忠撰。如忠善草書，詩文有體要。陳卧子云：「方伯名德羽儀，詩頗樸易。」

嚴文靖公集十二卷 刊本。

右明大學士常熟嚴訥撰。訥初與李春芳入直西苑，撰青詞皆稱旨，遂代郭樸爲吏部尚書兼武英殿大學士，出理部務。暮宿直廬成疾，乞歸。父母皆在，晨夕潔養，里黨榮之。

泌園集三十七卷 刊本。

右明禮部尚書烏程董份撰。附董道醇《黄門稿》一册。

師署哀言集十二卷 刊本。

右明工部尚書右副都御史新建吴桂芳撰。桂芳初知揚州，建議增築外城。揚有二城，自桂芳始。其平盜禦倭，理漕治河諸績，人共稱之。

無聞堂稿十七卷 刊本。

右明巡撫貴州都御史桐城趙釴撰。黄宗羲云：「其文無蹊徑，匠心而作，固是一作家，無知之者。」著有《幾希圖説》。羅汝芳序中極稱之。

劉子威集五十二卷 刊本。

右明河南按察使僉事吴縣劉鳳撰。鳳嘗著騷賦古文數十萬言，自輯其近稿，并魏學理所同賦，刻之爲《比玉集》。

山帶閣集三十二卷 刊本。

右明九江知府寶應朱曰藩撰。曰藩字子价，應登子。以文章世其家。

方麓居士集十一卷 刊本。

右明南京右都御史金壇王樵撰。樵生平積學，研心著書。嘗自言：「六經畢其四，詩特餘事耳。」

華陽館集十二卷 刊本。

右明大理寺卿永豐宋儀望撰。儀望師事聶豹，私淑王守仁。又從鄒守益、歐陽德、羅洪先游。守仁從祀，儀望有力焉。所著别有《陽山稿》，未見。

章道峯集六卷 刊本。

右明禮科給事中蘭溪章适撰。吴郡徐栻序。

楊忠愍公遺集四卷 刊本。

右明兵部員外郎容城楊繼盛撰。皇甫子循云：「楊忠愍辭尚宏麗，語罕怨誹，江河一瀉，乃徵其才，光燄萬丈，悉由于氣。」

石龍菴集四卷附刻二卷 刊本。

右明刑部郎中上虞徐學詩〔一〕撰。學詩上疏劾嚴嵩，與葉經、謝瑜、陳紹皆同里同時。世稱上虞四諫。

〔一〕「詩」原誤「師」，據盧文弨校改。

奇遊漫紀八卷 刊本。

右明南京禮部侍郎華亭董傳策撰。傳策劾嚴嵩六罪，下詔獄，戍南寧。隆慶時起用。爲人繩下過急，爲家奴所害。

彭比部集八卷 刊本。

右明南京刑部主事海鹽彭輅撰。輅詩文不尚敦琢。嘗有「神在象外，象在言外，言在意外」之論。黄宗羲稱其文「鋪叙詳贍，故是名家」。

三洲詩膾四卷 刊本。

右明參政仁和沈淮撰。

周叔夜集十一卷 刊本。

右明工部員外郎華亭周思兼撰。思兼初知平度，有德政，擢員外。後有同年生貌類思兼者，使經平度，民競走謁見，非是，各嘆息去。

海隅集四十卷春明集十三卷 刊本。

右明太子太保禮部尚書華亭徐學謨撰。本名學詩，以與劾分宜者同姓名，遂改爲謨。黄宗羲稱其文「得歐、蘇之傳，識見出尋常章句之上」。

春照齋集十卷詞二卷 刊本。

右明南京户部尚書樂亭王好問撰。

蘇山選集六卷 刊本。

右明按察副使沔陽陳栢撰。莆中黄謙選定。謙有序。

豐山先生集十二卷 刊本。

右明福建左參政海鹽馮皐謨撰。

留餘堂集四卷奏議三册 刊本。

右明太子太保工部尚書總理河道烏程潘季馴撰。季馴前後歷官二十七年，四奉治河之命，習知地利險易，增築設防，置官建閘，下及木石樁埽，綜理纖悉。積勞成疾，乞休而歸。今奏疏三册，分《巡按廣東奏疏》、《兵部奏疏》爲二卷，《督撫江西奏疏》爲四卷。

六李集三十三卷 刊本。

右明内卿李宗木《杏山集》八卷，李雲鵠《侍御集》四卷，李雲雁《白羽集》二卷，李雲鴻《秋羽集》四卷，提學副使李蓘《太史集》六卷，刑部主事李蔭《比部集》九卷。雲鵠以下五人皆宗木子。

賜閑堂集四十卷綸扉簡牘十卷 刊本。

右明大學士吴縣申時行撰。馮元成云：「其《綸扉簡牘》皆與直省督撫酬答商榷政事之語。」有自序。

余文敏公集十二卷 刊本。

右明大學士鄞縣余有丁撰。

衡門集十五卷 刊本。

右明光禄寺少卿海鹽鄭履淳撰。昭陵時履淳上書過于激烈，予杖一百，流血繻縷，至今遺袴藏其故宅云。

天池草二十六卷 刊本。

右明南京禮部尚書定安王宏誨撰。

玉介園存稿十八卷附録四卷 刊本。

右明湖廣參政永嘉王叔杲撰。叔杲，號暘谷。焦竑爲傳。

許文穆集二十卷 刊本。

右明大學士歙縣許國撰。國與李維楨齊名。館中爲之語曰：「記不得問老許，做不得問老李。」爲人木强，廉慎自守，攻擊雖多，汙名不被。

洪洲類稿四卷 刊本。

右明陝西布政使參議上海王圻撰。圻乞終養歸松江，種梅萬樹，目曰梅花源。仰屋著書，門溷皆置硯席。

玉恩堂集十卷 刊本。

右明南京太僕寺卿華亭林景鵬撰。王錫爵序稱「其居諫垣，多所建白」。

皇甫少玄外集十卷 刊本。

右明浙江按察使僉事長洲皇甫涍撰。涍自號少玄山人，因名其集。兄沖，弟汸、濂，並有盛名，稱皇甫四傑。

皇甫司勲集二十五卷 刊本。

右明雲南按察使僉事長洲皇甫汸撰。汸七歲能詩，名動公卿。

山居詩集六卷 刊本。

右明舉人長治栗應宏撰。應宏與高子業定交，子業贈詩云：「紫團山高概青雲，栗家兄弟殊不羣。陳州一出驅五馬，令弟二十竄三墳。」陳州者，指其兄應麟官陳州知州者。平生詩文皆其自定。皇甫沖序之。

文起堂集十卷 刊本。

右明國子監生長洲張獻翼撰。獻翼早負才名，見賞于文徵仲。讀書上方山治平寺。撰《周易約説》諸書。兄鳳翼，弟燕翼，並有詩名。與皇甫兄弟同時，故人稱之曰：「前有四皇後有三張。」

謝四溟集十卷 刊本。

右明臨清謝榛撰。一名《四溟山人集》，後附《詩説》一卷。榛嘗脱盧柟于獄，士論多之。與李攀龍、王世貞、梁有譽、宗臣、吴國倫、徐中行稱七才子。後與攀龍論詩不合，改稱五子。榛不與焉。

心逸道人吟稿二卷 刊本。

右明海鹽吴宗漢撰。王文禄序。

張太初集八卷 刊本。

右明江陰張汝元撰。陳文均序。

天目先生集二十一卷 刊本。

右明江西右布政使長興徐中行撰。一名《青蘿集》。按中行初在西曹，與李攀龍、王世貞結七子之社。李有詩云：「既聞風雅音，三嘆文在兹。」王亦以藹藹吉士目之。性喜客，無賢愚貴賤應之不倦，至没無以具殮。

甑甀洞續稿詩十二卷文十五卷 刊本。

右明河南參政興國吳國倫撰。七子中國倫最爲眉壽。嘗自題生壙旁亭柱云：「陶元亮自祭之文，知生知死。劉伯倫隨行之鍾，且醉且醒。」洵達生至語。

雲山堂集六卷 刊本。

右明山西按察副使蒲圻魏裳撰。裳字順甫。與余日德、汪道坤、張佳胤、張九一爲後五子。王元美云：「魏順甫如黄梅上〔一〕人談上乘，縱未透汗，未失門宗。」

〔一〕「上」原作「坐」，據盧文弨校改。

俞仲〔一〕蔚集二十四卷 刊本。

右明崑山俞允文撰。允文與盧柟、李先芳、吳維岳、歐大任爲廣五子。王世貞頗爲推轂，嘗刻其集而序之，凡四卷。此本一名《真逸集》。

〔一〕「仲」原作「元」，據《四庫總目》、《千頃堂書目》改。

蠛蠓集五卷 刊本。

右明太學生濬縣盧柟撰。柟嘗使酒忤邑令，令銜之，會事論之死。以謝榛救之，得脱。獄中著《廷鞫》、《放招》二賦，辭旨沉欝。陳卧子稱其「有越石清剛之氣」。黄棃洲稱其「爰書俗事，出其手無弗雅者」。

東岱山房稿二册 刊本。

右明亳州同知濮州李先芳撰。先芳字伯承。所著别有《清平閣集》。朱彝尊云：「伯承與元美、于鱗同舍，皆故等夷。既而七子盛名，狎主壇坫，元美收之廣五子之列。意寢不平。晚逃于詞曲。觀其《詩雋》一書，詳于淮北及巴蜀，而獨黜大江以南。蓋以吴、楚、揚、粤之間，七子寔居其五，其微意可窺也。」

天目山齋歲編二十四卷 刊本。

右明巡撫貴州都御史孝豐吴維嶽撰。初官西曹，與羣公結社。詩中奇語，往往驚人。

佘山人集四卷 刊本。

右明布衣嶺南佘世亨撰。集爲世亨子嘉詒所刻。歐大任序。

歐虞部集六十五卷 刊本。

右明南京户部郎中順德歐大任撰。大任字楨伯。所著有《思元堂》、《旅燕》、《浮淮》、《秣陵》、《北轅》、《南翥》、《游梁》、《西署》、《軺中》、《詔歸》、《蘧園》諸名，先後發雕，年分地别。其全稿足本合名之曰《虞部集》。趙用光云：「予讀《廣十先生傳》，知楨伯良史才。其詩縱不得爲大家，亦翩翩乎一時之秀。」

瑶石山人詩稿十六卷 刊本。

右明布政使參議從化黎民表撰。民表與王道行、石星、朱多煃、趙用賢爲續五子。朱彝尊云：「瑶石詩讀之似質悶，而寔沉著堅韌。元美所取續五子，無媿大小雅材，僅此一人而已。」

古雪齋近稿一册 刊本。

右明宗室豫章朱多煩撰。張位序。

性靈稿二卷 刊本。

右明貢生新安朱師孔撰。李維楨序。

由拳集二十三卷 刊本。

右明禮部儀制司郎中鄞縣屠隆撰。屠隆與李維楨、魏允中、胡應麟、趙用賢稱末五子。初令青浦，務廣延接，以仙令自許。及在郎署，尤放于詩酒。罷官後，縱覽關塞，遍及吴越七閩之間。所傳諸集，皆未嘗起草之筆。别有《白榆》、《采真》、《南遊》諸集。

胡元瑞集十五卷 刊本。

右明舉人蘭溪胡應麟撰。共四種：《兩都集》二卷、《蘭陰集》一卷、《華陽集》十卷、《養疴集》二卷。王元美云：「元瑞才高而氣充，象必意副，情必流暢。」

王奉常集五十四卷 刊本。

右明太常寺少卿太倉王世懋撰。世懋父忬被誣，與兄世貞自蒲伏嚴嵩門求貸，遍求救諸貴人，不得雪。父復官後，始就選。胡元瑞稱其「拔新標于四家、七子之外，以配哲兄，誠無媿色」。李攀龍、汪道昆輩稱爲「少美」，由世貞字元美故也。〔一〕

〔一〕 盧文弨批：二十六日再閲。此一卷内名字多訛。

浙江採集遺書總録癸集下 集部

别集類七 明

白雲山房集二卷 刊本。

右明光州知州仁和高應冕撰。别有《光州詩選》二卷，茅坤選。周興爲序。

孫百川集十二卷 刊本。

右明湖州推官常熟孫樓撰。

北虞遺文六卷 刊本。

右明吴興令常熟邵圭潔撰。

潛谷集十八卷 刊本。

右明翰林院待詔南城鄧元錫撰。元錫之學淵源姚江，亦不盡宗其説。鄉舉後杜門著述，踰三十年。五經皆有成書。學者稱潛谷先生。

濟美堂集六卷 刊本。

右明刑部侍郎常熟陳瓚撰。

潘象安集四卷 刊本。

右明武英殿中書歙縣潘緯撰。俞憲云：「新安潘象安有《三咏集》三卷，其友王仲寅所選。三詠者，結社白岳，雖病篤不廢吟咏，有《養痾集》。病愈遊淮，有《遊淮集》。歸曲水園，社友招之，有《園居集》。」今本附《琴操》一卷。

童子鳴詩集六卷 刊本。

右明龍游童佩撰。佩字子鳴。家貧，從其父載書鬻吳越間。後買一舫，遊四方，帆檣下皆貯書，讀之窮日夜不息。藏書萬卷，皆手自勘讎。嘗遊崑山，執經于歸有光，久之學益富。詩歌日益有名。集有王穉登序，王世貞撰傳。

鳳林集七卷 刊本。

右明考功司主事襄陽王從善撰。文四卷，詩三卷。

夢蕉存稿四卷 刊本。

右明豐城游潛撰。

少岳詩集四卷 刊本。

右明光禄署丞秀水項元琪撰。皇甫子循稱其「古選冲逸，五言典雅，七言清婉」。

北觀詩集四卷山中集一卷南行集四卷東遊集二卷 刊本。

右明柳城知縣崇安丘雲霄撰。雲霄講學武夷山，自號止止山人。所著一名《止止齋集》。

止止堂集五卷 刊本。

右明少保右都督登州戚繼光撰。繼光結髮從戎，間關百戰，暇即賦詩。集名《止止》。

高新鄭全集七十八卷 刊本。

右明大學士新鄭高拱撰。共十六種：《問辨録》十卷、《本語》六卷、《外制稿》一卷、《綸扉稿》一卷、《綸扉外稿》二卷、《程士集》四卷、《日進直講》四卷、《南宫奏牘》二卷、《掌銓題稿》三十四卷、《獻忱集》五卷、《政府書答》四卷、《防邊紀事》一卷、《伏戎紀事》一卷、《撻虜紀事》一卷、《靖夷紀事》一卷、《綏廣紀事》一卷。其《綸扉》、《程士》、《直講》、《南宫》、《掌詮》諸集，皆歷官所著。紀事諸書，則居宰輔時經國之畧也。

伐檀齋集十二卷 刊本。

右明蘇州衛指揮吴縣張元凱撰。嘗作《西苑詩》寓諷。以詩交王元美，元美因定其集而序之。

甬東山人稿七卷 刊本。

右明布衣鄞縣吕時臣撰。時臣與大學士本同族。客歷下，與李中麓、楊夢山酬唱。又客衡莊王邸，賦《待月樓詩》爲王所賞。最晚客瀋宣王邸。此集則衡王所刻。有自序。

徐文長文集三十卷 刊本。

右明諸生山陰徐渭撰。今本有袁宏道評點。陶望齡爲傳，稱其詩「雜出中晚宋元，往往深于法而畧于貌」。其自評則云：「書一、詩二、文三、畫四。」别有張世霖、王思任評選本二十四卷，題曰《逸稿》，附以自著《畸譜》一卷。

豐對樓詩選四十三卷越草一卷 刊本。

右明太學生鄞縣沈明臣撰。朱彝尊云：「嘉則、文長同在胡少保宗憲幕府。嘉則嶽嶽不阿，少保遥望見必起立。嘗讌將士于爛柯山，酒酣樂作，嘉則于席上賦《凱歌》十章，吟至『狹巷短兵相接處，殺人如草不聞聲』，少保起捋其鬚曰：『何物沈郎，雄快乃爾！』命刻石山上。」

十岳山人詩集四卷 刊本。

右明布衣歙縣王寅撰。寅少走大梁，問詩于李獻吉。不遇。嘗從少林僧習兵杖。

白陽集二册 刊本。

右明監生長洲陳淳撰。淳字道復，以字行，自號白陽山人。從游文衡山，畫法稱入室弟子。其寫生全學沈石田，詩亦倣之。

隆池山樵集二卷 刊本。

右明長洲彭年撰。朱彝尊云：「孔嘉人品足亞徵仲。何穉孝長歌云：隆池處士彭孔嘉，徵仲並軌吳人姱。」集有王世貞序。

長谷集十五卷 刊本。

右明奉化知縣華亭徐獻忠撰。黄宗羲云：「伯臣文多小品。」牧齋稱其有《布書》，未見。

東厓先生集二卷 刊本。

右明泰州王襞撰。艮仲子。隨父之會稽，傳陽明良知之學。吳興沈和贈詩云：「念子賢者後，至理早已融。譬彼三世醫，指授寧無從。」詩特其餘事。

汪山人集十八卷 刊本。

右明休寧汪少廉撰。

元岳山人詩選八卷詠物詩二卷 刊本。

右明秀水姚兗撰。王伯穀稱其詩「清真古淡，不事藻繪」。

吳越游集七卷北遊編一册 刊本。

右明吳江王叔承撰。王元美序。

黄淳父集二十四卷 刊本。

右明長洲黄姬水撰。姬水爲省曾令子，有文名。學書于枝山。王元美云：「其文如北里名姬作酒糾〔二〕，才色既自可觀，時出儁語。」

〔二〕「王元美」，原誤作「黄元美」，今正。「糾」字原脱，據《静志居詩話》補。

松韻堂集十二卷 刊本。

右明太學生常熟孫七政撰。

汪禹乂〔二〕集八卷 刊本。

右明休寧汪淮撰。淮字禹乂。一名《蘿山詩稿》。

〔二〕「乂」原誤「又」，據《四庫總目》改。下同

卓光禄集三卷 刊本。

右明光禄寺署丞仁和卓明卿撰。明卿字徵甫。葉良茂云：「徵甫詩華贍和暢，才調過人。」

曹太史集十六卷 刊本。

右明翰林院編修金壇曹大章撰。

蒲洲集十卷 刊本。

右明刑部郎中上虞陳綰撰。綰字蒲洲。同里謝瑜序稱:「其爲兵部郎時,守榆關,多所建立。」

雁湖釣叟自在吟九卷 刊本。

右明布衣嘉善王周撰。附《題詞》一册。周子號會〔一〕泉者,官至中丞,其《題詞》皆其子同時人也。

〔一〕「會」字原係墨丁。《四庫提要》考知其子爲進士王倖。檢《明人室名别稱字號索引》,王倖號「會泉」,當即其人。今據補。

皆非集二卷 刊本。

右明廣州參將鄞縣萬達甫撰。附子邦孚詩稿一卷。其孫泰、曾孫斯大、斯同,並能世其學。

包參軍集□〔一〕卷 刊本。

右明參軍鄞縣包大中撰。

〔一〕《四庫總目》作六卷。

田亭草二十卷詩七卷 刊本。

右明南京禮部尚書晉江王鳳翔撰。

靈〔一〕洞山房集二卷内閣奏稿十卷 刊本。

右明大學士蘭谿趙志皋撰。志皋居宰輔時，多所疏陳，及病卧床褥，猶力疾草疏，争國本礦税諸大政。其詩一名《瀔陽集》。

〔一〕「靈」原作「雲」，據《四庫總目》、《四庫存目標注》改。

喙鳴詩集十八卷 刊本。

右明大學士鄞縣沈一貫撰。一貫于神宗朝輔政十三年，當國者四年，枝柱清議同，好惡與前後諸臣同，惟于楚宗、妖書、京察三事，不滿時論。

朱文懿公集十二卷 刊本。

右明大學士山陰朱賡撰。

穀城山館詩集二十卷 刊本。

右明禮部尚書東阿于慎行撰。其詩「春容〔一〕宏麗，一時推爲大手筆」。陸樹聲及其門人邢侗爲之序。

〔一〕「容」字原作墨丁，據盧文弨校補。按：二句係《静志居詩話》引愚山語。

松菊堂集二十四卷 刊本。

右明餘姚孫鰲撰。燧之孫于慎行序。

四遊稿六卷 刊本。

右明大學士南昌張位撰。位以持正忤江陵，罷相後，于東湖杏花村建閒雲樓，吟眺自娱，老僧不識其爲宰相也。

禮部集八卷 刊本。

右明禮部主事無錫華叔陽撰。

雲東拾草十四卷 刊本。〔一〕

右明禮部侍郎長洲韓世能撰。

〔一〕「刊本」字原係墨丁，據盧文弨校補。

溪山堂草四卷 刊本。

右明都察院右都御史嘉興沈思孝撰。思孝上封事，忤江陵，杖謫嶺南。好賞鑒書畫，言者遂劾其以千金購得右軍真蹟一卷。其詩在瑯琊四十子之列。所著别有《行成》、《郊居》、《西征》、《陸沉》諸稿，又有《吾美堂集》。

沈司成集一卷滴露軒藏稿一卷長水文鈔十卷 刊本。

右明南京司業平湖沈懋孝撰。懋孝嘗學于趙大洲。其論學不腐，論文有根柢。所著别有《淇林雜咏》。

朱秉器集八卷 刊本。

右明山西巡撫副都御史新淦朱孟〔一〕震撰。孟震字秉器。所著詩文各四卷。一名《郁木生全集》。初官刑部主事時，結清溪社，一時名士有聲應氣求之合。

〔一〕「孟」原誤作「夢」，今正。

清音閣集六卷 刊本。

右明福建提學副使吳江顧大典撰。皇甫汸序。

不二齋文選七卷 刊本。

右明左諭德山陰張元忭撰。元忭少貧氣節，聞楊繼盛死，爲文遥誄之。父天復緣事削籍，元忭遇恩請復官，不從，遂悒悒得疾卒。

江岷嶽文集四卷 刊本。

右明江西提學副使全椒江以東撰。

天遠樓集二十七卷 刊本。

右明吏部侍郎長洲徐顯卿撰。

定宇文集六卷 刊本。

右明吏部右侍郎新建鄧以讚撰。以讚生有異質，從王畿傳良知之學。

黔草二十一卷 刊本。

右明兵部尚書泰和郭子章〔一〕撰。子章歷外臺，著書不輟。別有《閩草》、《留草》、《蜀草》、《浙草》、《晉草》，此《黔草》乃巡撫貴州所作。

〔一〕「章」原誤「京」，據《静志居詩話》、《四庫總目》改。

碧山學士集十九卷 刊本。

右明少詹事秀水黄洪憲撰。洪憲自號碧山居士。

馮元成詩集七卷文集七卷 刊本。

右明湖廣參政華亭馮時可撰。時可字元成。陳卧子云：「吾鄉元成，可方吳門劉子威。」其文〔一〕集内頗有論及禪釋之語。鄒元標序。

〔一〕「文」字原係墨丁，據盧文弨校補。

方初菴集十六卷 刊本。

右明杭州知府歙縣方揚撰。

海忠介公集六卷 刊本。

右明南京右都御史瓊山海瑞撰。瑞生平爲學以剛爲主，因自號剛峯。自爲縣以至巡撫，所至力行一條鞭法。其清鯁諸跡，人多傳誦。今本爲國朝康熙間賈棠序而重刻者。

素園存稿十八卷 刊本。

右明南京户部侍郎歙縣方弘静〔一〕撰。弘静所居曰素園，故以名集。葉向高、袁宏道皆有序。

〔一〕「弘静」原作「宏體」，據《存目叢書》影印明萬曆刻本改正。下文同。

萬一樓集五十六卷續集六卷外集十卷 刊本。

右明湖廣副使諸暨駱問禮撰。其家譜及自撰墓銘附。

姚承菴文集十六卷 刊本。

右明廣昌知縣烏程姚舜牧撰。承菴以厚德聞鄉里，研究六經，各有《疑問》。今並著于録。

孫宗伯集十卷 刊本。

右明吏部左侍郎無錫孫繼皐撰。一名《栢潭集》。

居業次編五卷 刊本。

右明南京兵部尚書餘姚孫鑛撰。鑛字月峯。朱彝尊云：「月峯勤學過于士安，慧業不如靈運。」

趙忠毅公詩文集二十四卷 刊本。

右明吏部尚書高邑趙南星撰。姚夢長稱其詩「淋漓沉痛，讀之如聞易水擊筑之音」。黄梨洲稱其文

「是是非非，無所隱避。維不事華采，而部伍整肅」。

田居稿一册 刊本。

右明太子太保兵部尚書長垣李化龍撰。化龍詩釀厚之中，頗多爽豁。

去僞齋文集十卷 刊本。

右明刑部侍郎寧陵吕坤撰。坤剛直性成，著述多出新意。按察山西時，嘗撰《閨範圖説》，鄭貴妃見之，增入十二人，且爲製序。戴士衡劾其結納宫闈。後有妄人爲跋，名曰「憂危竑議」。幾蹈不測。賴朝廷歸罪士衡而解。集有朱國楨序。

許長孺集十卷 刊本。

右明御史海寧許聞造撰。

來禽館集二十九卷 刊本。

右明陝西行太僕少卿臨邑邢侗撰。侗築來禽館于古犁丘。詩文書畫，擅絶兼品。

調象菴稿四十卷 刊本。

右明湖廣提學僉事無錫鄒迪光撰。别有《鬱儀樓》、《始音閣》二集。

支子全集五十四卷 刊本。

右明奉新知縣嘉善支大綸撰。集分《政餘》六卷、《斆餘》二卷、《藝餘》十四卷、《耕餘》八卷、《述餘》六卷、《屯餘》八卷、《永陵編年史》八卷、《昭陵編年史》八卷。其全集一名《華苹集》。

滄然軒集八卷 刊本。

右明禮部尚書交河余繼登撰。

鄒忠介公奏疏五卷存真集十二卷 刊本。

右明左都御史吉水鄒元標撰。元標少從胡直游，得姚江之傳。後與馮從吾建首善書院，講學京師。倪鴻寶謂其「理學似王文成，鯁直類海忠介」。

敬〔一〕和堂文集四册 刊本。

右明兵部左侍郎德清許孚遠撰。孚遠篤信良知，而惡夫援良知以入佛者。與郡人羅汝芳講學不合。官南都，與汝芳門人楊起元、周汝登並主講席。

〔一〕「敬」原作「致」，據《四庫總目》、《四庫存目標注》改。

陸學士遺稿十六卷 刊本。

右明南京禮部右侍郎蘭谿陸可教撰。

近溪全集十二册 刊本。

右明雲南參政南城羅汝芳撰。分《近溪子集》六卷、《近溪語要》二卷、《會語續録》二卷、《明德詩集》

二卷、《附録》二卷。

楊太史家藏集八卷 刊本。

右明吏部侍郎歸善楊起元撰。題曰《續刻楊復所太史家藏集》。起元從羅汝芳得王艮之傳，其學頗亦近禪。

快雪堂集六十四卷 刊本。

右明南京祭酒秀水馮夢禎撰。夢禎歸田後築室孤山，家藏《快雪時晴帖》，因名其堂曰快雪。

五岳游草十二卷 刊本。

右明太僕寺少卿臨海王士性撰。係遊五岳隨地紀勝之作。

海門先生集十二卷 刊本。

右明南京尚寶卿嵊縣周汝登撰。汝登與楊起元並從羅汝芳學。起元學不諱禪。汝登輯《聖學宗傳》，盡採先儒語之類禪者入之。萬曆時講學習氣類如此。

東越正學録十六卷 刊本。

右前人撰。汝登門人輯。首《會語》五卷，後皆詩文雜著。

農丈人文集二十卷詩集八卷 刊本。

右明太常寺少卿鄞縣余寅撰。寅字君房。少日夢人曰「君命同孔子」。年逾七十三，無恙。後某年奉川産麟。太守以白君房，果卒。萬斯同云。

楊道行集十七卷 刊本。

右明兵部郎中全椒楊于庭撰。道行，于庭字。

青棠集八卷 刊本。

右明禮部郎中烏程董嗣成撰。官祠部郎時，以上疏争建儲事，削籍。集爲謝在杭序。

負苞堂集十卷 刊本。

右明國子監博士長興臧懋循撰。

姑孰集二卷 刊本。

右明大理寺丞德清章嘉楨撰。别有《南征集》、《中林草》。

李文節公集二十八卷 刊本。

右明大學士晉江李廷機撰。文節清畏人知，奈爲黨論所攻，攢譏竦誚，而君子之守確然。

劉大司成集十六卷 刊本。

右明祭酒吉水劉應秋撰。鄒爾瞻稱其詩文「肅宏舒徐，出入韓、歐間」。

蒼霞草十二卷 刊本。

右明大學士福清葉向高撰。時東林諸子奉之爲倫魁，海内服其公忠云。

江皐吟一册 刊本。

右明廬江郡丞河翔劉師朱撰。葉向高序。

黄離草三十卷 刊本。

右明禮部右侍郎江夏郭正域撰。正域坐妖書繫獄，九死不悔。其論詩文，不專宗一家。黄宗羲稱其文「學歐陽而加以詞藻，與臺山相伯仲」。

百可亭集奏議四卷書問三卷詩摘稿二卷 刊本。

右明福建都御史南海龐尚鵬撰。尚鵬負經濟才，慷慨任事，歷官多所樹立。

鄒聚所文集六卷附外集一册 刊本。

右明按察使僉事高安鄒德涵撰。守益孫。江陵禁講學，德涵守之自若。初從耿定理遊，定理不答。發憤湛思，不覺有得。

虞德園先生集二十五卷 刊本。

右明吏部稽勳司員外郎錢塘虞淳熙撰。淳熙詩文皆務奇僻，多所創獲。與弟淳貞並有名。

朱大復集五十二卷 刊本。

右明刑部主事烏程朱〔一〕長春撰。長春字大復。晚事修鍊，嘗累梯十重，學翀舉，墮地幾殞。虞淳熙序。

〔一〕「朱」原誤「李」，據盧文弨校改。

梅谷集十八卷 刊本。

右明翰林院修撰晉江莊履豐撰。

松門稿八卷 刊本。

右明翰林院修撰華州王庭譔撰。

玉茗堂詩集十八卷 刊本。

右明遂昌知縣臨川湯顯祖撰。顯祖填詞，妙絶一時。《牡丹亭記》而外，餘曲尚多。悉爲其子開遠所焚。詩力劖王李之習，文亦精悍有識力。

占星堂集十六卷 刊本。

右明禮部侍郎華亭唐文獻撰。文獻未第，或見奎宿于堂，因名之曰占星。徐獻忠爲記。孫克宏作八分書于門屏。萬曆丙戌進士第一。故以名其集。

河干集七卷 刊本。

右明太傅晉江黄汝良撰。

白蘇齋集二十二卷 刊本。

右明右庶子公安袁宗道撰。宗道字伯修，與弟宏道、中道並有才名，時稱三袁。朱彝尊云：「嘉靖七子之派，徐文長、湯義仍、王伯穀諸人變之而不能。自袁伯修出，服習香山、眉山之結撰，首以白蘇名齋，既導其源。中郎、小修益揚其波。由是公安流派甚行。」

袁中郎集二十四卷 刊本。

右明吏部稽勳司郎中公安袁宏道撰。宏道年十六爲諸生，即結社城南，爲之長。其論詩，力矯王、李之弊。所著有《綺紈》、《解脱》、《瓶花齋》、《瀟碧堂》等集。此則合爲一編，題曰《梨雲館類定袁中郎全集》。

珂雪齋近集十卷 刊本。

右明南京吏部郎中公安袁中道撰。末附袁祈辛詩一卷。中道十餘歲作《黄山雪賦》五千余言。長益豪邁。朱彝尊云：「小修才遜中郎，而過于伯氏。」

尊拙堂文集十二卷附録一册 刊本。

右明尚寶司少卿長興丁元薦撰。馬君常云：「先生立朝未淹期月，痛哭言天下事，皆關繫國是，維持清議。遺文幸在，風範儼然。」

兩行堂集十四卷 刊本。

右明兵部主事嘉善袁黄撰。黄，字了凡。兩行堂者，取順親、友兄弟二事也。黄宗羲云：「了凡贊畫朝鮮，其經濟實實可用，書之便是有根柢之文。」

焦澹園欣賞齋集四十九卷 刊本。

右明修撰上元焦竑撰。竑晚掇巍科，公望歸之。其儲書之富，多手自抄撮。集名《澹園》，其自號也。

講學以羅汝芳爲宗，而善耿定向兄弟及李贄。

環碧齋詩集三卷尺牘三卷祝子小言一卷 刊本。

右明尚寶卿豫章祝世禄撰。焦竑序。

陶文簡公集十三卷 刊本。

右明國子祭酒會稽陶望齡撰。會稽陶氏以文獻世其家。望齡父恭惠公承學，負經濟，歷官巡撫，終尚書。望齡掇巍科，性恬退，再預枚卜，引疾不起。于姚江之學，推衍有功。所著别有《歇菴集》二十卷。

今是堂集十一卷 刊本。

右明推官會稽陶奭齡撰。奭齡號石梁，名與其兄石簣相亞。姚江之後，蕺山之前，東南講學之緒，石梁與有力焉。所著别有《諵諵録》。

馮少墟集十六卷 刊本。

右明副都御史長安馮從吾撰。從吾受業許孚遠，以理學教授關中。與楊起元、孟化鯉、陶望齡輩立講學會。後官京師，建首善書院。爲朱童蒙所劾。王紹徽毁書院，擲先聖像。發憤卒。集有鄒元標、趙南星、高攀龍三序。

竹素堂集十四卷 刊本。

右明南京太僕寺少卿上海陳所藴撰。

小山草十卷 刊本。

右明户科給事中京山郝敬撰。黄梨洲稱其文「滔滔莽莽，另是一種家數」。所著又名《山草堂嘯歌》。

鄭侯升集四十卷 刊本。

右明刑科給事中歸安鄭明選撰。朱國楨序。一名《鳴缶集》。

中弇山人稿五卷 刊本。

右明太倉王士驌撰。世貞次子。

涇皐藏稿二十二卷 刊本。

右明吏部郎中無錫顧憲成撰。憲成削籍里居，與弟允成倡修楊時東林書院。講習之餘，諷議朝政，裁量人物。忌者援爲口寔，黨禍成焉。

朱襄毅公督黔疏草十二卷督蜀疏草十二卷 刊本。

右明太師山陰朱燮元撰。皆總督川湖雲貴，經理酋疆事宜所上疏草。曾孫人龍校刻其集。清漳林宰、三原來復序之。別有《恒岳遺稿》乃詩。

蘭江集二十二卷 刊本。

右明兵部尚書太倉王在晉撰。別有《龍沙會草》、《越鐫》、《楚編》、《遼海集》、《西湖小草》。

石閭山房集十七卷 刊本。

右明右僉都御史浙江巡撫南昌劉一焜撰。一焜撫浙，築龕山海塘，濬餘杭南湖。民賴其利。

瑞芝山房集十四卷 刊本。

右明新安鮑應鰲撰。劉一焜序。

餐微子集三十卷 刊本。

右明右僉都御史延綏巡撫嘉興岳和聲撰。

旭山集十六卷 刊本。

右明右僉都御史延綏巡撫宿松金忠士撰。集中奏議居多。畢懋原序。

吏隱齋集三十六卷 刊本。

右明少詹事秀水陳懿典撰。

恬致堂集四十卷 刊本。

右明太僕寺少卿嘉興李日華撰。日華號竹嬾。居官日淺。惟以書畫自娱。所居春波橋，爲吳仲圭舊里。

郢郢集十二卷 刊本。

右明司理洧川范守己撰。别撰《膚語》、《天官舉正》、《參通兩極》、《曲洧新聞》、《瑣談》等書，總名曰《御龍子雜著》。

梅園集二十卷 刊本。

右明左布政使鄞縣沈一中撰。

韓孟郁遽廬雜稿六卷 刊本。

右明國子監博士南海韓上桂撰。上桂才氣敏贍，所作多急就。長于古詩歌行。

王季重文集十三卷 刊本。

右明九江僉事山陰王思任撰。思任才情爛熳，其詩自建旗鼓，鍾、譚之外又一派也。

天隱子遺稿十七卷 刊本。

右明震澤嚴果撰。王思任序。

顧氏詩史十五卷 刊本。

右明中書舍人華亭顧正誼撰。

蘇遯菴文集十八卷詩十卷駢語五卷續一卷 刊本。

右明兵部右侍郎同安蘇復一撰。復一詩文繁富，駢語亦不屑猶人。

劉直州集十卷 刊本。

右明兵部員外郎廣昌劉文卿撰。

顧太史集八卷 刊本。

右明行人司司正崑山顧天埈撰。

麗崎軒集四卷 刊本。

右明舉人休寧查應光撰。後有《懸藻亭詩》一册，乃應光姪維宏所著。應光有傳，秣陵俞彦作。

嬾真堂詩集二十卷文集三十卷 刊本。

右明吏部右侍郎江寧顧起〔一〕元撰。黄梨洲謂其文「好用排調，修詞之過，反多俗筆」。

〔一〕「起」原誤「啓」，據盧文弨校改。

勾漏集四卷 寫本。

右明蘇州顧起綸撰。錢塘洪楩〔二〕編次。

〔二〕「楩」原作墨丁，據《四庫存全書存目叢書》影印明鈔本補。

赤城集二卷 刊本。

右明貢生亳州王寰洽撰。

嬾園漫稿五卷 刊本。

右前人撰。顧起元誌其墓并序。

崇相集十一卷 刊本。

右明工部右侍郎閩縣董應舉撰。

鏡山菴集二十五卷 刊本。

右明西平堡監軍副使萊陽高出撰。集分六編，俱天啓丙寅自序。

寓林集詩文三十八卷 刊本。

右明江西參議仁和黄汝亨撰。詩六卷，文三十二卷。

柳堂遺集十三卷 刊本。

右明庶吉士仁和胡允嘉撰。允嘉與同郡吴之鯨、黄汝亨、僧契靈同訂無言清坐之會，名曰澹社。每月一會，拈詩談禪，馮夢禎主其席。

緱山集二十七卷 刊本。

右明編修太倉王衡撰。衡字辰玉。大學士王錫爵之子。集有高出序。黄百家云：「公年十四作《和歸去來辭》，以諷江陵。館閣中争相傳寫。長而學殖益富，能詩善書。」

許鍾斗文集五卷 刊本。

右明編修同安許獬撰。秀水洪夢錫校刊。周宇春跋。

魏齋佚稿九卷 刊本。

右明庶吉士秀水項鼎鉉撰。自爲序。

寶日堂初集三十二卷 刊本。

右明南京吏部右侍郎華亭張鼐撰。夏允彝序。黄宗羲云：「寶日堂文曲折，能盡所欲言，微嫌其冗。講學處頗有新得。」

己寬堂集四卷 刊本。

右明四川布政使長洲陳鎏撰。萬曆戊戌王玉谷爲序。子大猷跋。

大谷詩集二卷 刊本。

右明主事洛陽温新撰。新與弟秀俱以詩名，學七子流派者。

中谷詩集二卷 刊本。

右明襄陽府同知洛陽温秀撰。嘉靖間秀子合其兄新集並列之，題曰《二温集》。有李應元後序。

游讓溪甲集四卷乙集十卷 刊本。

右明福建巡撫婺源游震得撰。甲集多説經之語。乙集皆奏疏及雜著、詩文。

素翰堂集八卷 刊本。

右明廣陵徐來復撰。來復高尚不出，以吟咏自娱。

學餘園集五卷 刊本。

右明副都御史河南巡撫臨川丘兆麟撰。一名《玉書庭集》。

南極篇十七卷皇極篇二十七卷東極篇四卷 刊本。

右明光禄寺少卿三水文翔鳳撰。黄百家云：「其學以事天爲極則，力排西來之教。著《太微》以翼《易》。三極所編皆詩文及官知縣時所存聽訟讞語，惟《南極篇》中有《象索》六十四篇，言似近誕。」

漆園巵言十七卷 刊本。

右明太僕寺少卿武進莊起元撰。

周來玉奏議四卷 刊本。

右明御史巡按湖廣吴江周宗建撰。鄒元標建首善書院，宗建寔司其事。疏論魏進忠，有「目不識丁」之語。以此致禍。

自娱堂集十卷 刊本。

右明知縣長洲俞琬綸撰。黄宗羲云：「文甚風華，頗似李義山，但無其學耳。」

落落齋遺集十卷 刊本。

右明福建道御史江陰李應昇撰。應昇嘗爲南康推官，聲清廉，有「前林後李」之謡。林謂晉江林學曾也。徵授御史。前後疏詞剴切，小人以護法東林目之。爲魏忠賢所誣害。

黄宗端公集六卷 刊本。

右明山東道御史餘姚黄尊素撰。天啓七君子之一。璫禍遇害。謚宗端。其集爲長子宗羲編注。

棘門集八卷 刊本。

右明南京少詹事長洲姚希孟撰。陳皇士稱其詩舂容雅麗。崇禎丁丑方震孺序。

石秀齋集十卷 刊本。

右明貢生華亭莫雲卿撰。雲卿本名是龍，以字行。如忠子。十歲能文，善書。皇甫汸、王世貞亟稱之。

隅園集十八卷黄門集三卷蘋川集八卷 刊本。

右明太常卿海寧陳與郊撰。李維楨誌其墓並附。

許靈長集二册 刊本。

右明推官錢唐許光祚撰。集中詩分體不分卷。自爲序。

陳靖質集六卷 刊本。

右明舉人嘉善陳山毓撰。山毓自號靖質居士。

豐正元詩四卷 刊本。

右明鄞縣豐越人撰。爲同邑屠本畯選定者。

沈鳳岡集四卷 刊本。

右明兵部侍郎泰州沈良才撰。

李山人詩集二卷 刊本。

右明鄞縣李生寅撰。萬曆壬午楊寰序。

雅尚齋二集二卷 刊本。

右明仁和高濂撰。有初集，未見。

青來閣初集十卷二集十卷三集十五卷 刊本。

右明山東提學參議西安方應祥撰。

田子藝集二十一卷 刊本。

右明休寧教諭錢塘田藝蘅〔一〕撰。汝成子。性放誕。詩有才調。所著一名《香宇集》。

〔一〕「蘅」原誤「衡」，今正。

玄蓋副草二十卷 刊本。

右明雲南通判孝豐吳稼竳撰。稼竳與茅繼、臧懋循、吳夢陽並稱四子。所著别有《北征》、《南諧》、《滇游》諸稿。此本名《玄蓋副草》，以所居近天目，天目别名玄蓋也。

芸暉館稿十二卷 刊本。

右明歸安茅翁積撰。

折腰漫草八卷 刊本。

右明永昌通判無錫華善繼撰。善繼與弟善述並有才名。王元美極賞其詩，列其名于四十子之數。

齋志先生集十卷 刊本。

右明秀水陳泰交撰。

汪次公集十二卷 刊本。

右明休寧汪道貫撰。道貫兄道昆，弟道會，俱能詩。

宋布衣集二卷 刊本。

右明新河宋登春撰。一名《鵝池生集》。

白雲集六卷 刊本。

右明莆田陳昂撰。其自序云：「家貧無書，誦王右丞作，即師右丞，誦杜工部作，即師工部。」集有鍾惺所撰傳。

黄悦仲詩草十七卷 刊本。

右明黄維楫撰。

翏翏集四十集 刊本。

右明吴江俞安期撰。安期字羨長。嘗以長律一百五十韻贈王元美。元美爲之傾倒。又訪汪伯玉于新安，訪吴明卿于下雉。由是才名大噪。郭正域、吴國倫序其集。

汲古堂集二十八卷 刊本。

右明布衣永嘉何白撰。朱彝尊謂其「原亦出于七子，頗與俞羨長相近」。

蘗桂軒詩二卷 刊本。

右明常熟吴大經撰。

程仲權詩集十卷文集十二卷 刊本。

右明休寧程可中撰。

方建元集十四卷 刊本。

右明歙縣方于魯撰。于魯，本其字，以治墨有名，遂以爲名。改字建元。嘗以百花香露和墨自作長歌。世但目爲墨工，然汪伯玉曾招之入豐于社。其集李維楨爲序。

涉江詩七卷 刊本。

右明太學生歙縣潘之〔一〕恒撰。別有《金閶》、《東游》二集。

〔一〕「之」原誤「三」。據盧文弨校改。

松圓浪淘集十八卷偈菴集二卷 刊本。

右明休寧程嘉燧撰。嘉燧流寓嘉定，知縣謝三賓曾合唐時升、婁堅、李流芳及嘉燧詩刻之。別有足裝一卷，是其手書付梓者。今未見。

射堂詩鈔十四卷 刊本。

右明歸安吳夢暘撰，新安閔景賢輯。明布衣詩推夢暘爲中興布衣之冠。集後朱長春《十哀詩》附。

吳非熊稿共十卷 刊本。

右明休寧吳兆撰。有《金陵》、《廣陵》、《姑蘇》、《豫章》諸稿。

思勉齋集十二卷 刊本。

右明諸生嘉定徐允禄撰。

静嘯齋存草十二卷 刊本。

右明監生烏程董斯張撰。斯張初學于趙廣業，後心折曹能始，歸與吳允兆、王亦房酬和。

蔬齋厞語四卷 刊本。

右明處士錢塘沈太洽撰。太洽自號愚公。所居曰薖軸。隱于醫，且好學禪。是編前二卷雜記，後二卷爲詩集。

火傳集十卷 刊本。

右明海陽金鵠撰。

春浮園文集二卷詩一卷春浮園偶録二卷南歸日録一卷汴遊録一卷日涉録一卷蕭齋日記一卷

大乘起信論解一卷 刊本。

右明吏部郎中泰和蕭士瑋撰。符曾云：「有明詩自正嘉以後，王、李倡于前，驅天下工爲形似之語，真音絶響。伯玉先生摹繪宋元，起而以清削行之，可謂善矯積習矣。」

茅簷集八卷 刊本。

右明諸生嘉善魏學洢撰。魏忠節大中子，字子敬。錢士升序其集云：「子敬之志，父存則不獨死，父死則不獨生。是誠孝子之知己矣。」

湖湘五畧十卷 刊本。

右明南京户部尚書武進錢春撰。春初官御史，疏救黨禍，甚有聲。居大僚，循職無咎。《明史》附父一本傳後。

葛光禄集六卷 刊本。

右明光禄寺卿海寧葛徵奇撰。徵奇樂志園林，夫婦迭相倡和，詩格亦超超拔俗。

螢芝集七卷禪粟秣二卷 刊本。

右明揭陽知縣金壇張明弼撰。明弼自號琴張居士。與黄石齋友善。所刻詩文，石齋爲序。《禪粟秣》則皆與友人問答禪語也。

文生小草一册 刊本。

右明中書舍人長洲文震亨撰。崇禎朝震亨以善琴供奉，浮沉金馬，吟咏倘佯，世無嫉者。

自廣齋集十六卷 刊本。

右明舉人吴縣張世偉撰。

晚香堂小品二十四卷白石樵真稿二十四卷尺牘四卷 刊本。

右明華亭陳繼儒撰。朱彝尊稱「眉公以處士傾動朝野。守令之臧否，由夫片言。詩文之佳惡，冀其一顧。甚至吴綾越布，皆被其名。竈妾餅師，争呼其字」。

嚴逸山文集十三卷 刊本。

右明舉人歸安嚴書開撰。

邢石臼前集九卷後集七卷 刊本。

右明諸生高淳邢昉撰。居石臼湖，因名其集。

黔行録六卷 刊本。

右明參政山陰陸夢龍撰。夢龍崇禎癸酉分守固原，道與流賊戰死。此《黔行録》乃初官廣西提學僉事時作。

明德先生文集二十六卷 刊本。

右明兵部尚書新安呂維祺撰。魏忠賢毀天下書院，維祺立芝泉講舍，祀伊洛七賢。從父避賊，留洛陽，立伊洛會，及門二百餘人。著《孝經本義》。洛陽陷，被執，不屈死。國朝康熙初，子兆璜編刻。集後有《全城記》附。

范文忠公初集十二卷 刊本。

右明大學士吳橋范景文撰。

霏雲居續集二十四卷 刊本。

右明舉人龍溪張燮撰。黄宗羲嘗稱其文「波瀾壯濶，而佐以色澤，萬曆間一作手也」。

峚陽草堂集三十六卷 刊本。

右明庶吉士武進鄭鄤撰。附《中庸》、《大學》、《論語説》及《詩》、《書論世》五種。峚陽，其字也。黄道周嘗自劾有七不如。謂「文章意氣，坎坷磊落，不如鄭鄤」。時鄤方被杖母大詬。帝得疏駭異，詰問之。道周對曰：「臣章見棄通國，孟子不失禮貌，臣之文章不如鄤耳。」按杖母事，詳黄氏《南雷文定》所撰《墓表》。

鴻寶應本十七卷遺稿二卷代言選二册講編一册奏牘二册 刊本。

右明户部尚書上虞倪元璐撰。鴻寶，其號也。京師陷，自經死。朱彝尊云：「尚書築室于紹興府城南隅，堂東飛閣三層，扁曰衣雲適石齋。黄公至越，施以錦帷，張燈四照。黄公不怡。謂『國步多艱，吾輩不宜宴樂』。尚書笑曰：『會與公訣爾。』」

凌忠介公遺集二册 寫本。

右明大理寺卿烏程凌義渠撰。義渠官禮垣時，封事四十餘上，皆切中時弊。臨難之頃，從容之義。惟悉取其平生撰述焚之，爲可惜也。

雪堂集十卷 刊本。

右明都察院司務錢塘沈守正撰。其集附經義。

念臺奏疏五卷 刊本。

右明左都御史山陰劉宗周撰。宗周家居，恒服紫花布衣。士大夫争效之，布爲長價。莊烈賜勑云：「蔬食菜羹，三月不知肉味。敝車羸馬，廿年猶是儒生。」乙酉六月避居楊塒，不食卒。

幾亭文録三卷幾亭外書九卷 刊本。

右明南京國子監丞嘉善陳龍正撰。龍正少遊高攀龍門。初官中書舍人，好言事，葉紹顒、趙奕昌皆力舉，不見用。

貞石堂集十二卷 刊本。

右明徽州府推官烏程温璜撰。璜少孤，母陸孺人種火煨粥，教其子讀書。公初名以介，注名復社。禱夢于于忠肅祠，夢忠肅語之云：「子不當名以介，宜更曰璜。」

蘧園集十卷 刊本。

右明舉人歸安顧簡撰。簡性高淡，不樂仕進，門人私謚沖素先生。有崇禎己卯方拱乾、甲申徐石麒序。

可經堂集七卷 刊本。

右明吏部尚書嘉興徐石麒撰。冢宰歸田之日，築室于郡，榜曰可經。人不解其故。及乙酉城被圍，公自經于堂。人以爲讖云。

陶菴文集七卷補遺一卷詩集八卷補遺一卷吾師録一卷自監録四卷 刊本。

右明進士嘉定黄淳耀撰。淳耀精于書義，詩亦堅厚無懦響。集爲門人陸元輔原輯。國朝乾隆辛巳寶山司訓陶應鯤重編。

白房集三卷續集三卷白房雜述三卷 刊本。

右明雲南參政上虞朱衮撰。衮初官翰林，直言忤執政，不容于時。官滇南而終。

駢枝别集二十卷石齋咏業四册 刊本。

右明諭德漳海黄道周撰。道周入翰苑，即以天下之重自任。退而講學大滌洞天、蓬萊峽。其學深乎璣象。詩才光燄，不啻萬丈。所著别有《易象正》、《三易洞璣》及《大函經》。没後家人得其小册，謂「終于丙戌，年六十二」。始信其能知來也。

聖雨齋詩集五卷文集四卷詞二卷賦二卷 刊本。

右明諸生桐鄉周拱宸撰。黄道周爲序。

天傭子集二十卷 刊本。

右明舉人東鄉艾南英撰。南英深疾塲屋文腐爛，與同郡章世純、羅萬藻、陳際泰力矯之，時稱四家。爲古文排詆王、李，不遺餘力。黄百家云：「《天傭子集》外多有未刻詩文，散在將樂、永福二縣，今吾友范國雯爲郡，嘗托其採訪之。」

兩洲集十卷 刊本。

右明新安吳時行撰。金聲爲序。

歐餘漫録十二卷 刊本。

右明烏程閔元衢撰。

己未留稿二卷 刊本。

右明柳州知府臨川章世純撰。其序云：「意言相屬，以寡含多。原事見理，前無因詞，而性之所創，手筆特雄。」世純博聞强記。官柳州，年已七十矣，聞京師變，悲憤卒。

石倉詩文全集四十二卷 刊本。

右明陝西副使侯官曹學佺撰。李爵儀稱其「天才豐贍，研討精深，軒輊三唐，吐詞漢晉」。所居石倉園，著書甚富。嘗謂二氏有藏，吾儒獨無，欲修《儒藏》與鼎立。采擷四庫書，因類分輯，十有餘年，惜其功未竣也。

啜墨亭集一卷 刊本。

右明大理寺卿鄞縣徐時進撰。薛三省爲序。

靈蘐閣集八卷 刊本。

右明御史宜興湯兆京撰。兆京居官廉正，遇事慷慨。其時黨勢已成，正人多見齮齕，維持其間，清議倚以爲重。

薄遊草十五卷 刊本。

右明順慶知府金谿謝廷諒撰。廷諒嘗疏論儲君立爲王、舉人有考察、巡按久任、章疏留中、年例不舉、考察不下諸弊政。言頗切實。

重暉堂二十五卷 刊本。

右明嘉興屠中孚撰。

蓮鬚閣集二十六卷 刊本。

右明職方主事番禺黎遂球撰。崇禎初，鄭進士超宗未第時，主會賦牡丹詩者百人，美周居第一。時號黄牡丹狀元。黄宗羲云：「蓮鬚閣文秀美，居然小品名家。」

姑山遺集三十卷 刊本。

右明貢生宣城沈壽民撰。崇禎丙子應詔入都，適宣大總督楊嗣昌奪情，遂抗疏劾之。未幾移疾去。講學姑山，從遊者數百人。卒後徐枋作傳，黄宗羲作墓誌，門人梅枝鳳、施閏章等刊其集。有梅庚跋。

姑山事録八卷 寫本。

右前人撰。門人吴肅公、杜名齊編。

夢華子集二卷 刊本。

右明宣城吴坰撰。坰與湯爕禹、徐日康、沈壽民、壽國相友善，皆太宰鄭三俊門人也。

蘭臺奏議一卷按秦奏議一卷閲邊奏議一卷掌臺奏議一卷 刊本。

右明南京吏部尚書婺源余懋衡撰。《蘭臺奏議》，初官御史所作。《按秦》、《閲邊》報皆巡按陝西作。《掌臺》則服闋掌河南道事時作。

豐草菴前集三卷文集三卷未焚稿三卷雜著十卷詩集十卷别集六卷四署四卷 刊本。

右明烏程董説撰。晚爲僧，名南潛。

銅馬編二卷 刊本。

右明知州楊德周撰。初宰玉田，甚有聲。

黄元龍詩一册小品二册 刊本。

右明歙縣黄奐撰。奐，字元龍。《小品》内分《尺牘》二卷、《醒言》一卷、《偶載》一卷。

鷄土集六卷 刊本。

右明知縣唐縣劉乾撰。

澄思集二册 刊本。

右明檢討東海楊觀光撰。

全室外集十卷 寫本。

右明釋臨海宗泐撰。洪武初舉高行，命往天界寺。十四年設僧録司，掌天下釋教事，曰善世，曰闡教，曰講經，曰覺義，左右各一員。明年以宗泐爲右善世。太祖賞其識儒書，呼爲泐秀才。其詩博遠古雅，當代弘秀之宗也。有朱右、蔣一夔序。

冬谿内集二卷外集二卷 刊本。

右明釋嘉善方澤撰。住秀水精嚴寺。彭子殷云：「嘉靖開士以善鳴詩者三人，谷泉福、玉芝聚、西洲會，冬谿子與之倡和。」隆慶間平湖陸光祖序刻，張之象、彭輅各有序。

幻華集二卷 刊本。

右明釋海鹽斯學撰。住本邑慈會寺。《禪藻集》載某居士稱之曰：「清冰勵操，栗玉明襟。韻似道林，不屑養馬。才優無可，不愛除官。」萬曆丁酉姚士麟序其集。

黄葉菴詩草二卷 刊本。

右明釋秀水智舷撰。住本邑金明寺，後移郊西黄葉菴。善行草書。詩不存稿。好事者就長箋横幅傳鈔，輯爲上下卷刊行之。

别集類八 國朝

静惕堂文集二册詩稿四册文隱堂詩二册雲中集二册粤遊集二册閩遊集一册詞稿一册續稿三卷 刊本。

右國朝吏部侍郎秀水曹溶撰。溶肆力文章，尤工尺牘，長牋小幅，人共寶之。晚築室范蠡湖，名曰倦圃。多藏書，勤于誦覽。沈德潛云：「芝麓長于近體，秋岳長于古詩，而古詩之中五言尤勝。」芝麓，謂龔鼎孳。秋岳，溶自號也。

寶綸堂集一册 刊本。

右國朝雲南按察使華亭許纘曾撰。沈德潛曰：「集中如《遊峩眉山歌》，飛騰滅没，可云善學太白者。《睢陽行》一篇，叙湯文正斌除五通神事，持論亦極正大。」

杲堂文鈔六卷詩鈔七卷 刊本。

右國朝鄞縣李鄴嗣撰。黄宗羲稱：「東浙古文得正路而由之者，自杲堂始。生平以著書爲事，詩亦刊落凡庸，不肯一語猶人。」

夕陽寮存稿二册 寫本。

右國朝同安阮旻錫撰。沈德潛謂：「其集中詩無陶淵明之安和，有王仲宣之忼慷。」

蘧廬詩二册 刊本。

右國朝歸安韓純玉撰。純玉字子蘧。沈德潛云：「子蘧係求仲子，求仲爲湯霍林所累，不無失身之譏。子蘧終身抱憾，時時飲泣云。」

東江集鈔九卷 刊本。

右國朝仁和沈謙撰。謙字去矜，與陸圻〔一〕、柴紹炳、吳百朋、陳廷會、孫治、張綱孫、毛先舒、丁澎、虞黄昊齊名，號西陵十子。陸圻云：「去矜少喜温、李。見華亭陳給事作，乃循漢魏之規矩，得初盛之風致。」

〔一〕「陸圻」原無，據盧文弨校補。

思古堂集三十五卷 刊本。

右國朝錢塘毛先舒撰。先舒字稺黄。孫治序云：「毛子于詩最爲專家，其樂府備體耳。五言掇顔、謝之菁藻。近體頡頏高、岑、李、杜之間，其書記今之絶也。論詩及辭，泝厥元本。經説鏘鏘，窮源極流。諸序雜著，高者極漢魏，次亦伯仲柳州。《廬陵外傳》、《家乘》論該而例當。」

善卷堂四六十卷 刊本。

右國朝仁和陸繁弨撰，桐城吴自高注。門人章藻功跋。徐林鴻云：「繁弨父培殉節死，横山時甫十歲。母陳命從陳廷會學，讀書山中，編摩經史。發爲詩文，尤工四六。有《善卷堂集》單行側注，脱去排比之迹，與陳維崧方駕云。」

萊山詩集八卷遺集五卷 刊本。

右國朝知縣歸安章金牧撰。

容菴詩集十卷 刊本。

右國朝石門孫爽撰。字子度。與同邑曹叔則並稱，爲詩古文俱骯髒有氣骨。

老雲齋詩删十卷 刊本。

右國朝平湖沈不負撰。

蕭然吟二册 刊本。

右國朝歙縣程邃撰。王卓曰：「程穆倩眉宇深古，視下而念沉。」

林卧卧千律詩三册〔一〕 刊本。

右國朝户科給事中仁和趙吉士撰。初知交城縣，地僻山險，羣盗盤踞。吉士奉檄進勦。先日置酒張樂，越宿復邀賓從，剪燭賦詩，夜半送客出郭，即疾行四十里，饗士卒，進據三坐崖，賊黨驚降。擢給事中。出勘河道，以詿誤降國子監學正。寓居宣武門西，名其園曰寄園，以著述終老。所著别名《萬青閣集》，姜宸英爲序。

〔一〕 盧文弨校：「《林卧遥集疊韻千律詩》上下卷《千疊波餘》一卷。」按：下一「卧」字當作「遥」。

大觀堂文集三卷 刊本。

右國朝御史諸暨余縉撰。初知封丘縣六載，撫恤流亡，熟悉兩河形勢。條議引河築堤諸大端，深得治河要領。後巡視長蘆鹽課，商民德之。予告歸，杜門不出。任卹好施，爲邦人矜式。

陸密菴文集□卷 刊本。

右國朝僉事金壇陸求可撰。

楊黄門奏疏二册撫黔奏議八卷 刊本。

右國朝兵部左侍郎海寧楊雍建撰。初知高安縣有聲。制府薦于朝。嘗因星變上言，嘉納。巡撫貴州，安集、新定苗疆有約束不明者，輒上章劾奏。軍中號楊一本。今集中諸疏是也。王晫稱其「性樂閒適，不近囂埃，每讀《莊子》，輒以爲能移我情」。

南沙文集八卷 刊本。

右國朝福寧道僉事臨海洪若皐撰。致仕歸。嗜學至耄，手不停披。林居三十載，日以鉛槧爲事。林雲銘序。

安序堂文鈔三十卷 刊本。

右國朝祥符知縣遂安毛際可撰。際可字會侯。遷祥符後，以博學宏詞薦，既試，罷歸。閉户著書。文名馳四遠。晚構問字亭，以汲引後進。林雲銘序。

馮鈍吟集十五卷 刊本。

右國朝常熟馮班撰。王士禛云：「定遠博雅善持論，著《鈍吟集》。《雜録》六卷，論文多前人未發。其詩以《才調集》爲法。」朱彝尊云：「啓禎詩人善言風懷者莫若金沙王次回。定遠稍後出，分鑣並驅。次回以律勝，定遠以絶句見長。」

青谿遺稿二十八卷 刊本。

右國朝工部侍郎孝感程正揆撰。

道驛集四卷 刊本。〔一〕

右國朝金華張祖年撰。

〔一〕「刊本」二字原係墨丁，據盧文弨校補。

雪菴詩存二卷 刊本。

右國朝嘉善丁嗣澂撰。

寵壽堂詩集三十卷 刊本。

右國朝錢塘張競光撰。有吴慶伯、柴虎臣、毛穉黄諸人評。

二曲集二十五卷 刊本。

右國朝盩厔李顒撰。字中孚。隱居授徒，講明理學。顔元、李塨其高第也。學者稱二曲先生。

尺五堂詩删六卷 刊本。

右國朝吏部左侍郎歸安嚴我斯撰。初家苕上，後築室武林之城東。以著述爲娱。文章品行，欝然爲鄉邦之望。魏裔介序。

道貴堂稿十三集共三十卷 刊本。

右國朝禮部侍郎德清徐倬撰。倬年十七以詩文受知會稽倪元璐，遂執經于門。復謁劉宗周，自是以正學爲依歸。壽至八十九。沈德潛稱「其詩如彈丸，絶異郊寒島瘦之習〔一〕」。

〔一〕「習」原作「品」，據《國朝詩别裁集》改。

兼山堂集八卷 刊本。

右國朝編修鄞縣陳錫嘏撰。錫嘏學于黄宗羲，處身若冰雪，而與之處輒平易近人。爲諸生，窮日講授，矻矻不休。官詞臣，公堂館課，私室横經，率至鷄鳴而寢。里居，膺末疾而卒。

耿巖文選二册 刊本。

右國朝編修海寧沈珩撰。珩授官後，乞假歸。許汝霖云：「珩淡于榮利，素好古，手不停披。嘗輯一書曰《十三經名文鈔》，凡所屬綴，菑畬經訓。無一切游談不根語。」

敬業堂集五十卷 刊本。

右國朝編修海寧查慎行撰。與弟德璉俱學于黄宗羲。其詩專誦習蘇氏。沈德潛云：「敬業會試出汪東山殿撰之門，東山向日執後輩禮相見者也，至是敬業居弟子列甚恭，而東山仍事以前輩。時論兩賢之。」

尋壑外言五卷 刊本。

右國朝嘉興李繩遠撰。遠與弟良年、符並以詩名，時人稱爲三李。集有汪琬、陳恭尹二序。

秋錦山房集二十二卷外集三卷 刊本。

右國朝徵士嘉興李良年撰。良年以太學生應博學宏詞科，放歸，築秋錦山房，坐卧其中。邃于史學。徐尚書健菴開史局于洞庭西山，預分修之任。朱彝尊云：「武曾九歲能屬文，十歲解賦詩，持格律甚嚴，嘗抄撮詩中禁字一卷授學者。于詞愛姜堯章、吴君持諸家，故所作特穎異。」

香草居集七卷 刊本。

右國朝嘉興李符撰。沈季友云：「符字分虎。善詩詞，尤工駢體。嘗遊滇，遇碧溪山道士，曰：『子前身廬山行脚僧也，後十年當歸廬山。』己巳之正月，予泛艇過其家，以《行脚圖》索題，未幾聞其卒于途次。」

嵩菴詩鈔五卷 刊本。

右國朝侍郎天台馮甦撰。甦母陳氏亦工詩，所著名《繡佛齋草》。

澄江集一册 刊本。

右國朝江陰知縣錢塘陸次雲撰。澄江，江陰之别名也。此集皆其作令時作。

黄葉村莊詩集八卷續集二卷 刊本。

右國朝中書石門吴之振撰。之振，字孟舉。勇于爲善。居鄉多義舉。能詩工書。宋代詩前此無選，孟舉刻《宋詩鈔》凡百家，家各一卷。沈德潛稱「其詩亦近宋人」。

黑蝶齋詩鈔四卷 刊本。

右國朝平湖沈岸登撰。龔翔麟爲序。别有詞一卷，見《浙西六家詞集》。

蓮龕集十六卷 刊本。

右國朝翰林侍講臨川李來泰撰。沈德潛云：「先生文窮極雕鏤，詩獨以平正通達行之，能者固不可測。」

健松齋集二十四卷 刊本。

右國朝編修遂安方象瑛撰。象瑛九歲能詩，十歲作《遠山浄賦》。癸亥典蜀試後請歸，不復出。苞苴竿牘，一不至于門。遇有利弊，則嶽嶽言之。卒之日，闔邑思之。

學文堂集十册 刊本。

右國朝中書舍人武進陳玉璂撰。沈德潛評其集中《落葉詩》「離形寫意，便覺超然」。

西河合集四百九十一卷 刊本。

右國朝檢討蕭山毛奇齡撰。沈德潛云：「西河湛深經學，著述等身，在國朝可稱多文爲富者。其詩學規橅唐人，而能自出新意，不同于規孟賁之目、畫西施之貌者也。」

叢碧山房文集八卷雜著三卷詩集四十一卷 刊本。

右國朝建寧知府任丘龐塏撰。其詩分《翰苑稿》十四卷、《舍人稿》六卷、《工部稿》十一卷、《户部稿》十卷。

前溪集四册 刊本。

右國朝諸生武康唐靖撰。武康邑治有前溪，環帶五十里，樂府《全溪曲》名本此。因取以名集。康熙辛酉邑宰青城韓逢休序而刻之。

德星堂集十四卷附河工集一册 刊本。

右國朝禮部尚書海寧許汝霖撰。汝霖讀書，根柢六經，旁及子史。發爲文章，詞醇理正。未第時，四方生徒負笈從遊。嘗督學江南，考試事竣，置酒君山，大會布席，分題或詩或賦，各展所長。今傳爲盛事。

周廣菴集四十一卷 刊本。

右國朝左春坊左中允華亭周金然撰。所著又有《娱暉》、《東觀》、《奚囊》等集。

愛日堂詩集二十八卷 刊本。

右國朝大學士海寧陳元龍撰。

學古堂詩集六卷 刊本。

右國朝貢生平湖沈季友撰。幼受知毛檢討奇齡。嘗遊太學，都下盛以才名推轂。輯《檇李詩繫》行世。

寒村集三十六卷 刊本。

右國朝高州知州慈谿鄭梁撰。嘗學于黄宗羲。寓意藝文。宗羲亟稱其「詩類江門、定山，文近震川」。復善畫。既歸里，旋得末疾，右體不遂，遂以左手驅染如平時。跌宕文史，人目爲仙吏云。

留窮草一册 寫本。

右國朝諸生餘姚黄百藥撰。宗羲長子。弟百家爲之序。

幸跌草一卷 刊本。

右國朝監生餘姚黄百家撰。別有《學箕初稿》、《二稿》、《三稿》、《四稿》。

懷清堂集二十卷 刊本。

右國朝吏部侍郎仁和湯右曾撰。沈德潛云：「浙中詩派，前推竹垞，後推西崖。竹垞學博，每能變化。西崖才大，每能恢張。變化者較耐尋味也。後有作者，幾莫越兩家之外。」

時用集二册 刊本。

右國朝教諭海寧陳訏撰。

拙齋集五卷 刊本。

右國朝海寧朱奇齡撰。

陳恪勤集三十九卷 刊本。

右國朝總河湘潭陳鵬年撰。兩爲制府參劾，待罪京江。集中京江詩獨多。嘗作詩有「鷗盟」字，制府奏其連結海寇，必欲致之于死。後明其無辜，得免于難。

固哉叟詩鈔八卷 刊本。

右國朝績溪知縣嘉興高孝本撰。孝本三歲時指氣字曰：「此即浩然之氣也。」長而研經酌史，發爲古今文，妙合軌範。生平作詩甚富，由登岱以迄遊台蕩諸山，凡十七集。其詩以遊而進。晚歲自訂此集。

湛園未定稿六卷 刊本。

右國朝編修慈谿姜宸英撰。沈德潛云：「葦間根柢經史，以古文名。年將老，因大臣薦，食七品俸與修《明史》。然仍艱于遇合也。至入詞館，時已七十餘矣。己卯典北闈試，因正主考李殿撰累及下獄。旋殞其生。天下共悲歎之。」

春酒堂文集二册詩集二册 寫本。

右國朝鄞縣周容撰。容性跅弛不羈。御史徐殿臣一見賞契。由是知名。殿臣避迹天童，海寇掠之而去。容即倉皇奔赴，以身質之，殿臣得返。而容代受刑梏，足爲之跛，乘間竊歸。乃縱横于詩古文詞。尤工書法，歛〔一〕鋒铓于渾樸中，時謂容之詩勝于文，書勝于詩。

〔一〕「歛」字原作「頜」，據盧文弨校改。

東浦草堂文集十六卷後集二卷詩集二卷 寫本。

右國朝侍講南匯顧成天撰。

雙雲堂文稿六卷詩稿六卷 刊本。

右國朝知府鄞縣范光陽撰。嘗受業于黄宗羲。在詞館有名。出爲太守，著有良績。

寒玉居集二卷碎金集二卷 刊本。

右國朝閔南仲撰。

觀樹堂詩集十五卷 刊本。

右國朝澤州知府錢塘朱樟撰。吳城云：「先生南歸，卜居清波門。暇輒偕二三故老杖策兩堤，香林竹户，遊屐殆遍。人謂之地行仙。年八十終。《叱馭》、《問絹》、《古廳》、《白舫》諸集，蜀中詩也。《郎潛集》，官水部詩也。《一半勾留集》，居憂杭州詩也。《剡溪集》，遊天台詩也。《各香亭集》，官澤州詩也。總名曰《觀樹堂詩集》，合刻。」

畏壘山人詩集四卷 刊本。

右國朝編修長洲徐昂發撰。昂發本崑山人。沈德潛稱其「文酒自豪，常傾四座。所著五古，出自杜陵。近體得力樊南，而能自出面目。同時談藝名士，無與儷者」。

江令閣文集四卷續集二卷 刊本。

右國朝丹徒冷士嵋撰。

滋蘭堂詩集十卷 刊本。

右國朝文昌知縣仁和沈元滄撰。元滄字麟洲。唐熙乙酉、丁酉兩中副榜。以修書議叙官知縣。沈德潛云：「家麟洲以諸生入武英殿纂修，與諸詞臣齒，真異數也。」

青要集十二卷 刊本。

右國朝光禄寺卿河南新安吕謙恒撰。謙恒，明太傅維祺之孫也。嘗讀書邑之青要山，因以名集。沈德潛云：光禄詩與難兄元素並名，司農以古朴勝，光禄以烹鍊勝。

陸堂文集二十卷詩集二十三卷 □本。

右國朝檢討平湖陸奎勳撰。沈德潛云：「陸堂穿穴五經，皆有述作。今人中井大春也。詩獨風流名麗，廣平賦梅花不礙心似鐵，洵然。」

樊榭山房集十卷續集十卷 刊本。

右國朝舉人厲鶚撰。鶚先世家鄞，鄞四明有樊榭山，因以自號。沈德潛云：「樊榭學問淹博，尤熟精兩宋典實，人無敢難者。而詩亦清高，五言在劉昚虛、常建之間。」

墨麟詩十二卷 刊本。

右國朝川東道海鹽馬維翰撰。沈德潛稱其「意不肯庸，語不肯弱。莽莽蒼蒼，縱筆揮霍。雖未神來〔一〕，已梯陗險。」

〔一〕「來」原作「采」，據《國朝詩别裁集》改。

秋塍文鈔十二卷詩鈔四卷 刊本。

右國朝庶吉士會稽魯曾煜撰。曾煜《文鈔》行世有二本。常安葉士寬序：「詩名三州者，杭州、汴州、廣州也。杭、汴皆主講席〔二〕，廣有纂修通志之役。」

〔一〕「席」原作「習」，據盧文弨校改。

後圃編年稿十六卷 刊本。

右國朝盱眙李嶟瑞〔二〕撰。嶟瑞字蒼存。萬斯同爲序。所著一名《焚餘稿》。王士禛云：「蒼存詩文，縱横有奇氣，江淮間才士。」今讀其集，工麗之作居多。

〔二〕「瑞」原作「端」，據《存目叢書》影印康熙刻本改正。

秋水齋詩集十五卷 刊本。

右國朝編修烏程張映斗撰。齊召南稱其「才高學贍，德器渾然無涯涘。其爲詩也，出入漢魏六朝唐宋，不名一格，而各有以見其長」。

青嶼稿存四册 寫本。

右國朝烏程張安弦撰。弦號青嶼。集中《送燕詩》云：「節届秋分社事忙，送君前路入蒼茫。年年不作無家别，半在他鄉半故鄉。」安弦授徒以老，其自傷無家，亦可悲矣。

桑弢甫文集三十卷詩集十四卷續集二十卷五岳集二十卷 刊本。

右國朝工部主事錢塘桑調元撰。自序云：「予年十四五，及勞餘〔二〕山先生之門。尋爲朋儕牽率，傚作詩古文詞。年少氣盛，伸紙輒千言。少愛山水，登眺適興，時時發爲歌詩。諸草稿委敝篋中，門人輩私相抄録，付諸剞劂。」

〔一〕「勞餘」二字原作「予」字，據盧文弨校改。

强恕齋文鈔五卷 刊本。

右國朝秀水張庚撰。庚自號彌伽居士。自序別有《詩鈔》四卷。

集虚齋學古文十二卷 刊本。

右國朝淳安方桑如撰。別有詩三卷，名《緣情詩畧》。此集皆其所作古文。

墻東雜著一卷 寫本。

右國朝通江知縣金壇王汝驤撰。汝驤字雲衢。沈德潛云：「雲衢文制義宗工。中歲爲詩，不落宋元氣習。古體尤上〔二〕。外人不知其詩，以文名掩也。」

〔二〕「上」原作「工」，據《國朝詩別裁集》改。

葛莊詩鈔四册 刊本。

右國朝按察使遼東劉廷璣撰。

古愚心言八册 刊本。

右國朝工科給事中莆田彭鵬撰。

孤石山房詩集六卷 刊本。

右國朝貢生仁和沈心撰。元滄次子。與兄廷檥、弟廷芳並能世其學。

隱拙齋集三十卷 刊本。

右國朝山東按察使仁和沈廷芳撰。弱冠從學查慎行。慎行以氣静卜其有成。沈德潛序其詩「大要典而能清，真而不膚，骨幹森立，無雉竄文囿之誚」。

餐秀集二卷 刊本。

右國朝縣丞餘姚黄千人撰。百家子。少有才名，跅弛不遇。晚官泰安，以詩酒自娱。人目爲吏隱云。

觀光集五卷 寫本。

右國朝教諭嘉善蔡以封撰。

禮山園文集八卷 刊本。

右國朝舉人襄城李來〔一〕章撰。

〔一〕「來」原誤「釆」，據《四庫總目》改。

瓦缶集十二卷 刊本。

右國朝舉人嘉興李宗渭撰。

明史雜咏四卷 刊本。

右國朝知州烏程嚴遂成撰。

匏息齋前集二十四卷 刊本。

右國朝教授烏程凌樹屏撰。樹屏博覽工詩古文辭，若人多師事之。

吾友于齋詩鈔八卷 刊本。

右國朝嘉定張錫爵撰。

實嬾齋集四卷 寫本。

右國朝嘉興知縣張時泰撰。

庸言二十卷 刊本。

右國朝侍講學士廬陵張貞生撰。

咸齋文鈔七卷 刊本。

右國朝海寧查祥撰〔一〕。

〔一〕 羅以智批：「《四庫存目》：查旭撰。旭爲祥之父，字次谷，寄籍桐鄉，康熙癸酉副貢。父繼甲爲隆安令，卒于任，值吳逆梗道，負骨歸里，人稱孝子。」

產鶴亭詩四册 刊本。

右國朝貢生嘉善曹廷棟撰。自初集至七集，俱手自編定。

謙齋詩稿二卷 刊本。

右國朝貢生嘉善曹庭樞撰。兄庭棟爲之選刻。

飲和堂詩集十三卷文集八卷 刊本。

右國朝知縣山陰姚夔撰。

陽山草堂集十卷 刊本。

右國朝長洲陳炳撰。

冰齋文集四卷 刊本。

右國朝貢生秀水懷應聘撰。

東坪詩集八卷 刊本。

右國朝貢生平湖胡慶豫撰。

緑杉野屋集四卷 刊本。

右國朝德清徐以泰撰〔一〕。

〔一〕盧文弨批：五月二十七日閱畢。東里盧弓父。

御製詩

題魏了翁《周易要義》 天一閣

華父師敬子，淇學傳紫陽。紫陽注周易，獨稱卜筮方。舉占意有謂，恐人涉荒唐。魏乃宗正義，刪繁取其臧。釋文考陸氏，兼引馬鄭王。簡以得其要，約而頗致詳。彝尊尚弗知，希寶誠吉光。開宗闡虛玄，孔門教用彰。三易明周稱，蓋謂取岐京。乾健具四德，坤順惟隨倡。弗牛而曰馬，牝馬行無疆。然予更思之，仍即一乾剛。乾坤分既定，餘卦推類明。大端弗失正，十翼臣之良。出處益卓然，正色立朝綱。豈徒託空言，用易誠有常。四庫廣搜羅，懋柱出珍藏。鈔刻俾歸之，牖世文教昌。卷首題五言，用責世守長。

乾隆甲午暮春月御筆。

題《唐闕史》 知不足齋

知不足齋奚不足，渴於書籍是賢乎。長編大部都庋閣，小説卮言亦入廚。闕史兩篇傳摭拾，晚唐遺迹見規模。彥休自號參寥子，參得寥天一也無。

乾隆甲午清和上澣御筆。

題《説文篆韻譜》 瓶花齋

徐鍇説文兄鉉序，依然朱氏曝書藏。制文遵古見誠卓，作隷趨今辨以詳。許慎特嘉研六篆，賈魴何事變三倉。成編割裂異大典，因字區分述舊章。惟是微傳資訓詁〔一〕，信堪小學示津梁。即看繡谷勤收弆，意在尊聞實所藏。

乾隆甲午初夏御筆。

〔一〕「詁」原作「註」，據文淵閣《四庫全書》本《御製詩四集》卷二十三改。

題《曲洧舊聞》四首 振綺堂

留金弗紀金間事，曲洧依然紀舊聞。二帝播遷雖自取，禍緣新法變更紛。

建隆端拱政堪徵，紹聖宣和百事興。設使子孫守祖制，何愁萬世不繩承。

汴都掌故頗傳真，説部非同耳食倫。何事臨安安半壁，冰天雪窖忘君親。

清濁渭涇本自殊，操戈同室若爲乎。因翻汝璪獨藏本，略恨爾時程與蘇。

乾隆甲午孟夏御筆。

題《書苑菁華》 振綺堂

好惡爲君宜慎哉，蒐書種種挈籝來。不能無彼因有此，用識心存欲政推。運筆諸家備傳法，臚篇廿卷允稱才。臨池那盡帝王事，獨愛公權一語該。

乾隆甲午孟夏月御筆。

題《意林》四絶句 天一閣

集録裁成庾潁川，意林三軸用兹傳。漫嫌撮要失備載，嘗鼎一臠知味全。

都護安南政不頗，用儒術致政平和。奇書五卷銅柱二，無忝祖爲馬伏波。

六經萬古示綱常，諸子何妨取所長。節度豈徒務佔畢，要知制事有良方。

五卷終於物理論，太玄經下已亡之。設非天一閣珍弆，片羽安能欣見斯。

乾隆甲午仲夏御筆。

題劉一清《錢塘遺事》 飛鴻堂

失策明題去建康，却耽山水便都杭。湖邊歌舞酣餘樂，天外徽欽去遠荒。八帝歷年纔百五，多奸少正致淪亡。翻書千古垂殷鑒，漫例飛鴻徒號堂。

乾隆甲午仲夏御筆。

題乾道臨安志 壽松堂

南渡忘讎久論之，最初輿志始觀兹。武林掌故因堪考，宋紙存刊乃更奇。官署宫城寧復昔，吳山越水鎮如斯。臨安四度親訪古，當面失哉此細披。

乾隆甲午仲夏月御筆。

題宋仁宗《武經總要》六韻 知不足齋

論兵千載如聚訟，真是徒工紙上談。居重馭輕自不易，困民養卒則何堪。若云愛物斯誠有，以曰知軍或未諳。龐籍汰多意猶韙，韓琦救後慮惟覃。第觀卌卷稱綜古，詎足武經爲指南。旂籍緑營維内外，慎遵祖制萬方戡。

乾隆甲午夏御筆。

題許嵩《建康實録》 飛鴻堂

六朝三百有餘年，建業興衰廿卷傳。文物風流信有矣，經綸世教或無焉。幸洪武始統歸一，逮永樂斯都以遷。我每孝陵親奠酧，不禁弔古爲悽然。

乾隆甲午夏御筆。

題吕祖謙《歷代制度詳説》 瓶花齋

中原文獻有家模，講學還從張與朱。酌古準今列條目，鎔經鑄史示師謨。詎寧考據資談柄，欲見施行洽化樞。昔未羶薌後知重，吁嗟此弊那能無。

乾隆甲午夏御筆。

浙江採集遺書總録閏集

易類

周易集註十五卷 刊本。

右明翰林院待詔梁山來知德撰。以王弼不主易象，後儒皆失其傳。因以錯綜二字爲主，謂伏羲主錯，文王主綜，錯爲陰陽相對，陽錯陰，陰錯陽。伏羲圓圖，乾錯坤，坤錯乾，八卦相錯是也。綜即今織布之綜，一上一下，如屯蒙本一卦，在上爲屯，在下爲蒙。文王之序卦是也。論錯則有四正錯，四隅錯。論綜則有四正綜，四隅綜。又有以正綜隅，以隅綜正之論。論象則有卦情之象，有卦畫之象，有大象之象，中爻之象，有錯卦之象，綜卦之象，有爻象之象，有占中之象。論變則有乾初變即爲姤，兑初變即爲困之論。皆演繹舊解，自成一家，學者多宗之。

卦義辨正一册 刊本。

右明舉人郴州喻國人撰。以九爲圖，十爲書，著《辨十九篇》，并畫卦方圓方位諸圖。後有對卦數變、卦變定議、河洛真傳、生生真傳、河洛定議諸條。其持論多新奇，恐不盡當云。

易學四同别録四卷 刊本。

右明知府山陰季本撰。分《圖文餘辨》、《蓍法别傳》二種，各分内外篇。《餘辨》釋先儒説圖未盡之義。《别傳》則發明蓍法本旨。按前經部已列《圖文餘辨》二卷，此爲全本云。

卦義一得二卷 刊本。

右明推官蕭山來集之撰。專舉六十四卦義，每卦一首，不及《繫傳》。

易學五卷 刊本。

右明進士漢陽吳極撰。宗萬廷言《易原》，兼擇諸家義解，參以己見。大要詳于義理，而略于象數。

玩易微言摘抄六卷 刊本。

右明錢塘楊廷筠輯。採集諸家，專從本畫以推明爻象之義。

易經衷論二卷 刊本。

右國朝大學士桐城張英撰。論六十四卦大義。每卦爲一論，即《卦義一得》之例。

易參五卷 寫本。

右國朝錢塘錢彭曾撰。首卷《圖説》并《易類附參》，以下依篇詮解，不列經文，自抒所得。

易經纂六卷 刊本。

右國朝臨汾朱之俊撰。謂易教不離理，理不離象。宗來知德錯綜之説。一掃先天諸圖及卦變卦位諸舊解。

易經補義三册 刊本。

右國朝新安方芬舒林同輯〔一〕。序云：「名曰《補義》，竊附《本義》之後。非敢謂補朱子所未及，但于《本義》之偶略者，會通《大全》及《衷旨》諸説，便于誦習，以爲帖括嚆矢。」

〔一〕 按：方芬，字舒林。此誤爲二人。

大易近取録三册 寫本。

右國朝舉人仁和邵晉之撰。取《繫傳》「近取諸身」之義，以名其書。

書類

書義斷法六卷 寫本。

右元陳悦道撰。分節詮次，乃元代科舉之學。後附《作義要訣》十數則，爲新安倪士毅所輯。

尚書晚訂十二卷 刊本。

右明工部郎金壇史維堡撰。自序云：「前後諸儒，意見各殊，議論不一，則並存之。間附己意，以發前人未發之旨。」

書經衷論四卷 刊本。

右國朝張英撰。康熙二十一年英侍講筵時所進。依篇章次第，分解大義。皆折衷前人之言，故名。

尚書古文疏證八卷 刊本。

右國朝山陽閻若璩撰。援據羣籍，疏辨古文之謬譌。凡一百二十八篇。末附《朱子書疑》，係其子詠所輯。黄宗羲序。

尚書口義六卷 刊本。

右國朝武强劉懷志撰。凡例云：「名以《口義》，蓋本朱子《四書訓蒙口義》之意，便初學也。意義悉遵蔡傳。其周誥殷盤，或有補蔡氏所未逮者，然毫無所牴牾也。」

詩類

詩經世本古義二十八卷 刊本。

右明漳浦何楷撰。不分風雅頌，以二十八宿分部。仿《世本》移掇篇次，以時代爲先後，首《公劉》，終《下泉》，各爲小引，以識其世。後仿《序卦傳》作《屬引》一篇。

詩牖十五卷 刊本。

右明竟陵錢天〔一〕錫撰。採集《詩序》及各家之説，總發大義。其大旨亦右毛、鄭，而左朱傳者。

〔一〕「天」原作「永」，據《存目叢書》影印明天啓刻本改。

詩通四卷 刊本。

右明常熟陸化熙撰。依文詮義，每篇總釋一二則。

詩傳名物疏八卷 寫本。

右不著撰人姓名。每篇先解經，次解傳。博采毛、鄭及宋儒諸説，融會成編。于名物尤詳。

毛詩説四卷 刊本。

右明豫章陳以藴著。分章總詮大義，不引前人訓詁。

讀詩質疑三十一卷 刊本。

右國朝太僕卿常熟嚴虞惇撰。卷首十五條：曰列國世譜，曰國風世表，曰詩指舉要，曰讀詩綱領，曰删次，曰六義，曰大小序，曰詩樂，曰章句音韻，曰訓詁傳授，曰經傳逸詩，曰三家遺説，曰經傳雜説，曰詩韻正音，曰經文考異。以下依經詮次，以舊説己意參焉。其書大旨，遠宗子夏，次本毛、鄭，兼採及三家。

三禮類

周禮文物大全一册 刊本。

右不著撰人姓名。取六官禮器，繪圖繫說，計六十八圖。

考工記輯注一册 刊本。

右明尚書秀水朱大啓輯。融會舊解，順文詮釋，頗簡而明。大啓，朱文恪國祚之猶子也。書爲其子茂時所刊，有序。

儀禮易讀十七卷 刊本。

右國朝貢生山陰馬駉輯。詳于音釋句讀，以便誦習。

禮記會要六卷 刊本。

右明廣陵宗周撰。謂禮經出于諸儒雜説，多未純確，故駁正之。逐節枚舉，俱有新意。并註説之誤，亦糾定焉。

深衣考一册 寫本。

右國朝餘姚黄宗羲撰。采集衆説，詳考深衣之制，兼有圖式。

四禮寧儉編一册 刊本。

右國朝鄠縣王心敬輯。以冠、昏、喪、祭四禮，取前代《家禮》諸書，删煩就簡，附有論斷。

春秋類

春秋匡解六卷 刊本。

右明中允安福鄒德溥撰。發明胡傳，合題標旨，係舉業家之書。

麟經統一編十二卷 刊本。

右明教諭烏程張杞撰。因《春秋匡解》體例未備，推廣之者。

春秋宗朱辨義十二卷 刊本。

右國朝進士固城張自超撰。自謂宗紫陽朱子，辨諸儒是非異同之説，以發明《春秋》之義云。

左氏春秋鐫二卷 刊本。

右明吳郡陸粲撰。以《春秋左氏傳》間有旨意駁雜者，摘取其語，以己意辨正之。

春秋經傳類聯一册 刊本。

右國朝無錫王繩曾撰。起君臣，至蔬菓，分三十四類。皆取《左氏》之雋言，聯爲駢語。王步青、吕鈍爲序。

羣經類

五經圭約十二册 刊本。

右國朝按察使僉事金壇蔣鳴玉撰。係鳴玉子超所輯。乃約取先儒經説，附以己意。

五經翼二十卷 刊本。

右國朝侍郎北平孫承澤輯。皆古人所作五經序論。《易》自王弼、孔穎達始。《書》自孔安國始。《詩》自子夏、毛萇始。《春秋》自何休、杜預始。《禮》自朱子始。並及明代諸家。謂皆足以羽翼昌明正學者。而以自著《周禮舉要》終焉。　以上二書俱係全本。按前經部已列《春秋圭約》、《禮記圭約》、《詩經朱傳翼》各種。

大學偶言一册 刊本。

右國朝知州蕭山張文檒撰。以《大學》古本爲宗，撮舉要義，分條詮論。多本其師西河毛氏之説。

孟子師説一册 刊本。

右國朝餘姚黄宗羲撰。以其師劉氏宗周于《學》、《庸》、《論語》皆有成書，獨闕《孟子》，因取平昔所聞于師者，述成此編。

爾雅翼三十二卷 刊本。

右宋歙縣羅願撰。新安洪焱祖釋。序曰：「郭璞曰：『爾，近也。雅，正也。』言可近而取正也。翼謂編次此書，所以羽翼《爾雅》，並行于世也。」

彙雅後編二十八卷 刊本。

右明張萱輯。自序云：「余既爲《彙雅編》二十卷行於世，而陸佃《埤雅》、羅願《爾雅翼》與前編體裁不同。故復合陸、羅二雅爲此。復採摭其所遺者，葺而補之。自爲一篇，以綴二公各篇之後。」

研幾圖一册 刊本。

右宋金華王柏撰。共七十三圖。其闡明《易》、《範》二書之義者，居十之七。如《詩》之二南，《大學》之三綱八目、致知格物，《中庸》之章句，宋儒之《太極》、《西銘》、《皇極經世》、《蓍法》、《通書》，皆圖而論之。

程氏考古編十卷 寫本。

右宋龍圖閣學士休寧程大昌撰。前六卷皆議論經史大端。後四卷雜取傳記詩詞。一事一節，考正而條辨之。

一貫編四册 刊本。

右明參政南城羅汝芳撰。第一册論《易》，後附《詩》、《書》、《禮》、《春秋》。第二册總論四書，析論《上論》、《下論》。第三册析論《大學》、《中庸》、《上孟》、《下孟》。第四册論心性意。以四書五經理本一貫，故名其編。

説經劄記八卷 刊本。

右明衡州府知府德清蔡汝楠撰。因與友人談説經義，隨筆劄記，分《五經》、《學》、《庸》、《語》、《孟》爲八卷。末附《太極問答》。

識小録二卷 刊本。

右國朝舉人烏程董豐垣輯。條辨經學疑義。上卷詳侯服及廟制。下卷詳爵録及田宅、學校等。

石畦集八卷 刊本。

右國朝信豐黄文澍撰。一卷、二卷論《易》。三卷《書》、《詩》。四卷《春秋》。五卷《禮記》、《樂》。皆經解也。六卷《經義》，統論六經也。七卷《童子問》，闢陽明之學也。八卷《敬義録》，亦闢陸、王之學也。

樂類

簫韶考逸一册 刊本。

右明永豐吕懷撰。一章補音律。二章補舞表。三章補樂器，附圖考便覽。按懷爲湛若水門人，有

《律吕古義》，其説曾採入《古樂經傳全書》，未知即此否。

律吕分解發明四卷 刊本。

右明尚書如皋孫應鰲撰。《分解》二卷，以蔡氏《律吕新書》爲綱，雜引先儒之説，系以按語，分節講解。《發明》二卷，分律本、律法、律聲、律章四門，采輯經傳，多本蔡氏、丘氏之説。合而成編。

古樂經傳五卷 刊本。

右國朝大學士安溪李光地輯。首《樂經》，次《樂記》，後附《聲律篇》、《樂教篇》、《樂用篇》三宗。

六書類

字考啓蒙十六卷 刊本。

右明關中周宇撰。分正形考、殊音考、辨似考、通用考四門，詳究音釋，以便蒙習。

字學正本五卷 刊本。

右國朝長平李京輯。自著凡例八則：一曰遵《説文》，一以《説文》爲主也。二曰分韻類，謂平、上、去各分十七韻，入聲八韻，皆從聲立類也。三曰正音義，如一字幾呼，某爲正音，某爲旁音也。四曰考譌謬，謂考正其譌異也。五曰正古文。六曰辨正本。七曰清濫同。八曰正反切。皆自出己意，不尚沿襲者。

類字本意四册 寫本。

右國朝錢塘莫宏勳撰。不分韻部，不限平側，各以同紐字類從之，其隱僻字多不收。

聲韻圖譜一卷 刊本。

右國朝武進錢人麟撰。自序云：「韻圖四十五，并《諸母陰陽均變圖》一，《諸韻内外等圖》一，系以法，附以叢論。」

説文繫傳考異四卷 振綺堂寫本。

右國朝員外錢塘汪憲撰。據徐鍇《説文繫傳》檢校許氏原文，并引用諸書，作《考異》二十八篇，附録二篇。

文字審一册 寫本。

右不著撰人姓名。不主偏傍，不分韻部，隱以形聲相益之義蟬聯註釋。大書用篆體，細註用隸體。廣採經傳，辨正譌俗。

讀書正音四卷 刊本。

右國朝御史石門吴震方輯。毛奇齡序云：「自一音異讀、分類考辨而外，凡字音字義有與音聲相離合者，更溯其源流，互相推暨。至于奇文秘字，則又因韻而分之。而尋常字義，在耳目前者，時師亦多訛謬，復終釋之。尤便于黨塾，洵有功字學不淺也。」

通史類

紀元要略二卷補輯一卷 刊本。

右國朝長洲陳景雲輯。以年號起于漢武，故從漢始，并及高、惠四君，備一代始末也。專據正史，如三國、南北朝、宋遼金元，各繫以國，不統于一。其子黃中别爲補輯，則自更始而下，至陳友諒、明玉珍，皆在焉。此又與宋庠《紀年通譜》、司馬光《稽古録》同例。

通鑑胡注舉正一卷 刊本。

右前人撰。于胡注中之有謬誤者，援據經史及他傳，分條改正之。

綱目訂誤四卷 刊本。

右前人撰。因天台趙師淵《綱目分注》中有疎漏者，輒爲劄記更正，其綱中之可疑者，亦閒附數事，以補元儒汪克寬《綱目考異》、徐昭文《考證》之誤。

編年類

續宋中興編年資治通鑑十五卷 寫本。

右宋國史院編修劉時舉撰。以續李燾之書者。起建炎元年，至嘉定十七年止，紀高、孝、光、寧四廟之事。高廟凡七卷，附論旁註尤備。孝宗而下則稍略云。

别史類

史漢方駕三十五卷 刊本。

右明給事中海寧許相卿撰。以宋倪思本但以標識巨細，分别異同，因其不便疾讀，並取劉辰翁評本更爲此編。

三國志補注六卷 振綺堂寫本。

右國朝仁和杭世駿輯。專取裴松之舊註所未備者，廣引羣籍，補而輯之。

删補晉書一百三十卷 刊本。

右明嘉興蔣之翹輯。以《晉書》原本多冗雜，因重加删潤，旁採他書，增益其文。卷首有考，有圖，有年表，又附釋例，并輯諸家評註，以己説隨篇附入。

晉史删四十卷 刊本。

右明歸安茅國縉撰。裁節《晉書》原文，存其要領。與蔣之翹本有詳略之分。

遼史拾遺四册 振綺堂寫本。

右國朝舉人錢塘厲鶚輯。依《遼史》篇次，自本紀、志、表、列傳、外紀、國語，采諸軼事微文，補其未備。

雜史類

唐書直筆四卷 知不足齋寫本。

右宋晉江吕夏卿撰。夏卿曾預修《新唐書》。此編皆言《新書》書法。歐、宋二公間有采用，亦不能盡從也。後附新例若干則。

默記一册 知不足齋寫本。

右宋汝陰王銍撰。專記有宋一代朝紳時彦默隱不彰之事，亦逸史之例。末有唐事一則，疑雜出者。

清夜録一册 寫本。

右宋俞文豹撰。所紀多宋名臣事蹟。

洛陽搢紳舊聞記五卷 知不足齋寫本。

右洛陽張齊賢輯。摭拾五代舊事，共二十一則，皆據所聞于搢紳與正史稍異者，兼存而録之。

使韃日録一册 飛鴻堂寫本。

右宋鄒伸之編。係伸之出使沙漠，劄記見聞，及風土諸事。

宋稗類鈔八卷 刊本。

右國朝金壇潘永因輯。于宋人稗説中采取故實，分類編次，皆足補正史之闕。

國朝典故輯遺二十卷 刊本。

右書起洪武至正德十朝遺事，不著撰人姓名。或云是廣右梁億。三橋文彭序。

皇明十六種小傳四卷 刊本。

右明提學僉事桃源江盈科撰。摘取明代嘉隆以前二百餘年新異事，别爲小傳。傳分四門，門各四類。一曰四維，忠孝廉節也。二曰四常，慈明寬慎也。三曰四奇，隱怪機俠也。四曰四凶，奸諂貪酷也。

熙朝名臣實録二十七卷 刊本。

右明修撰上元焦竑輯。其所載皆自洪武至嘉隆間諸臣軼事。

皇明禦倭録九卷 刊本。

右明兵部主事王士騏輯。起洪武迄隆慶，詳載數朝備倭始末。蓋本薛俊之《考略》、王文光之《補遺》、鄭若曾之《籌海圖編》，而參以國史，補其缺略者。

洗海近事二卷 刊本。

右明總兵俞大猷撰。皆防禦倭寇奏疏事宜。

靖海編八卷 刊本。

右明貢生餘姚錢人楷輯。記明崇禎間寧紹巡道向六神經略海上事蹟。

崇禎遺録一册 刊本。

右明王世德撰。雜記明懷宗朝事，并有辨正傳聞之訛。

綏寇紀略十二卷 刊本。

右國朝婁縣吳偉業輯。分標十二篇目，專紀闖、獻事蹟。

守鄖紀略一册 寫本。

右國朝鄞縣高斗樞撰。係斗樞自記守鄖陽時防禦流賊事略。末附誌鄖陽殉節諸臣。

見聞隨筆二卷 刊本。

右國朝天台馮甦撰。第一卷記闖獻事迹，第二卷敘永明始末及何騰蛟等十五人之事。

平叛記二卷 刊本。

右國朝萊州毛霦撰。記明末平定萊州叛將孔有德等事跡。

三藩紀事本末四卷 刊本。

右國朝青浦楊陸榮編。紀明末福藩、唐藩、桂藩僭號時事。

明季遺聞四卷 刊本。

右國朝鄒漪著。叙述明季流賊倡亂，以迄闖、獻事蹟始末。

平寇志十二卷 刊本。

右書不著撰人姓名。記明末流寇李自成、張獻忠事蹟及削平始末。

掌故類

南京吏部志十五卷 刊本。

右明文選郎中汪宗伊撰。首建官，次公署，次職掌，次歷官表，次傳，終藝文，凡六門。

禮部志稿一百卷 寫本。

右明貢生松江俞汝楫輯。泰昌時纂成明代典禮。首聖訓，次建官，次建署，次職掌，次歷官表，次奏疏，次列傳，次備考。所述頗詳。按汝楫此書以薦舉專任纂修，董其事者尚書林堯俞、孫如游等也。

國學禮樂録二十卷 刊本。

右國朝祭酒蔚州李周望輯。孔氏世系、先賢列傳、祀典、禮器、樂章等，末附《石鼓考》并《國子監題名碑》。

學宫備考十卷 刊本。

右國朝諸生平江彭其位輯。從祀諸賢百五十三人，各詳里居出處。末附《禮樂》一卷。

汝水巾譜一册 刊本。

右明宗室朱術垍撰。詳載歷代巾製，繪圖系説。

海塘録二十六卷 寫本。

右國朝翟均廉輯。詳考浙之海寧塘工始末，彙録成書。十三卷以下俱奏議、藝文。

無寃録二卷 刊本。

右元代頒行令式、洗寃、平寃録之類。

重修兩浙鹺志二十四卷 刊本。

右明布政司參議華亭王圻纂。仍嘉靖舊志十四卷，增多十卷。分三十三目。詳考鹽法原委。

琅鹽井志四卷 刊本。

右國朝鹽課司提舉長洲沈鼒輯。紀滇中琅鹽井沿革事宜并題咏諸作。

鐵冶志一册 振綺堂寫本。

右明工部郎中南安傅浚撰。係浚正德間督理遵化鐵廠時所集，自建置至雜識，共二十三條。

錢通三十卷 刊本。

右明蜀中胡我琨撰。考據錢法。首列正朔一統、紀年、篇章、雜録四條。次原，次制，次象，次用，次才，次操，次節，次分，次異，次弊，次文，次閏。原以原始制，識因革。象以詳其輪廓肉好，文錦銖兩。用以明其用阻通滯。才、操、節、分、異、弊皆由用而遞伸其義。文謂成訓嘉謨。閏則補十二門之缺漏也。

象〔一〕刀匯纂八卷 寫本。

右國朝貢生仁和丘峻輯。詳考錢法，分爲六門：曰沿革，曰利弊，曰建元，曰圖異，曰官鹽坑冶，曰雜編。

〔一〕按：《四庫總目》作「泉」。

傳記類

羅江東外紀三卷 刊本。

右明烏程閔元衢輯。皆采摭唐羅隱軼事遺文，各有評隲。後附謝翶《晞髮集》、《天地間集》。

韓祠録三卷 刊本。

右明知府四川談倫輯。倫守潮州，彙刻昌黎謫潮州時詩文，并附以本傳及古今石刻圖像等。稿創于葉性，倫續成之。

東野志四卷 刊本。

右國朝海鹽吕兆祥輯。元聖周文憲王東野氏事蹟。周公第三子居東野，因以爲氏。

忠武志八卷 刊本。

右國朝遂寧張鵬翮撰。輯諸葛武侯始末，并其著述亦附焉。

國士懿範十卷 刊本。

右明巡撫麻城耿定力輯。所採自漢初迄明遜國時，以士籍入學宫，其節行著聞者，凡一百二十七人。

廣名將譜十七卷 刊本。

右明漳浦黄道周輯。增删舊本《名將譜》，每人各加論斷。起周秦至元代止。自序云：「雖仍是此數百英雄，祇覺一經洗發，而面目精神皆躍躍紙上。」

旌孝録一册 刊本。

右明徐有貞、吴寬等爲長洲孝子朱顒題贈之作。其族孫觀潛彙而刻之。

皇明孝友傳八卷 刊本。

右明仁和郭凝之輯。類記明代孝行事蹟，計三百八十人。附録者四十有七。

逸民傳二卷 寫本。

右明按察使僉事長洲皇甫涍輯。取晉孫登以下至宋林逋隱逸者共一百人，各取本傳，彙而輯之。

桐彝三卷 刊本。

右明桐城方學漸撰。采桐邑之有孝行節烈者，分條記述。取秉彝之義，故名。

闡義二十二卷 刊本。

右國朝宣城吴肅公輯。專取古今微賤雜流，下及物類之有合于義者，條綴事跡，分二十二門。按肅公生于明季，爲同邑沈壽民門人。其書曾刊于弘光間。今另一刻本。

二續表忠記八卷 刊本。

右國朝鄞縣盧宜著。因錢士升有《表忠記》一書，休寧趙吉士倣錢體例先撰《續表忠記》，兹更搜輯明季諸臣事蹟，分人立傳，以補前書之所未備。

啓禎野乘十六卷二集八卷 刊本。

右國朝無錫鄒漪著。詳敘明末諸臣事蹟，分人列傳，標列品節、經濟等目，凡十二類。

國殤紀略一册 寫本。

右不著撰人姓名。紀明末何騰蛟、堵允錫等九人事蹟，各爲之傳。

懿行編八卷 刊本。

右國朝興化李瀅輯往代諸人懿行，彙次成書。

庸行編八卷 刊本。

右國朝天津牟允〔一〕中輯。本史典所輯《願體》一編而推廣之，取古今懿躅，分條纂次，凡三十三類。汪士鋐、葛震、張玉書序。

〔一〕「允」原作「元」，據《存目叢書》影印康熙刻本改。

地理類

長安志二十卷 刊本。

右宋龍圖閣學士趙州宋敏求撰。本唐韋述《西京記》更爲增廣者。康海序云：「程文簡謂宋氏家多古書，如《宫闕記》、《關中記》、《三輔黄圖》、《三輔舊事》皆所採據，信哉。原有圖，久佚。今本卷首另列《圖説》三卷，乃元至正間李好文所補。」

皇輿考十二卷 刊本。

右明湖廣提學副使山陰張天復撰。敘述九州山川人物，以及郡縣沿革，土産風俗，皆採用成説，斷以己意。其外洋、邊徼，並附卷末。

閩中考一册 寫本。

右明福州陳鳴鶴撰。裒采閩中故實，據所聞見，以考定之。

嘉靖仁和縣志十四卷 寫本。

右明知縣仁和沈朝宣撰。體例與明洪武間所修郡志相類。

峴山志六卷 刊本。

右明吳興張睿卿輯。峴山在吳興定安門外，去郡治南五里，舊名顯山，唐中宗時避廟諱改。

鼓山志十二卷 刊本。

右明釋元賢輯。專紀閩中鼓山勝蹟，本謝肇淛、徐𤊹舊志，重加增訂者。

西吴里語四册 刊本。

右明吴興宋雷撰。自題云：「史傳乘載、稗官小説之書，凡有事屬吴興者，筆而書之。不列年代，不序倫類。信乎實録云。」

赤雅一册 寫本。

右明南海鄺露撰。記猺獞諸處民風物類。

華嶽志十二卷 刊本。

右國朝郎中錢塘姚遠翿撰。以元王處一及明李時芳等舊志多缺略，因搜輯掌故而增訂焉。乃遠翿令華陰時所纂。

廬山志十五卷 刊本。

右國朝知縣鄞縣毛德琦撰。以釋定暠所作《廬山志》割裂舊文，文不雅馴。因取明桑喬《紀事》及國朝吴煒《續志》兩書增廣之。首星野，終藝文。

寶華山志十五卷 刊本。

右國朝崇安劉名芳撰。所輯乃句容縣寶華山慧居寺建置名勝，並紀述詩文。

玉華洞志六卷 刊本。

右國朝將樂陳文在輯。玉華洞在將樂縣。因明林熙春本重修者。

三浙志□□卷

右國朝謝允復纂。專志浙山梵剎之事。

湖山便覽十二卷 刊本。

右國朝衢府教授仁和翟灝輯。首卷紀盛，以下列孤山路、北山路、南山路、江干路、吴山路，分類述之。錢維城序云：「西湖自田氏《遊覽志》而下，不下數十家，可謂夥矣。此書較舊志文損而事增，其足以藻飾名區，而見珍于士君子之探奇好古者，無疑也。」

南湖紀略稿六卷 寫本。

右國朝丘峻輯。自序云：「卜居南湖逾三十載。憶湖自宋元以來，代有名人流播。乃摭古證今，編就六卷。紀湖一、寺二、古蹟三、事略四、緒聞五、雜録六。」〔一〕

〔一〕 盧文弨眉批：「峻字晴巖，仁和人。」又：「此當是吾杭之南湖，然他邑亦有名同者。著書人上不可不標其邑里。南湖即白洋池。」

雲林寺志六卷 刊本。

右國朝錢塘厲鶚撰。自序云：「靈隱之有志也，始自昌黎伯珩子佩氏。近則仁和孫治宇台氏，吴門徐增子能氏，相繼重修。兹恭摹御書『雲林』二字爲額，住僧巨濤聿新之。予郡人也，撰次前志所未備者，勒成八卷。門類則仍舊焉。」

洱海叢談一卷 刊本。

右國朝釋同揆撰。雜記滇中風土物産。

史抄類

二十一史論贊輯要三十六卷 刊本。

右明中書廬陵趙以明輯。摘録各史論贊，或輯其全文，或節其要語，以見評隲義例、古今文體升降之概。

史瑜八卷 刊本。

右明錢塘張毓睿輯。原輯《二十一史瑜》，其板行于世者惟此而已。專述三國，故又題《三國志纂》。其名《史瑜》者，節瑕録瑜，蓋《春秋》善善欲長之義。

書系十六卷 刊本。

右明漳州唐大章輯。自西漢以下，訖元代各史傳，或採録一事，或全述一篇，取其事足爲世法者，以寓删書之旨，故名。

史學璧珠十八卷 刊本。

右明越州錢應充撰并註。自天地至物類共十六門。袁宗道序云：「萃史事以成文，因舊文以加斷，略無倣襲，創成一家言。」

史通評釋二十卷 刊本。

右明李本寧、郭孔延同輯。取唐劉知幾《史通》，每篇援引他書，詳加評釋。

尚友齋論古十六册 刊本。

右明漳州徐[一]一榛撰。自范蠡至文天祥凡六十八人，各取史傳，删補成篇，而加評論云。

〔一〕按：《四庫總目》作「涂」。

論世八編十二卷 寫本。

右明無錫華慶遠輯。彙采諸家發明史事論説，閒附己意，以時世爲編次，自上古迄明代止。

史學類

讀史管見三十卷 刊本。

右宋侍郎建安胡寅撰。寅以文定奉詔作《春秋傳》，自三家分晉而後，下迄五季，未有論述，乃取威烈王初命爲大夫爲諸侯，至周世宗以米貸淮南民止，撰次論斷之。書成于紹興間。原有二本。一刻于寶祐中渤海劉震孫。今本則明張溥評閲刊行者也。

史疑四卷 刊本。

右明松江宋存標撰。自序謂取九疇稽疑之意，于馬、班之書更詳，《左》、《國》之外，下及魏晉六朝，十七史皆在焉。

史品赤函四卷 刊本。

右明長洲陳仁錫輯。選録各史之文，兼採諸家評註，間以己意論列之。

史説萱蘇一册 刊本。

右明漳州黄以陞輯。採取史説，標其相類。取臯蘇萱草之義以名。

廿一史論贊三十六卷 刊本。

右明秀水沈國元撰。崇禎間徐必泓序云：「止録斷制，敏中手彙，搜隱招微，事取已然，義多未發。」

讀史隨筆六卷 寫本。

右國朝貢生秀水陳忱撰。皆取史事，以世次爲先後，并及明代掌故，而加論斷焉。

史評辨正三卷附讀史吟評一卷 寫本。

右國朝舉人桃源黄鵬揚撰。以歷代史評有未當者，取而辨正之，間采一人一事，各賦詩一首，仍附評于下。

十七朝史論一得 寫本。

右國朝舉人蕭山郭倫撰。括歷朝正史治忽之跡而論斷之，凡八篇。秦漢一，晉宋齊梁陳一，隋一，唐一，五季一，宋一，元一，明一。

譜系類

涑水司馬氏源流集八卷 刊本。

右明司馬晰述其遠祖宋司馬光行事系籍，並載制誥圖跋記述等類。

鄭端簡公年譜二册 刊本。

右明海鹽鄭履淳述其父曉生平事蹟，末附卹典、哀詞。

顧端文公年譜二册 刊本。

右明無錫顧與沐記其父憲成生平出處，及講學東林事蹟。

皇明恩命世録十卷 寫本。

右明張國祥撰。一卷記明太祖御製漢張道陵以下二十代天師贊詞，後九卷記四十二代正常至五十代國祥恩命各典。

萬姓統譜一百五十卷 刊本。

右明工部員外郎歸安凌迪知撰。上自三古，下迄明代，以四聲爲綱，一百六部爲目。先著望，如河間、渤海是也。次審音，宫、商五音是也。次辨氏，如以國、以邑、以官、以字是也。既以韻序，復以代編，又詳歷履。博采史傳而彙輯之。别以《帝王姓譜》六卷列于簡端，示尊也。又著《氏族博考》十四卷，系于卷末，則辨論考訂之功居多焉。

類姓登科考六册 桐鄉金氏桐華軒寫本。

右不著撰人姓名。有明一代登科姓名里籍具焉。各以其姓類編之，兼及官階始末，并世家譜系，略著于篇。

儒家類

公是先生弟子記一卷 知不足齋寫本。

右宋翰林學士新喻劉敞撰。根據經典，闡析義理。内有與門人問答之語。乾道、淳熙間謝鍔、江溥、趙不黯俱有跋語。

上蔡先生語録三卷 刊本。

右宋學士謝良佐撰。以朱子先後所校傳本定爲三篇。後附各家增録十六條。

習學記言五十卷 桐華軒寫本。

右宋龍泉葉適撰。適門人山陰孫之宏序，略云：「先生輯録經史百氏條目，名《習學記言》，未有論述。自金陵歸，又更十六寒暑，乃成序目五十卷。其大旨根柢六經，折衷諸子，剖析秦漢訖于五季，以吕氏《文鑑》終焉。」

道命録十卷 刊本。

右宋工部侍郎井研李心傳撰。詳載宋元祐、紹興、慶元間程朱道學興廢始末。因裒集賢奸章奏，而取《論語》吾道廢興之由、《孟子》不謂命之意，以名其編。

理學類編八卷 刊本。

右元臨江張九韶輯。以天地、鬼神、人物、性命、異端分爲五類。皆本六經及周子、二程子、張子、邵子、朱子六先生之言，而以己意附之。

讀書録十一卷續録十二卷 刊本。

右明侍郎河津薛瑄撰。自記簡端云：「張子有言，心中有所開，即便劄記。余讀書至心有所開處，隨即録之，積二十餘年，成一集，名曰《讀書録》。近年又于讀書時日記所得者，積久復成一帙，名曰《讀書續録》。」

虚齋三書一册 刊本。
右明祭酒晉江蔡清撰。分《艾菴密語》、《太極圖説》、《河洛私見》三種，皆闡發性理之言。有蘇濬序。

學蔀通辨十二卷 刊本。
右明東莞陳建撰。分前編、後編、續編、終編。自序云：「學術之患，莫大于蔀，障夫佛學，近似惑人，其爲蔀已非一日。有宋象山陸氏者出，假其似以亂吾儒之真，幸而 朱子生于同時，深察其弊，而終身力排之。」其書之大指如此。

荷亭辯論十卷 刊本。
右明御史東陽盧格撰。係考論經史之作，兼及理學。

葉寅陽十二論二卷 寫本。
右明提學副使西安葉秉敬撰。闡論性理，多自抒所得。有與儒先異者。分十二篇。

環碧齋小言一册 寫本。
右明祝世禄撰。亦論理學之書。

識仁定性解一册 寫本。
右明主事内江何祥撰。本程子識仁定性論加以詮釋，後附《自警語》、《自警箴》。

朱翼十六册 刊本。

右明新安江旭奇輯。分六部：曰管窺，言天文也。曰曝愚，言君道也。曰調燭，言六曹政事也。曰完甌，言兵事也。曰委贄，言臣道也。曰志林，言士習文學也。宗朱子格致之旨，采儒先緒言而類系之。

學統五十六卷 刊本。

右國朝大學士孝感熊賜履撰。一曰正統，孔子之下，惟顔、曾、思、孟、周子、二程子、朱子與焉。一曰翼統，閔子、冉子、端木子、有子、言子、卜子之外，惟江都、昌黎、横渠、康節、涑水、和靖、康侯、龜山、羅仲素、李願中、南軒、九峰、西山、河東、崇仁、羅整菴與焉。一曰附統，先賢自冉耕而下，先儒自丁寛、孔安國而下，皆在焉。一曰雜統，自荀、揚而下，如象山、白沙、姚江皆在焉。一曰異統，自老、莊、楊、墨而下，以道、釋終焉。

聖學知統録二卷翼録二卷 刊本。

右國朝大學士柏鄉魏裔介撰。正録述見知、聞知之統，始五帝，迄宋五子，而以元許衡、明薛瑄附焉。翼録則採伯夷、柳下惠以下迄明代諸儒，凡二十二人。

約言録二卷 刊本。

右前人撰。分内外篇，得二百一十餘則。取《孟子》説約之旨以爲名。

論性書二卷 刊本。

右前人撰。採輯經子各書之論性者，分條辨析之。

儒林宗派十六卷 刊本。

右國朝鄞縣萬斯同輯。乃自孔子弟子，及兩漢經師，暨唐宋元明道學諸儒，支分流别，各著其姓氏爵里焉。

問學續録六卷 寫本。

右國朝贈内閣學士平湖陸隴其撰。續《問學前録》，亦隨時講習問學，間論經史之文。

格物問答三卷 刊本。

右國朝錢塘毛先舒撰。書名《問答》，即非問答者亦類載及之，總不離格物義也。

理學備考三十四卷 刊本。

右國朝洪洞范鄗鼎輯。一卷至六卷辛全撰。七卷至十卷孫奇逢撰。十一卷至十六卷爲續補，係鄗鼎自撰。十七卷、十八卷熊賜履撰。十九卷、二十卷黄宗羲撰。皆鄗鼎删述成書。有康熙庚申劉梅序。

明儒言行録八卷 刊本。

右國朝仁和沈佳輯。所采明儒百七十餘家，紀其謚號爵里以著其世，裒撮言行以明其學。萬斯大序云：「有正有續，出入謹嚴，採擇詳慎。」

明儒講學考一册 刊本。

右國朝上元程嗣章撰。專考明儒傳授支派，條分而各系焉。

會語支言四卷 刊本。

右國朝知縣仁和陸鳴鼇撰。多發明性理之語。

朱子論定文鈔二十卷 刊本。

右國朝石門吳震方輯。專録朱子評論史子百家之文，非選本也。朱子之言，或于古文但舉一端，但論一段，則亦節而抄之，不復登其全文也。陳廷敬有序。

朱子言行録八卷 刊本。

右國朝彭城舒敬亭輯。首列朱子遺像、年譜，後詳爲學、教人、居官之要。

聖學逢源録十八卷 刊本。

右國朝休寧金維嘉撰。多采先儒格言，論進修次第。

畜德録二十卷 刊本。

右國朝中書震澤席啓圖輯。取多識前言往行之義，以名其書。有汪琬、陸隴其序。

人道譜十八册 寫本。

右國朝諸生歸安閔忠輯。分孝、弟、忠、信、禮、義、廉、恥八集。每集各分編類，採取古今嘉言懿行，依類編入，以爲學者取法云。

雜家類

五子纂圖互注十六册 刊本。

右宋龔士卨注。以老、莊、荀、楊、文中子五氏書意義相通，互爲詮註，合成一編。卷首各繪以圖。

管子榷二十四卷 刊本。

右明朱長春輯。本唐房玄齡原注，及宋劉績補注，參合而成，間亦闡其未備云。

詮敘管子成書十五卷 刊本。

右明梅士亨輯。取《管子》篇第，重加詮次，悉遵唐房注，而以己説參附于後者。

能改齋漫録十八卷 振綺堂寫本。

右宋玉牒檢討臨川吴曾輯。分事始二卷，辨誤三卷，事實二卷，地理一卷，議論一卷，記詩二卷，記事二卷，記文一卷，方物一卷，樂府二卷，神仙、鬼怪合一卷。大而朝章國政，小而笑劇詞曲，皆備。

東坡物類相感志十八卷 知不足齋寫本。

右宋釋贊寧撰。托名東坡者，晁公武、陳振孫俱辨其訛。其書取宇宙間凡物類之相感通者，分條記載。共列十二部。按馬氏《經籍考》作十卷，此增多八卷。

東原録一册 知不足齋寫本。

右宋龔鼎臣撰。撮舉經史并見聞所得者，隨意論列，不分門類。

五總志一册 知不足齋寫本。

右宋吳坰撰。援古證今，據所見聞，參考史事居多。

顔氏匡謬正俗八卷。 寫本。

右唐秘書監顔師古撰。雜取經籍各條，考辨音義，多所糾正。坊刻均屬節删，此係足本。

知非録六卷 刊本。

右明舉人歙縣黄時燿撰。分内外二篇。内篇分立志、爲學、存心、檢身、處家、應世六類，皆輯先賢格言懿行。外篇以閑適、攝養、禪觀爲三類，多言出世之學。

蒼崖子一册 刊本。

右明舉人漢陽朱健撰。弟徽序曰：「《蒼崖子》分爲内外二篇。外篇專于商訂今古，雜考物類。而内篇則自夫造化性命之精微，陰陽律曆之廣博，間及于古今成敗，人事得喪，略以備矣。兹刻蓋内篇也。」按健纂《古今治平略》一書，此即附刻于末。

甘露園短書十一卷 刊本。

右明訓導高安陳汝錡撰。皆辨證經史，兼及禪悦。

劉子威雜俎十卷 刊本。

右明長洲劉鳳撰。凡七篇：《玄覽》言天，而災祥時令畢見焉。《地員》言地，而郡縣沿革、歷代疆界割據俱詳焉。《兵謀》言兵，而屯政馬政、奇門韜略悉著焉。《藻覽》言方外，而奇情怪事附之。《原化》皆醫理。《問水》如《水經》。《詞令》則雜採典籍佳話云。

意見一册 寫本。

右明大學士南充陳于陛撰。雜論學術心性，并論古人事業，及二氏之教。

纍瓦三編十二卷 刊本。

右明吴郡吴安國撰。分讀經一、讀史二、述訓三、談藝四、匡時五、紀尨六。

木几宂談一册 寫本。

右明青浦彭汝讓〔一〕撰。亦援據經史，而自抒己見者。

〔一〕「讓」原作「謙」，據《存目叢書》影印明萬曆刻本改正。

容膝居雜録六卷 刊本。

右明崑山葛芝撰。凡七百四十五則。如經史釋老，皆隨手及之，故名雜録。

掃餘之餘四册 刊本。

右明按察使長洲劉錫元撰。第一册《庚夏七發》，第二册序文、尺牘、雜著，第三册《一歸堂緣起》等，第四册《歸涂閑記》。大抵宗禪說。

南邨隨筆六卷 刊本。

右國朝嘉定陸廷燦撰。有良常王澍序。

匡林二卷 刊本。

右國朝錢塘毛先舒著。條辨宋蘇軾《志林》，因名《匡林》。間亦有他條附入。

義府六卷 寫本。

右國朝江寧黄生著。搜覽典籍，間亦自抒心得。

螺江日記八卷 刊本。

右國朝蕭山張文黻著。取經籍中疑義，分條辨析，係文黻設教螺江時所著。

螺江日記續編四卷 刊本。

右前人撰。亦摘録經史中疑義，間有辨證。

别釋常談三卷 寫本。

右不著撰人姓名。以方言俚語各有所本，因抄撮經史傳中語以釋之。

説家類

野客叢書三十卷 刊本。

右宋長洲王楙撰。隨筆記載，多所考據。

續夷堅志四册 知不足齋寫本。

右金員外郎元好問撰。以續洪邁之志者。按《金史·文藝傳》，自《中州集》、《壬辰雜編》、《杜詩學》、《東坡詩雅》、《錦機》、《詩文自警》而外，别無《續夷堅志》之名。而王起善名東，至正時人，其識語謂抄北地槧本。則當時原已板行。吳道輔景文謂北方書籍罕至江南，起善抄之成帙。景文，起善友也。又有華亭映雪齋抄本，乃同時孫道明所抄，其識語居于後。今本疑即映雪稿云。

王氏禁扁五卷 寫本。

右元通事舍人東平王士點輯。歐陽玄、虞集皆有序。分甲、乙、丙、丁、戊爲五卷。宫、苑、坊、營、殿、房、樓、臺、省、府、闌、山、池、門并釋名爲十五篇。每篇之下又以類相從。凡一百一十有六目。所紀自黄帝合宫、少昊母璇官爲始，至元代建置各名而止。

五侯鯖十二卷 刊本。

右明彭儼撰。自天文、時令，至衣服、飲食，分門凡十有三。

灼艾集二卷續集二卷别集二卷餘集二卷 刊本。

右明都督鄞縣萬表輯。亦摘録前人説部之書。

談資四卷 刊本。

右明尚書臨海秦鳴雷撰。皆剳記古人芳躅雋語，以其可資爲談也，故名。

談薈三十六卷 刊本。

右明布政使信安徐應秋撰。張燮序略云：「大都符瑞之先徵，圖籙之永固，與夫遭逢之特達，門祚之延縣，又若豐嗇之互岐，榮枯之迭轉，或術業之偏至，情事之倒提，以至氣數之偶鍾，力命之争道，幻化之微渺，幽明之闢通，下及瑣俗纖塵，裔夷之詭俗，凡盛事、異事、碎事，有彼此均茵、前後沓軌者，肇自元始，迄于今兹，按部連彙，各歸其班。其先哲傳述與事互見者，並存楮尾云。」

廣滑稽三十六卷 刊本。

右明常熟陳禹謨輯。取自兩漢以下史傳，至宋元人説家，語類滑稽者，集之，以廣《史記·滑稽傳》之意。

解頤新語八卷 刊本。

右明按察僉事長洲皇甫汸輯。俱詳論詩法。曰敘論，曰述事，曰考證，曰詮藻，曰矜賞，曰遺誤，曰譏評，曰雜記，凡八門。

嫏嬛史唾十六卷 刊本。

右明東海徐象梅撰。自序云：「《世説》單詞隻語，微者可思，雋者可味，此劉氏之善因也。我明華亭何氏，嶄于其載不廣，拓之爲《語林》，而綴次不無繁宂。此則知因而不知變之過也。是編舉二氏之所遺，總事言于一貫，采之正史者十之六，搜之稗官者十之四。叙事之體，一仍二氏，而品目之臚列，視舊則有加焉。諡之曰《琅環史唾》，蓋嫏嬛非秘府也。若曰是論世者野獲之，不過拾史氏之唾餘而已矣。」

十可篇十卷 刊本。

右明平湖馬嘉松輯。乃采取史傳新異之事，分可景、可味、可快、可鄙、可泯、可坦、可遠、可諧、可嘉、可删十則。

尚友録二十二卷 刊本。

右明閩中廖用賢輯。考列古人姓氏，依韻編次。每人各詳其事實。其例以韻爲經，而姓緯之。以世爲經，而人緯之。以人爲經，而事緯之。以姓爲經，而名緯之。

梅花草堂二談六卷 飛鴻堂寫本。

右明吴郡張大復著。雜録雋語逸事，可資談柄者。

漢世説十四卷 寫本。

右國朝錢塘章撫功輯。凡例云：「臨川《世説》一書，諸名士所共撰述，始自竹林，以迄江左，風流簡遠，少許勝多，最爲可貴。兹編獨尊兩漢，非敢邁越。前哲特以文之近古，而尤壯麗者，莫過西京。東都欲好古者，溯而上之耳。意專序事，故不以新語名篇。」

可如六卷 寫本。

右國朝鄞縣董德鏞撰。論羽毛、水族、昆蟲及諸獸通乎忠孝節義之事者，採輯故實，取可以人而不如之意以名。

在園雜識四卷 刊本。

右國朝知府奉天劉廷璣輯。自序云：「昭代之制度，名公之經濟，其他文翰詩詞，即日用尋常，無不考核詳備焉。」

諤崖脞説五卷 刊本。

右國朝進士〔一〕新城章楹輯。自序云：「余初嘗作一編，以《噩崖脞説》目之。蓋義取《周禮》噩夢以譬況半生之偃蹇侘傺。癸丑通籍之後，故少宰聖湖姚先生更其號曰諤崖，蓋勗之以謇諤之節，而不奪其崖岸之風。」

〔一〕「進士」原作「舉人」，盧文弨改爲「進士」，並作眉批：「雍正十一年進士。」

名義考十二卷 寫本。

右不著撰人姓名。總列天、地、人、物四門，分條考證，以究名義所自始。

古今事物原始三十卷 刊本。

右明臨安徐炬輯。亦推原事物創始之由，分類彙次，自天文至外夷共三十二類。

後邨詩話九卷 知不足齋寫本。

右宋龍圖閣直學士莆田劉克莊撰。雜舉古今詩詞而評隲之，兼及軼事。分前集、後集、續集。按《後邨集》祇載前集二卷，後七卷世多未見。

歸田詩話三卷 知不足齋藏本。

右明周府長史錢塘瞿佑撰。據所見聞，及平日師友談論之有關于吟咏者述之。凡百有二十則。

詩心珠會八卷 刊本。

右明宗室朱宣墡撰。標舉詩法，兼蒐各家之説，以爲學者指南。

古今詩話八卷 刊本。

右明華亭陳繼儒撰。一名《百家詩話》。

文海披沙八卷 刊本。

右明晉安謝肇淛撰。不分門類，隨取古人雋語逸事，雜記成編。其書爲吴興沈儆炌所梓。焦竑序之。

鐵立文起二十二卷 刊本。

右國朝宣城王之績撰。分前後二編，各標以類。其凡例云：「此編論文，非選文也。」鐵立者，之績所居名鐵立居也。

譚子雕蟲二卷 刊本。

右明進士嘉禾譚埽〔一〕撰。詳考百蟲種類，爲《蟲賦》一篇，分三十七段，逐加詮釋。

〔一〕 按：譚貞默，號埽庵。此處以譚埽爲名，誤。參見《四庫總目》、《存目標注》。

水品全秩二卷 寫本。

右明知縣華亭徐獻忠撰。上卷分論源流品味。下卷論列各水，凡三十有四。

茗笈一册 刊本。

右明鄞縣屠本畯輯。皆諸家品茶之書。後附《韋弦佩》一帙：處方一、藥鏡二、艾觀三、卻病四。

雷譜一册 振綺堂寫本。

右國朝吴縣金侃撰。紀雷典故及古今雷震事蹟。

苔譜六卷 振綺堂寫本。

右國朝汪憲輯。詳苔之種類，并題詠備焉。

藝玩類

增定玉壺冰一册 刊本。

右明烏程閔元衢增輯。所載皆閑適清幽之事，分記事、記言二則。本都穆原本，更爲增入。

文苑四先生集四卷 刊本。

右明鍾嶽秀輯。取文房四事雜綴之。曰四先生者，毛穎、陳元、石泓、楮素也。

抒懷操一册 刊本。

右國朝程雄撰。取同時曹溶、朱彝尊輩所填詞曲，分别宫商，編成琴譜，凡四十餘闋。

松風閣指法一册 刊本。

右前人撰。亦琴譜也。上卷論指法。下卷係琴曲。

識小録一册 刊本。

右國朝吏部郎中潁州劉體仁輯。多辨論書畫語。

繪事備考八卷 刊本。

右國朝按察使三韓王毓賢輯。首論畫法，次述自軒轅至前明畫家，各系以小傳。

江邨銷夏録三卷 刊本。

右國朝錢塘高士奇輯。取古人書畫真蹟，詳識其尺度廣狹，及印記跋語，間以己意評騭之。

竹雲題跋四卷 刊本。

右國朝金壇王澍撰。乃評隲歷代碑帖，辨其真贋源流者。

書法正傳十卷 刊本。

右國朝常熟馮武輯。一卷至七卷多記古書家論用筆之法。八卷以下言書家名蹟源流。

續金石録六册 飛鴻堂寫本。

右國朝葉萬輯。仿趙明誠《金石録》，續加蒐輯，所載頗詳。

初學藝引二十二卷 刊本。

右國朝揭陽李仕學輯。分詩、文、書、畫、琴、棋六宗，考其派别。篇首弁以格言二則。

類事類

蜀本分門古今類事二十卷 飛鴻堂寫本。

右係宋人撰，不著姓名。取古今事之相類者，分門彙次，各注原書出處。

羣書鈎元十二卷 刊本。

右元臨邛高恥傳撰。前九卷係摘取各書中雋語，以字句長短爲次序。十卷十一卷係考歷代制度沿革。末卷係取陳騤所著《文則》加以注釋。

經書孝語二册 刊本。

右明仁和朱韶輯。採取《五經》、《四書》中論孝之語，彙爲一編，并加詮釋。後附《曾子孝實》一卷。

子史彙纂二十四卷 刊本。

右明常熟馮廷章撰。分二十四類，每類各有條目。摭採子史之文，以分系之。

子史類語二十卷 刊本。

右明錢塘魯重民輯。因羅萬藻有《十三經類語》一編，復廣其意而輯此。

子史碎語二十四卷 刊本。

右明宣城胡尚洪輯。録子史中雋語，分造化、人事、君道、臣術四門。

駢語雕龍四卷 刊本。

右明知府莆田〔一〕游日章撰。自天地、君臣，至物類、兵旅，凡十七類。採取故事，作爲儷語。晉安林世勤序。

〔一〕「田」原作「口」，據《四庫提要》改。

劉氏鴻書一百八卷 刊本。

右明宣城劉仲達輯。凡二十四類。類之中又分爲二百六十有奇。蓋記事而兼記文者。焦竑、李維楨、顧起元俱有序。

祝氏事偶十五卷 刊本。

右明山陰祝彦輯。自序云：「事亦多偶同者，大而鴻標卓規，瑣而曲嫩纖懿，一切可欣可愕，可怵可涕，可嗔可嗤，溯古徵來，雖造物不能秘其巧，鬼神不獲現其奇，而况于人乎。余退而疏所記憶，彙爲一編，而題之曰《祝氏事偶》。」

讀書考定三十卷 刊本。

右明程良孺撰。詳考名物器數，自天象至品彙，分十七門。

五雜俎十六卷 刊本。

右明謝肇淛撰。雜採羣籍及見聞瑣事，編輯成書。以天、地、人、物、事，列爲五門。

天華山房秘藏玉杵臼三卷 寫本。

右書類敘故實，標題詮次，係吳培鼎所輯。未詳時代。

芙蓉鏡孟浪言四册 刊本。

右明開化江東偉著。雜採典籍，兼及時事，内分四門。

事類通考十卷 刊本。

右明饒州劉葉撰。分七十六門，括舉名義，兼有論斷云。

增定古今治平略全書三十三卷 刊本。

右明鍾陵朱健輯。原分田賦、户役等二十八門，自上古至明代，詳述其沿革損益，得失利病之由。與弟徽同輯者。國朝陳時穀略加删定，并增入禮制、郊祀、名法、海防四門，彙而梓之，名曰《治平略增定全書》。

皇明繩武編三十四卷 刊本。

右明訓導常州吳瑞登輯。全倣《大學衍義》體例，纂次明代君臣行事言論有益于治道者。自序謂「德秀所輯自陶唐迄于五代，二千七百餘年，不過四十餘卷。此編由洪武至隆慶，二百多禩，蓋亦庶乎德秀所輯矣」。

古史彙編四卷 寫本。

右國朝平湖韓孔贊輯。自曆法至弭盜止，分門四十有七，皆取歷代沿革得失而論次之，近乎科舉策學。蓋舊有是編，孔贊重爲删定者。

萬世玉衡録四卷 刊本。

右國朝御史金壇蔣伊輯。採録古今政事，分門彙次，起聖學聖孝，迄巡幸懷遠，六十四條。每條又分法、戒二類。

萃古名言四卷 刊本。

右國朝黄州胡之太輯。是書係明趙民獻原本，分類纂次古今嘉言懿行。之太重爲删補成編。

象山岩新書十二卷 刊本。

右國朝山陰朱㮤㞳撰。一名《政譜》。所采前言往事，皆有關于服官涖政者。

叢書類

名賢彙語八册 刊本。

右集明人説部之記明事者，曰《庚巳編》、陸粲。《近峰聞略》、皇甫録。《三餘贅筆》、都卬。《寓園雜記》、王錡。《西樵野記》、侯甸。《莘野纂聞》、伍餘福。《客座新聞》、沈周。《蘇談》、楊循吉。《志怪録》、祝允明。《仰山脞録》、閔文。《枝山前聞》、祝允明。《緑雪亭雜言》、敖英。《畜德録》、陳沂。《百可漫志》、陳鼒。《閑中今古録》、黄溥。《涉異志》、閔文振。《聽雨紀談》、都穆。《可齋雜記》、彭時。《駒陰冗記》、闌莊。《中洲野録》，程文憲。凡二十種。有隆慶間飛來山人自序。未詳姓名。

昭代叢書乙集五十卷 刊本。

右國朝新安張潮輯。取國朝各家説部，共五十種。卷分六帙。每種有題辭并跋，疏其宗旨大略焉。

丹麓雜著十種一册 刊本。

右國朝仁和王晫撰。《龍經》一，《孤子吟》二，《松溪子》三，《連珠》四，《寓言》五，《看花述異記》六，《行役日記》七，《快説續記》八，《禽言》九，《北墅竹枝詞》十。

天文類

秘授天文寶典八册 寫本。

右書取古天文家言，自《史記·天官書》至李淳風諸占，彙録成帙。係余測所輯。未詳時代。

百中經四册 刊本。

右不著撰人姓名。其書多辨正七政、四餘、度數等説。其凡例有「自淳祐壬寅至至元戊寅」之文，蓋元人所輯者。

氣候集解四卷 刊本。

右明進士河南李泰撰。分二十四節氣。摘舉《月令》之文，旁採羣籍以疏證之。韓士英增訂。

差替全書八卷 刊本。

右國朝餘姚楊士英撰。係選擇星辰之書。首三卷總論宅宫、神煞、體用之旨。後爲年局二卷，月局一卷，甲己局至戊癸局爲一卷。

星影二卷

右國朝生員山陰姚大源撰。本郭璞地德上載，星光下浮之義。配合辰象、巒砂，編爲駢語，暢疏其理。

五行類

玉靈聚義五卷 寫本。

右元陰陽教諭吳人陸森輯。詳言龜卜占驗之術，兼有圖象。

兵家類

握機經三卷握璣緯十三卷又上下二卷 刊本。

右經三卷，古風后撰，周呂望、宋阮逸增衍。緯十三卷，吳孫武撰。上下二卷，魏吳起撰。皆係明太倉曹允儒采集諸家之説，詳加詮註，彙爲一編。

古今紆籌十卷 刊本。

右明朱錦文輯。取《左傳》以下國史家傳，百氏羣籍，凡言御兵出將之事，皆摘而録之。

農家類

耕織圖詩一卷 知不足齋寫本。

右宋於潛令鄞縣樓璹撰。其孫洪識云：「耕之圖二十有一，織之圖二十有四，詩亦如之。圖繪以盡其狀，詩歌以盡其情。一時朝野傳誦幾遍，因薦入召對，進呈御覽，大加嘉奬，宣示後宫云。」按宋濂《織圖題後》謂「逐段之下有高宗吳皇后題字」。蓋當日命翰林待詔重摹者。

農書三卷 知不足齋寫本。

右宋陳旉撰。旉隱西山，號全真子。自序謂：「皆皇王撙節愛物之意，非《齊民要術》、《四時纂要》之比也。農桑牧養皆在其中云。」

醫家類

素問註九卷 刊本。

右明太醫院正文會稽馬蒔撰。蒔因王冰舊註章節不分，滑伯仁《讀素問鈔》亦沿王誤，高保衡較正本仍分二十四卷，皆與班固《志》不合。遂取黄鍾九九之數，分篇爲九，辨而註之。

醫學六要十九卷 刊本。

右明盱江張三錫撰。《經絡考》、《四診法》二卷，《病機部》二卷，《運氣略》一卷，《本草切要》六卷，《治法彙》八卷。

藥鏡四卷 刊本。

右明嘉善蔣儀輯。藥分四部：曰温、熱、平、寒。又著三賦：曰《拾遺》，曰《滋生》，曰《疏原》。其書悉本金河秘法而旁採别家以補之。

保嬰撮要八卷 刊本。

右明太醫院院使蘇州薛鎧輯。男薛己序云：「《保嬰撮要》一書，余先人所編集也。余所嘗治驗者，因類附焉。」

鍼灸大成十卷 刊本。

右明三衢楊繼洲撰。萬曆趙文炳序云：「予成痿痺之疾，丸劑莫能奏功。及于都門延名鍼楊繼洲者至，則三鍼而愈。隨出家傳秘要以觀，乃知術之有本也。將付之梓人，猶以諸家未備，復廣求羣書，凡有關于鍼灸者，悉採集之，更考《素問》、《難經》以爲宗主，鍼法綱目備載之矣。且令能匠于太醫院肖刻銅人像，詳著其穴，并刻畫圖，令學者便覽而易知焉。」

删補頤生微論四卷 刊本。

右明松江李中梓撰。皆辨論證治之法，而自抒所得。

證治大還二十册 刊本。

右國朝松江陳治撰。分《診視近纂》二卷，《藥理近考》二卷，《濟陰近編》五卷，《幼幼近編》四卷，《醫學近編》二十卷，《傷寒近編》前後集五卷。

釋骨一册 刊本。

右國朝吴江沈彤撰。倣《爾雅》篇法，本《内經》釋人身體之骨名。

老老恒言五卷 刊本。

右國朝曹庭棟撰。皆言調養老人之法。

釋家類

摩訶止觀二十卷 刊本。

右隋天台僧智者撰。係智者之徒灌頂所記。前有唐翰林學士梁肅[一]序，及傳論一篇。

〔一〕「肅」原作「蕭」，據盧文弨校改。

佛祖統紀五十四卷 刊本。

右宋釋志磐輯教主釋迦牟尼佛本紀四卷、西土二十四祖紀一卷、東土九祖紀二卷、興道法師下八祖紀一卷、諸祖世家二卷、諸師列傳十一卷、雜傳一卷、未詳承嗣傳一卷、佛祖世系表共二卷、山家教典志一卷、浄土立教志三卷、諸宗立教志一卷、三世出興志三教各體志凡三卷、法運通塞志十五卷、歷代會要志四卷、名文光教志二卷。

林間録二卷後集一卷 刊本。

右宋釋惠洪撰。謝希逸序云：「洪覺範與林間勝士抵掌清談，莫非尊宿之高行，叢林之遺訓，諸佛菩薩之遺旨，賢士大夫之餘論，垂三十年，得三百餘事。」

圓悟禪師語録二十卷 刊本。

右宋釋克勤撰。係克勤徒紹隆等編輯。前有耿延禧、張浚序。末附《紹隆語録》。

唯識開蒙三卷 刊本。

右元僧雲峰撰。詳述釋氏宗旨，設爲問答，以發明其義。

湖州雙髻禪菴語録一册 刊本。

右元釋高峰撰。係高峰住持天目時所作。有元虞集奉勅撰《智覺禪師法雲塔銘》附于篇末。

金剛經略疏一册 刊本。

右明鄒式金撰。乃疏解《金剛》大義。

圓覺經直解二卷 刊本。

右明憨山釋德清撰。以圭峰《略疏》太簡，《小鈔》太繁，于《圓覺經》無所發明。因祖《疏義》而直通經文，貴了佛意，而不事文言，故名《直解》。自序云。

金剛經纂註正解五卷 刊本。

右國朝嘉定龔槪綵輯。分章詮釋。每章先列全旨，每段先訓詁，次正講，次略標，次集説。自謂聚得舊註二十餘種，互相參訂，于五十三家舊解，二十七疑原本，多所發明云。

金剛經直解一册 刊本。

右國朝歙縣汪錦纂註。自序謂袁子之《註疏》依樣胡盧，于經中四句偈未能發明。今禱于大士前，歷七日而告成云。

楞嚴經正見十卷 刊本。

右國朝釋濟時撰。康熙己卯盛符升序云：「取義分科，具有別裁，悉由心得。」又太原王撰序云：「長水温陵，天如覺範，大同小異。今讀是語，妙契佛心，不襲前人之剩語。」

玉林禪師語録十二卷年譜二卷 刊本。

右國朝僧通琇撰。係通琇歷主講席所説法語，及詩偈雜著等類。其徒超琦所編。

道家類

道書類抄二册 寫本。

右書上卷《金丹賦》等七種，下卷《天機經》等五種，彙録成編，未詳何人所輯。

迦談四卷 刊本。

右宋學士澶州晁迥著。隨筆劄記，多言禪理〔一〕。

〔一〕 盧文弨批：「似釋家。」

極没要緊一册 振綺堂寫本。

右宋集賢院學士新喻劉敞撰。乃推衍《莊子》之義。卷首標公是先生，不署姓名。

三十代天師虚靖真君語録一册 寫本。

右宋靖康時天師虚靖真人撰。俱言鍊性工夫，如《性命圭旨》之類。明洪武間四十三代裔孫張宇初重爲編輯。

清菴先生中和集六卷 刊本。

右元李道純撰。杜道堅序云：「維揚損菴蔡君志頤，瑩蟾子李清菴之門人也。勘破凡塵，篤修仙道，得清菴之殘膏賸馥，編次成書，題曰《中和集》。」蓋取師之静室名書云。

删補性命圭旨五册 刊本。

右宋真人尹蓬頭撰。分乾、元、亨、利、貞五集。統言天、地、人三丹。而以清静爲宗。删補之者，稱龍沙醉翁，不詳其姓名。明黄道周、瞿式耜皆有序。

含玄子十二卷 寫本。

右明太倉趙樞生撰。皆言養生之事。内篇八，卷外篇二卷，餘篇説經二卷。

至游子二卷 寫本。

右不著撰人姓氏。亦詳言養生之理，分二十五篇。嘉靖間姚汝循序。

古本南華内篇講録十卷 寫本。

右書題曰《古本南華内篇講録》，林屋洞藏書，相傳夢蝶易師與門弟子詳説《南華》旨要，弟子因記述其語，彙録成編。

南華合編四卷 刊本。

右明鄒守益撰。分會語二卷、講義二卷。大旨宗陽明之學者。有周汝登、祁承㸁〔一〕序。

〔一〕「㸁」原作「璞」，今改正。

南華簡鈔四卷 刊本。

右國朝會稽徐廷槐撰。乃採《義海》、《炮莊》、《通義》諸註，摘其要，而參以己意者。

南華模象記四册 寫本。

右國朝舉人錢塘張世犖撰。分《莊子》内外編八卷，詳爲註釋。卷首各標宗旨。

讀丹録一册 刊本。

右不著時代，係莆田彭在玢輯。皆道家煉氣養心之説。

子丹秘典一卷 刊本。

右國朝華陰王子丹撰。乃言天、地、人三丹之要。

食色觀六卷 刊本。

右國朝知縣張芳撰。多採二氏之言，可備鑒戒者。

總集類

南宋文二十八卷 刊本。

右明主事太倉張采輯。乃分類彙纂劉宋一代之文。

宋文選三十卷 刊本。

右國朝無錫顧宸輯。以吕氏祖謙所編《宋文鑑》至北宋止，因廣爲裒次，于南宋采掇尤詳。其自序云：「爲篇一千一百四十有奇，本諸《文鑑》者僅百三十餘首。」則餘皆别采也。又云：「歐、蘇、曾、王之不入，如唐人選詩之置李、杜詩賦琴操之不入。詔勅、赦文、御札等篇之不入，自爲一體也。表、啓、連珠、露布之不入，以其近排耦也。」嚴沆有序。

文章辨體五十卷 刊本。

右明副都御史常熟吳訥輯。本真氏《文章正宗》辨其體製。彭時序云：「録文之入正體者，始于古歌謡辭，終于祭文，釐爲五十卷。其有變體，若四六、律詩、詞曲者，别爲外集五卷附其後。」又云：「每體爲一類，每類各著序題，一本先儒成説。」

明文授讀六十二卷 刊本。

右國朝監生餘姚黄百家輯。本其父宗羲所輯《明文海》一書，採其尤雅，授而讀之者，並有評識之語。

明文在一百卷 刊本。

右國朝常熟薛熙輯。蒐輯明代人文，始賦終題跋，大概倣《文選》之例。

名賢確論一百卷 刊本。

右不著撰人姓名。弘治吳寬序云：「遠自三皇，近至五季，或論其世，或論其人，或論其事，或專論，或通論。此編特出于唐宋之人，予猶恨其不上及于漢，如賈誼《過秦》之類，豈漢以來别自有編耶？」

清暉閣百家論鈔十二卷 刊本。

右明山陰王思任輯。皆明人論古之文。有説，有考，有記，有辨，有議，有評，有略，有難，有書後，有原始。統名《論鈔》，名殊而體近也。

古表選十二卷 刊本。

右明涇縣張一卿輯。採擇唐宋諸家奏表，加以注釋。

皇明名臣經濟録五十三卷 刊本。

右明憲副新安黄訓輯。起洪武，止嘉靖。自開國、保治、内閣三門而外，統以六曹，以類爲從，終以都察院、通政司、大理寺焉。章疏居十之八，傳記論辨居十之一焉。

經濟文鈔十卷 刊本。

右明仁和張文炎輯。首列宗藩、邊防、河漕三門，復以聖學、天文、地理、官制、禮制、財計、兵馬、刑法，分爲八類，皆編録明代之文。

經濟宏詞十二卷 刊本。

右明新安汪以時輯。集明代諸人奏疏策論，分類編次，凡十二門。

留臺奏議二十卷 刊本。

右明蕭如松、朱吾〔一〕弼、李雲鵠、孫居相同輯。皆當時同官留臺者。其書即南京御史臺奏疏也。分君道、修省等爲二十類。皆成化以後、天啓以前之事。

〔一〕「吾」原作「如」，據《存目叢書》影印明萬曆刻本改。

翰苑瓊琚十二卷 刊本。

右明尚書餘姚孫鑛撰。裒集古今詞令，自虞夏以迄明代，分類編次。本楊慎、王元美二家所選而加增訂者。

詩詞雜俎五册 刊本。

右明常熟毛晉所輯。《衆妙集》，汴人趙師秀編次。《翦綃集》，菏澤李龏集唐人句。《石湖田園雜興詩》，都穆序。《月泉吟社》，浦陽吳渭選。《谷音》，清江杜本輯。《河汾諸老詩集》，横汾隱者房祺編。《三家宫詞》，唐王建、蜀花蘂夫人、宋王珪。《二家宫詞》，宋徽宗、楊太后。《元宫詞》，明東吳毛晉子晉訂。《漱玉詞》，宋李氏清照。《斷腸詞》，宋朱氏淑真。《女紅餘志》，武康常陽婦龍輔。凡十二種。

十六名家小品十二册 刊本。

右明錢塘陸雲龍輯。乃采屠隆、徐渭、李維楨、董其昌、湯顯祖、虞淳熙、黄汝亨、王思任、鍾惺、袁宏道、文翔鳳、曹學佺、張鼐、陳仁錫、陳繼儒、袁中道十六家小品古文，彙次成編。

樂府原十五卷 刊本。

右明知縣華亭徐獻忠撰。因左克明所編《樂府》，及郭茂倩所廣諸書，各原其本意，加以纂釋。自序云：「《樂府原》者，原漢人樂府辭，併後代之撰之異于漢人者，以昭世變也。」

漢詩說十卷 刊本。

右國朝錢塘沈用濟、成都費錫璜同輯。取兩漢詩，上自郊廟，下至雜曲，各究其旨，以爲學古詩者從入之路。同時毛奇齡審定之。

漢詩音注十卷 刊本。

右國朝關中李因篤輯。選輯漢詩，詳加注釋。

詩紀一百五十六卷 刊本。

右明光禄卿北海馮琦輯。自上古迄秦，凡删詩之所逸，爲前集。自漢至隋，爲後集。前集所採曰歌，曰謡，曰誦，曰琴操，曰銘，曰箴，曰祝辭，曰繇，曰諫，曰雜辭，曰詩，曰逸詩，曰古諺，曰附録，共十卷。正集始于漢高之《大風》，終于隋人樂府，共一百三十卷。外集仙詩三、鬼詩一，共四卷。别集曰統論，曰品藻，曰雜解，曰駁異，曰志遺，采詩評、詩話等，共十二卷。有二刻：一刻于陜，一刻于金陵。此金陵本也。王世貞序。

元音遺響十卷 寫本。

右元盱江胡布詩八卷，張達詩一卷，黎川劉紹詩一卷，未詳何人所編。

梅花百詠一册 寫本。

右書係元馮子振、釋明本倡和之作。

天台詩選五卷 刊本。

右明天台許鳴遠輯天台一縣人詩，自晉劉知過、知變兄弟而下，至明代止。

小瀛洲社詩六卷 刊本。

右明知府徐咸結十老朱朴、錢錡、徐泰、吴昂、陳鑑、陳瀛、劉蜕、鍾梁、陸永瑛，刊《小瀛洲社詩》，有圖記社中之勝，并爲小傳。鍾梁之孫祖述輯。

青溪先正詩集四卷 刊本。

右國朝訓導餘杭鮑楹輯。録淳安一縣人詩，凡二十四家。青溪，即今淳安也。

濮川詩鈔三十八卷 刊本。

右鈔濮川國朝諸詩〔一〕人二十九家，合而刻之。濮川爲嘉興所轄，中有流寓者，不盡禾人也。二十九家爲：濮雪筠、沈梅鷗、沈白山、馮爾遠、楊赤雯、楊爾梅、楊存齋、周豐玉、周飛藻、周鎬瞻、陳勳碩、徐若初、徐端牧、張文韓、陳鴻園、沈坦如、沈山腥、濮瀛仙、程再韓、陳夔一、曹名竹、鍾子久、陳分佩、張恕夫、陳古銘、張崙表、沈虞尊、潘鶴微、釋位惺也。

〔一〕「國朝」原在「諸詩」下，據盧文弨校改。

太倉十子詩選二册 刊本。

右國朝吴偉業序選。十子者，汝南周肇《東岡集》，太原王揆《芝廛集》，高陽許旭《秋水集》，江夏黄與堅《忍菴集》，太原王撰《三餘集》，瑯琊王昊《碩園集》，太原王抃《健菴集》，瑯琊王曜升《東皐集》，武陵顧湄《水鄉集》，太原王攄《步檐集》也。

廣東文選四十卷 刊本。

右國朝劉茂溶輯。本張鳳翼《嶺南文獻》一書，重爲删增者。自漢迄明，合詔令、奏疏、序記、傳論、碑誌、賦頌、詩，凡四十卷。

謫仙樓集三卷 刊本。

右明武康駱駸曾輯。採唐宋以來題咏詩文之爲謫仙樓者。樓爲唐李白遺蹟〔一〕。

〔一〕 盧文弨批：「豈此樓亦在武康耶？不則當著其地。」

明道書院紀蹟四卷 刊本。

右國朝會稽章秉法輯。係秉法興復金陵明道書院，紀其事蹟，并類敘歷代碑記等文。末附閩人淇所録詩賦一卷。

蓉溪書屋集四卷續集五卷 刊本。

右明主事開化方豪輯李東陽諸家題咏蓉溪書屋詩文。蓉溪爲綿州金舜舉别業。

清泉小志一册 刊本。

右明職方司郎中廣東黎民表輯。係清泉精舍中同時唱和詩篇，民表彙而録之。

友聲集七卷 刊本。

右國朝會昌賴鯤〔一〕升裒輯其友人往來贈答之作。文五卷，詩二卷。

〔一〕「鯤」字原脱，據《四庫存目叢書》影印康熙刻本增補。

別集類

杜詩會粹二十四卷 刊本。

右國朝蕭山張遠輯。取虞山錢氏、松陵朱氏二家杜詩之箋註，因爲補其遺略。

韓集點勘四卷 刊本。

右國朝長洲陳景雲撰。景雲自跋云：「近代吳中徐時泰東雅堂刊《韓集》，用宋末廖瑩中世綵堂本，乃全無學識者。因取魏本及《考異》全文互勘得失，成此。」

羅昭諫集八卷 刊本。

右唐新城羅隱著。係隱遺著，後人掇拾成編。

二范奏議五册 刊本。

右明湖廣按察司僉事蘇州范惟一輯其遠祖宋范仲淹、范純仁各奏議，兼附書牘、經解。

東坡守膠西集二册 刊本。

右明萊州府知府揚州閻士選等輯録宋蘇軾官膠西時前後所作詩文，合爲一集，加以評釋。

東坡禪喜集四册 刊本。

右明烏程凌濛初録蘇文中之有涉于禪理者編入之。因徐長孺原本，復爲增補。陳繼儒序。

農歌集五卷 寫本。

右宋贛州參軍天台戴昺撰。昺字景明，號東野，石屏之從孫，嘉定時人。石屏稱其不學晚唐，曾聞《大雅集》中有答妄論唐宋體者。楊萬里序之。

柳待制文集二十卷附録一卷 刊本。

右元翰林待制浦江柳貫撰。爲歐陽溥所編。虞集序。詩六卷，文十四卷。並録黄溍、宋濂、戴良所作墓表、行狀、碑記，合爲一卷。

野處集三卷 刊本。

右元松江邵復孺撰。明新都汪稷校。上海馮遷後序云：「元末兵亂，浙中殆甚，一時騷人墨士徙避于吾郡横泖之上者，凡若干人。若會稽楊廉夫、天台陶九成、曲江錢惟善之流。更相唱酬，日以著書立言爲事。是皆逃世而忘形役之勞者也。復孺則睦州人，嘗爲吾郡校官，遂家于此。與諸公相去甚近。人各有集傳播于世。復孺則未見其傳。今汪君梓而廣之，與諸公並稱于時，豈非好賢之至與。」

始豐藁十四卷 桐鄉金氏桐華軒藏刊本。

右明教授天台徐一夔撰。皆各體古文。

彭惠安文集十卷附録一卷 刊本。

右明尚書章江彭韶撰。杜俊、鄭岳序之。

趙半江集十五卷 刊本。

右明按察使吴江趙寬撰。寬字栗夫，成化辛丑會試第一。前集詩，後集文。王守仁敍。

張龍湖集十五卷 刊本。

右明大學士茶陵張治撰。文十卷，詩詞五卷。雷禮、薛應旂有序。

顧文康全集十八卷 刊本。

右明大學士崑山顧鼎臣著。係鼎臣自撰詩文，卷首列詔制等篇。

萬文恭公集十二卷 刊本。

右明禮部尚書宜興萬士和撰。姜寶序。

姚承菴詩集三卷 刊本。

右明烏程姚舜牧撰。又名《樂陶吟草》。舜牧精于經學，兼通史事。詩其餘技，亦自成家。

吴文肅公摘稿四卷 刊本。

右明尚書宜興吴儼撰。萬士和序云：「公嚴于自守，慎其所與。當時何、李輩出，號稱善鳴。而公獨守故步，泰然自得，若清泉白石，把玩不足。公可謂篤于自信，不願乎其外者矣。」

蔡汶濱文集十二卷 刊本。

右明御史寧晉蔡靉撰。靉字天章。汶水在寧晉。靉搆書院于其地，故名其集。

翠渠摘稿七卷 刊本。

右明右布政使莆田周瑛撰。瑛字梁石，翠渠其號也。

蔡文莊公集八卷 刊本。

右明祭酒晉江蔡清撰。有近時寧化雷鋐、揭陽吴日炎兩序。

藿園詩存六卷 刊本。

右明教諭嘉興李應徵撰。蔣薰序云：「霽巖李公爲萬曆名孝廉，九上公車不第。詩著有《青蓮館諸藁》凡九種，此其一也。」

督撫經略疏八卷 刊本。

右明尚書李遂撰。御史劉景韶編而序之。

亦玉堂稿十卷 刊本。

右明大學士商丘沈鯉撰。新城王公原刻十卷，又有續藁八卷。此係康熙間劉榛收合殘缺重刻爲十卷。榛有序。

孫文簡公集五十八卷 刊本。

右明尚書信陽孫承恩撰。陸樹聲序。

李愚谷集十卷 刊本。

右明太僕卿樂安李舜臣撰。王世貞序。

凌谿集十八卷 刊本。

右明提學副使寶應朱應登撰。凌谿視學閩中，當時稱邃菴、虎谷、凌谿爲三先生，其詩文曾有合刻者。

張文僖公文集十二卷 刊本。

右明尚書盱江張昇撰。嘉靖元年邵寶序云：「盱江張公既卒之五年，而柏崖集成，其子今浙江左布政使元傷所校録而刻焉者也。刻成，而賜謚之命適至，遂以名之。」

鼇峰類藁二十六卷 刊本。

右明大學士萊州毛紀撰。一卷至十八卷文集，十九卷至二十六卷詩集。

天山存稿八卷 刊本。

右明尚書南海何維柏撰。各體詩文。

嗜泉詩存二卷 刊本。

右明海鹽李璋著。古今各體詩。方棨如曰：「嗜泉慕張方洲之學，師事之。集中每有唱和之作。晚不得志，日以詩酒自娱。」

訥溪奏疏二册 刊本。

右明太常卿太平周怡撰。怡官諫垣時所作疏稿。後有附録一册。

文嘻堂詩集三卷 刊本。

右明郎中無爲朱芾煌撰。古今各體詩。後附詩餘。

陸學士先生遺稿十六卷 刊本。

右明禮部侍郎蘭谿陸可教撰。盧洪春序云：「敬承胸次灑落，不好紛華，不邇聲利，故文亦冲素泠淡，若太羹元酒，無穠艷妖異之態。」

自怡堂集四卷 刊本。

右明主事關中來儼然撰。有萬曆米萬鍾序云：「望之之捷南宫也，與余同録于昭素黄太史先生。及望之官司馬，余適浮湛長安。予觀望之腹甚便，貌魁頎，而氣恬以愉，津然町畦之不設。無何而望之遽賦玉樓，不可解矣。」

谷水集二十二卷 刊本。

右明生員海鹽胡夏客撰。詩二十卷，文二卷。

海樵先生全集二十一卷 刊本。

右明山陰陳鶴撰。鶴遊金陵最久，初以蔭補職，後以疾謝罷，爲山人，葛巾野服，築室飛來山，閉門伏枕，手不釋卷，足不下牀者七年。其專如此。薛天華、李夢陽有序。

汲古堂集二十八卷 刊本。

右明永嘉何白撰。陳繼儒序。

東園文集十三卷 刊本。

右明尚書泉州鄭紀撰。紀字廷綱，號東園。舊編有門人吴儼序。此係續編，康熙間裔孫耄之序。

三易集二十卷 刊本。

右明嘉靖唐時升撰。詩六卷，雜文十四卷。王錫爵、王衡、侯峒曾有序。時升與婁子柔、程孟陽、李長蘅稱嘉定四先生。

瑶光閣集十三卷 刊本。

右明推官鄱陽黄端伯撰。端伯字元公，又號蕭曲山人。

八厓詩文集九卷緒論二卷 刊本。

右明按察副使華容周廷用撰。八厓，山名，在衡州，控衡嶽而引沅湘，楚山之雄峙者也。陸釴序。

適適齋鑑鬚集七卷 刊本。

右明御史惠安陳玉輝撰。語録一卷，雜文一卷，詩一卷。

雪洲集十四卷 刊本。

右明侍郎徽郡黄瓚撰。正集十二卷，續集二卷。吕柟序。

棲老堂詩集一卷 刊本。

右明嘉興殷仲春撰。姚士粦選而序之。

上生集八卷 刊本。

右明諸生常州秦奐撰。詩二卷，雜文六卷。陳繼儒序之。

學園集經學一册詩文六卷續編一册 刊本。

右明嘉興沈起撰。經學六種：一《大易測》，二《春秋經引》，三《春秋傳引》，四《詩説》，五《詩逆偶存》，六《四書慎思録》。總名《墨子經學》。《續編》皆詩文也。

樓居雜著一卷野航詩稿文稿并附録共一卷 刊本。

右明長洲朱存理撰。

國門乙集一册國門集一册 刊本。

右明吳興凌濛初撰。凌以治經有聲，識者稱其學多卓見云。

葉玉城全集四册 刊本。

右明御史涇縣葉永盛撰。嘗官浙之巡鹽御史，有惠政，倡率多士于西湖爲舫課。今崇文書院中設像祀之。

程幼博集六卷 刊本。

右明新安程大約撰。大約以製墨最有名。

畫響四册 刊本。

右明李永昌撰。皆題畫詩。

吾野漫筆十三卷 刊本。

右明許炯撰。

中川〔一〕遺稿三十三卷 刊本。

右明侍郎河南王教撰。教字庸之。大梁李法序云：「先生學窺本原，志本康濟，尚論其世者，有以窺先生于詞章篇什之表者乎。」

〔一〕「川」原作「州」，據《四庫總目》改。

方簡肅公文集十卷 刊本。

右明尚書莆田方良永撰。

荷華山房稿七卷 刊本。

右明兵部尚書高安陳邦瞻撰。皆各體詩。

小漁先生遺稿十二卷 刊本。

右明太常寺卿蘭谿唐汝楫撰。徐應亨伯陽序。

粵西疏稿三卷 刊本。

右明尚書連江吳文華撰。係巡撫粵西時所上諸疏。

留都疏稿一册 刊本。

右前人撰。乃裒集南京任内所陳奏疏。

勉齋遺稿三卷 刊本。

右明知州慈谿鄭滿撰。滿字守謙。今其裔在半浦，世有文學。

鄒孚如集六卷 刊本。

右明雲夢鄒觀光撰。係序論雜文。

馮文所巖棲稿三卷 刊本。

右明提學副使華亭馮時可撰。皆係雜文。

黄太史文集四册 刊本。

右明詹事府詹事南充黄輝撰。舊有《怡春堂集》行世。此係天啓間王振奇選刻，王有序。

酉陽山人編篷集十卷 刊本。

右明華亭唐汝詢撰。汝詢五歲而盲。著有《唐詩解》。

洪季隣集四卷 刊本。

右明參政新安洪翼聖撰。張文光序。

劉蕺山先生集二十四卷 刊本。

右明左都御史山陰劉宗周撰。字起東，號念臺，學者稱蕺山先生。今本爲學使雷鋐刊。

七録齋集十六卷 刊本。

右明庶吉士婁縣張溥撰。溥字天如，號西銘。兄采序之。

白雲集六卷 寫本。

右明莆田陳昂撰。昂字爾瞻。鍾惺序比之徐渭、宋登春云。

慧閣詩九卷 刊本。

右明閩縣陳翼飛撰。翼飛字元朋，與馮開之、屠緯真同時相善。

九山遊草一册 刊本。

右明舉人平湖李確撰。九山在今當塗。

古雪堂文集十九卷 刊本。

右明參政渭南王令撰。何振序。

古雪堂詩集二册 刊本。

右前人撰。分五集。

念西堂詩集二册 刊本。

右前人撰。分八卷。

王侍御詩集七卷 拜經樓寫本。

右明監察御史無錫王瑛撰。

覆瓿集六卷 刊本。

右明尚書閩縣林炯撰。

忠貞文齋公文集十一卷〔一〕 刊本。

右明推官永豐余祚徵撰。

〔一〕「十一卷」原作墨丁，今據《四庫總目》補。

叢桂堂集二册 刊本。

右明翰林韓四維撰。

存笥小草四卷附餘二卷 刊本。

右明廣陵冒日乾撰。

潘恭定公集十二卷 刊本。

右明潘汝孝撰。

貞元子詩草一册 刊本。

右明松江項穆撰。

東海散人集五卷 刊本。

右明松江顧德基撰。

湛園集十二卷 刊本。

右明嶺南潘益之撰。

復〔一〕齋遺稿一册 刊本。

右明餘干陳憲撰。

〔一〕按：《四庫總目》作「後」。

笑拙墅稿一册 刊本。

右明海陽余建中撰。

半隱文集十卷 刊本。

右明淳安陳衡撰。

東壁遺稿二卷 刊本。

右明蘇州蔣燾撰。

研山山人漫集一册 刊本。

右明吴郡方大年撰。

芙蓉館集二卷 刊本。

右明漳浦楊一葵撰。

蓀堂集十卷 刊本。

右明大學士新都吴文奎撰。

心源〔一〕集二十五卷 刊本。

右明刑部侍郎廣昌何源撰。

〔一〕按：《四庫總目》作「泉」。

璞岡集二册 刊本。

右明都給事汲縣馮汝彰撰。

斗南詩集四卷 寫本。

右明教諭海昌胡虚白撰。

金陵勝覽詩一卷 刊本。

右明山陰章思〔一〕撰。

〔一〕按：《四庫總目》作「恩」。

楊州瓊花集二册 刊本。

右明四明楊端撰。

采芝堂集十六卷 刊本。

右明侯官陳益祥撰。

鄭京兆集十二卷 刊本。

右明治中海鹽鄭心材撰。端簡公曉之子也。

青沙吟草二卷 刊本。

右明仁和陳五教撰。

鄒荻翁集六册 刊本。

右明竟陵鄒枚撰。

元光漫集五卷 刊本。

右明布政使桃源李徵撰。

説劍齋稿八卷 刊本。

右明都尉江寧何良臣撰。

徐花潭先生集二卷 知不足齋寫本。

右明高麗生員徐敬德撰。論理氣、音樂、數學。中有《聲音解》、《皇極經世解》，尤見實際。後附詩。

石屋禪師山居詩一册 刊本。

右明釋石屋撰，參學門人至柔編。

别集類二

夏峰先生集十四卷 刊本。

右國朝容城孫奇逢撰。詩文十二卷,語録二卷。魏裔介序。

湯文正公疏稿四卷遺稿五卷志學會要一卷 刊本。

右國朝尚書睢州湯斌撰。

讀史亭詩集十六卷文集二十二卷 刊本。

右國朝雲南左布政使鄧州彭而述撰。而述字禹峰。朱彝尊、毛奇齡皆有序。

潠書八卷 刊本。

右國朝錢塘毛先舒撰。

峅老編年詩鈔九卷續鈔四卷 刊本。

右國朝錢塘金張撰。張字介山,又俗呼張介山。黄宗羲序。

説詩堂集十一卷 刊本。

右國朝錢塘諸匡鼎撰。柴世堂序。

栖雲閣詩十六卷 刊本。

右國朝侍郎淄州高珩撰。珩字葱佩，號念東。趙執信序。

抱經齋詩集十四卷文集六卷 刊本。

右國朝内閣學士秀水徐嘉炎撰。有李天馥、王士禛、王鴻緒、宋犖、韓菼、田雯諸序。嘉炎與同里朱彝尊同登博學鴻詞科。性彊識，最爲時所推。

松桂堂全集三十七卷 刊本。

右國朝侍郎海鹽彭孫遹撰。錢陳羣序云：「康熙己未詔舉博學鴻詞，于是海鹽羨門彭先生裒然舉首。與先生同舉諸公，其年陳君有《檢討集》，次耕潘君有《遂初堂集》，大可毛君有《西河全集》，鈍翁汪君有《堯峰集》，悔菴尤君有《西堂全集》，竹垞先生有《曝書亭集》，他如施愚山、龐雪厓、王華亭、湯睢州諸君子，以專集行世者，無慮數十家。獨先生手訂《松桂堂全集》最後出，足以並傳于世云。」

柴省軒文鈔十二卷 刊本。

右國朝仁和柴紹炳撰。紹炳字虎臣，西陵十子之冠。方象瑛爲作傳。

變雅堂集五卷 刊本。

右國朝黄岡杜濬撰。濬字于皇，以詩鳴于楚，最有聲。能力矯公安、竟陵之派者。

漫餘草一册　刊本。

右國朝布政使嘉興王庭撰。

鶴静堂集十九卷　刊本。

右國朝知府華亭周茂源撰。詩十四卷，文五卷。

城山園草四卷　刊本。

右國朝山東學政會稽唐賡堯撰。賡堯字載歌，順治壬辰進士。詩爲其門人陳相國廷敬序。相國乃賡堯典試山西所拔士也。

愚菴小集十五卷　刊本。

右國朝吳江朱鶴齡撰。賦一卷，詩六卷，古文九卷。計東序。

韋弦自佩録十二卷　刊本。

右國朝語水朱輔輯。輔嘗遊黄石齋、劉蕺山之門。王士禎序。

改亭集十六卷　刊本。

右國朝舉人吳江計東撰。汪琬、宋犖序。東嘗從湯潛菴講學，又從學文于汪鈍翁，故論有本原。

林蕙堂全集二十六卷　刊本。

右國朝知府江都吳綺撰。

改菴偶集詩八卷雜著一册 刊本。

右國朝知縣桐鄉仲宏道撰。同郡杜臻序之。

范忠貞公集十卷 刊本。

右國朝總督三韓范承謨撰。後附死事諸寮友傳。

雲嶠集一册蕉園集一册梅庄集一册梅庄文集一册 刊本。

右國朝蕭山張遠撰。遠字邇可，即著《杜詩薈粹》者。《雲嶠集》顧汧序，《蕉園集》毛奇齡序，《梅庄集》自序。

張秦亭詩集十四卷 刊本。

右國朝錢塘張丹撰。

野香亭集六册 刊本

右國朝編修合肥李孚青撰。孚青字丹壑，相國容齋之子。王士禛、毛奇齡、陳廷敬、姜宸英、田雯、章藻功序之。

石屋詩鈔八卷補一卷 刊本。

右國朝知府溧陽魏麐徵撰。麐徵字蒼石。宋犖序。

鉢山堂詩十九卷 刊本。

右國朝寶安陳阿平撰。阿平字獻孟。梁佩蘭稱其「寢食太白詩垂三十年，與余同好」云。

舟車集二十卷 刊本。

右國朝寶應陶季深撰。季深名徵，以字行。喬萊序。

託素齋文集六卷詩集四卷 刊本。

右國朝參政長汀黎士宏撰。士宏字媿曾。潘耒、魏禮序之。

張襄壯公奏疏六卷 刊本。

右國朝靖逆侯西安張勇撰。皆其奏績疆場及歷辭封號諸疏。

白石山房集十四卷 刊本。

右國朝提學吉水李振裕撰。汪琬序。

詩存一册〔一〕 刊本。

右國朝詹事仁和邵遠平撰。原名遠。門人韓菼序。

〔一〕羅以智批：「別有刊本《文存》一册。」

志壑堂詩集十五卷 刊本。

右國朝檢討淄川唐夢賚撰。王士禛選。姜宸英序。

南耕詞六卷 刊本。

右國朝宜興曹亮武撰。後附《歲寒詞》一卷、《荆溪歲寒詞》一卷、《南耕草堂詩》一卷。尤侗、儲欣、陳維崧俱有序。

桐乳齋詩集十二卷後洋書屋詩鈔一册 刊本。

右國朝贈大學士錢塘梁文濂撰。

清芬堂稿八卷 刊本。

右國朝侍郎烏程胡會恩撰。會恩，胡朏明渭之姪。朱星渚序之。

圭美堂集二十六卷 刊本。

右國朝侍講宿遷徐用錫撰。雷鋐序。

眺秋樓詩集八卷 刊本。

右國朝知縣商丘高岑撰。沈德潛序。

東江詩鈔十二卷 刊本。

右國朝吏部郎太倉唐孫華撰。門人陸師編次。納蘭揆敘序。

集古梅花詩一册 寫本。

右國朝吳縣張曼〔二〕輯。凡四種：集唐二種，宋元明二種。

〔一〕按：《四庫總目》作「張吴曼」。

天香閣詩集十卷 刊本。

右國朝烏程唐之鳳撰。之鳳字武首。後附唐雲楨《碎玉合編》。

慎獨軒文集八卷 刊本。

右國朝襄城劉青霞撰。王心敬爲作傳。

菀青集一册 刊本。

右國朝檢討蕭山陳至言撰。至言官河南學政。前後所刻詩文皆名《菀青》。最初之刻爲毛奇齡、陶文彬所序。此本不分卷目，非全稿，蓋別刻也。

師經堂集十八卷 刊本。

右國朝鄞縣徐文駒撰。文駒字子文。文十卷，詩五卷。

歲寒堂存稿二册 刊本。

右國朝諸生〔一〕錢塘林璐撰。璐字鹿菴。其文跌宕有逸氣。

〔一〕「諸生」原作「郎中」，據羅以智校改。

聞鐘集五卷 刊本。

右國朝語水勞大輿〔二〕撰。自序云：「即晨鐘猛覺意也，因以名集。」

〔一〕「輿」原作「與」，據《四庫總目》改。

冶古堂文集五卷 刊本。

右國朝侍郎新安吕履恒撰。係沈德潛、陳萬策、王源鑒定者。

夢月巖詩二十卷 刊本。

右前人撰。

了菴文集九卷 刊本。

右國朝舉人潭州王岱撰。施閏章選而序之。

思復堂集十卷 刊本。

右國朝諸生餘姚邵廷采撰。係傳序記略各體文。

復園文集六卷 刊本。

右國朝烏程董聞京撰。

澹友軒集十六卷 刊本。

右國朝尚書懷慶薛所藴撰。張永祺序。

南莊類稿八卷 刊本。

右國朝知府廣昌黄永年撰。後附《奉使集》、《静子日記》各一卷。

稽留山人集二十卷 刊本。

右國朝錢塘陳祚明撰。祚明字允倩。嚴沆、顧豹文、陸嘉淑序。

柳塘詩集十二卷 刊本。

右國朝錢塘吳祖修撰。門人周龍藻、陳葨與其猶子晉濤校刻。張大受爲序。

静便齋集十卷 刊本。

右國朝仁和王曾祥撰。與江都王世球並稱。寧化雷鋐爲作合傳。

秀巖集三十一卷 刊本。

右國朝尚書仙井胡安世撰。

緯蕭草堂詩六卷 刊本。

右國朝商丘宋至撰。至字山言。

石川詩鈔三卷 刊本。

右國朝太常寺卿江都方覲撰。歸安姚世鈺序云：「公入翰林，屢司文衡。又精于吏事，廉不傷物，慈不貸奸。所著《石川詩稿》，余嘆其師效在大曆、元、長諸作者間。公亦欣然以爲得一知己也。」

山曉閣詩十二卷 刊本。

右國朝嘉善孫琮撰。字執升，居風涇里，雅操選政。其書多流傳者。

絳跗閣詩藁十一卷 刊本。

右國朝贊善秀水諸錦撰。字襄七，號草廬，康熙辛丑進士，選庶吉士。散館後就職金華府學教授。乾隆丙辰，以博學鴻詞科復入翰林。所著各經解外，有《兩浙詩鈔》若干卷，搜采廣而博擇精。惜未板行。

柳漁詩鈔十二卷 刊本。

右國朝御史錢塘張湄撰。杭世駿序。

江聲草堂詩集八卷 刊本。

右國朝口北道錢塘金志章撰。志章字繪卣。

無悔齋集十五卷 刊本。

右國朝錢塘周京撰。鄞全祖望爲作墓誌銘。

恕齋偶存八卷 寫本。

右國朝諸生淳安方士穎撰。

釀川翁集十卷 刊本。

右國朝山陰許又文撰。以邑中有沈釀川，因以自號，而并名其集。

柘坡居士集十二卷 刊本。

右國朝舉人秀水萬光泰撰。鄞全祖望爲作墓誌。

阿字無禪師光宣臺集二十二卷 刊本。

右國朝釋今無撰。

直木堂詩集七卷 刊本。

右國朝匡廬釋本書撰。黄宗羲序。

冬關詩鈔六卷 刊本。

右國朝釋通復撰。朱竹垞詩云「方外能詩數復公」是也。

完玉堂詩集十〔一〕卷 刊本。

右國朝釋元璟撰。元璟字借山，號晚香老人。其詩爲陸翰林奎勳所删定。自序云：「禪與詩一也，禪貴悟，詩亦貴悟也。」〔二〕

〔一〕「十」原作墨丁，據《四庫總目》補。

〔二〕盧文弨批：丙申五月二十七日弓父閲。羅以智批：戊申六月閲一過，距抱經先生校閲時七十有二年矣。羅以智鏡泉甫記。時陳君碩甫屬爲汪氏振綺堂勘對書目。

浙江採集遺書總録跋

乾隆壬辰之歲，有詔徵求遺書。浙之大吏，自中丞監司以下，僉議設局會垣。因與督學韓城王公諮謀，檄諸教官校閲其中。延請當湖侍講沈公總主其事。並詳議各員薪水、役食、紙劄諸經費，以差而給。皆係捐廉，不動正項。當事諸公，以事關明旨，惟詳惟慎，毋敢輕忽。璋於是歲九月即奉檄來局，貯局之書，近時人經學、文集數十種而已。讎閲之餘，間與同事諸君唱和詩篇爲樂。已而疊奉恩綸，諄切開諭。浙中藏書家捆載麕至。移局太平坊，列屋兼輛，充牣其中。近時簿録家，如錢曾《敏求記》、朱彝尊《曝書亭集》内所開載，其託爲異本者，一時畢萃。且有錢、朱所未經見者，不知凡幾。嘻，何其盛也。璋東海鯫生，耳目狹隘，此如窮措大驟入石崇、王戎之室，目不暇給，私竊欣幸，以爲躬逢右文之代，得飽飫所未見，真千載不可多得之遇。朝夕不遑，親自校勘，夏則揮汗不停披，冬則篝燈，至夜分不勌。幾于寒而忘衣，飢而忘食。旁人莫不以爲癡。不暇顧也。浙省奏書，遵旨以書之陸續到局爲先後。故每奏一次，少百餘種，多或數百至千餘種不等。同事四五人，分手趕辦。每書開敘姓氏、爵里、節略。必查檢他書，而其時又迫于期限，往往連日夕不輟，頭目爲暈。自壬辰冬至乙未夏，作十四次奏進。每次皆然。癸巳秋，璋與同事朱君休度、張君羲年商搉，謂吾輩此番之書，等于烟雲過眼，盍稍述其梗概，付之剞劂氏，以爲浙中掌故乎？因請于大參臨汾王公。王公深喜，慨然許助貲焉。爰取前所奏底稿，重加類次。分爲自甲至癸十集。其十次以下，則分爲閏集。襄其事者陶君廷珍、唐君虞、朱君文藻也。刻既竣，臨汾王公既有弁言，復請于中丞三公、方伯徐公更爲審定，各加以序。皆詳述其緣起。兹不復贅。臨汾王公調任甘肅，時璋送之河干。謂曰：「汝亦盍爲跋乎？」因不揣而略爲述之如此。

乾隆歲乙未九月中浣日嘉興府嘉善縣儒學訓導姚江黄璋謹識。

浙江採集遺書總録
書名、著者索引

本索引按四角號碼檢字法的順序排列，每條字頭單獨標出，注明四角號碼和附角；同號碼字頭除首見一字注明號碼外，其下從略。每條第二字取一、二兩角號碼。

本索引依據《浙江採集遺書總録》中的書名、著者編製。

浙江採集遺書總録
書名索引

0

0010_4 童
17 童子鳴詩集 694
童子問 52
44 童蒙訓 316

0010_8 立
00 立齋遺稿 654
立齋閑録 185

0011_4 痓
71 痓驥通元論 492

瘞
47 瘞鶴銘考 423

0011_8 痘
33 痘治附方 489
痘治附辨 489

0012_7 病
37 病逸漫記 383

0016_7 瘡
00 瘡瘍經驗全書 485

0021_1 鹿
40 鹿皮子集 615
43 鹿城書院集 289
71 鹿原存稿 669

0021_4 產
47 產鶴亭詩 752

雍
40 雍大記 269
60 雍畧 217
87 雍録 268

麈
09 麈談 360
50 麈史 354

廬
22 廬山紀事 286
廬山志 780

0022_2 序
44 序芳園稿 681

0022_3 齊
10 齊雲山志 284
20 齊乘 267
77 齊民要術 480
齊民要書 360

齎
40 齎志先生集 722

0022_7 方
00 方言類聚 135
15 方建元集 723
22 方山文録 682
27 方舟先生易學 6
方舟左氏諸例 91
32 方洲集 646
37 方初菴集 703
40 方壺集 583
44 方麓居士集 684
60 方是閑居士小稿 584
72 方氏墨譜 436
77 方輿勝覽 256
83 方鐵菴集 584
88 方簡肅公文集 833

市
72 市隱園詩文初紀、二紀 541

帝
00 帝京景物畧 258
88 帝鑑圖説 231

席
21 席上腐談 355

商
00 商文毅公疏稿 642
商文毅公集 642
商文毅公遺行集 248

高
00 高廟紀事本末 181
02 高新鄭全集 695
10 高吾摘稿 664
11 高麗圖經 294
17 高子遺書 336
22 高峯語録 500
高峯集 567
26 高皇后傳 181
44 高菊磵集 582
88 高節菴集 639
90 高常侍集 545

庸
00 庸言 751
庸言録 343
21 庸行編 778
44 庸菴詩集 631

廟

22 廟制考義 87

廟制圖考 87

90 廟堂忠告 356

0023_0 卞

37 卞郎中詩集 643

0023_1 應

44 應菴任意録 361

72 應氏易解 31

0023_2 康

00 康齋文集 647

88 康節觀物篇解 317

0023_7 庶

00 庶齋老學叢談 382

27 庶物異名疏 366

庚

50 庚申外史 180

廉

50 廉吏傳 234

0024_7 夜

21 夜行燭 322

92 夜燈管測 360

慶

37 慶湖遺老集、拾遺 561

0025_2 摩

01 摩訶止觀 812

0026_7 唐

04 唐詩韻匯 517

10 唐一菴集輯要 657

16 唐碑帖考 415

30 唐宋元名表 511

40 唐大詔令集 201

唐李丞相追昔遊集 549

44 唐藩鎮指掌 166

唐世説新語 377

47 唐朝名畫録 424

50 唐史論斷 304

唐摭言 201

50 唐書直筆 771

77 唐闕史 171

80 唐會要 200

88 唐餘紀傳 168

0028_6 廣

00 廣文選 504

04 廣諧史 386

10 廣王衛王本末 179

廣百川學海 453

17 廣羣輔録 234

21 廣卓異記 233

廣修辭指南 450
廣名將譜 777
30 廣字義 347
32 廣州四先生詩選 540
廣州人物傳 254
37 廣滑稽 797
40 廣志繹 258
43 廣博物志 367
44 廣蒙求 138
50 廣東文選 823
廣東詩粹 540
53 廣成集 551
60 廣易筌 23
74 廣陵文集 560
80 廣金石韻府 151

0029_4 麻
44 麻姑洞天志 289

0033_0 亦
10 亦玉堂稿 828

0033_6 意
44 意林 350
60 意見 794

0044_0 文
00 文章辨體 818
文章辨體彙選 508
21 文儷 512
22 文斷 402
25 文生小草 726
30 文房四譜 435
文字審 768
32 文溪集 586
36 文温州集 648
37 文潞公集 555
文選雙字類要 450
文選補遺 504
文選錦字録 450
文選類林 450
38 文海披沙 800
40 文奇豹班 393
44 文苑彙雋 447
文苑英華辨證 354
文苑英華鈔 504
文苑四先生集 802
文藪 546
文華大訓箴解 207
47 文起堂集 689
48 文翰類選大成 505
50 文肅公文集 645
60 文昌雜録 203
文園漫語 369
62 文則 399
64 文嘻堂詩集 829
72 文隱堂詩 734
文氏五家詩集 647
88 文竽彙氏 310

0040_1 辛
77 辛巳泣蘄録 178

0040_6 章
38 章道峯集 685
50 章申公九事 417

0040_8 交
07 交黎事畧 193
22 交山平寇本末 198

0041_4 離
77 離騷草木疏補 542

0043_3 奕
44 奕世增光集 313

0044_1 辨
53 辨惑編 321
辨惑續編 338
72 辨隱録 236

辧
44 辧苗紀畧 198

0060_1 言
04 言詩翼 55

音
47 音聲紀元 150

0060_3 畜
24 畜德録 791

0062_7 謫
22 謫仙樓集 823

0073_2 玄
44 玄蓋副草 721
49 玄妙經解 470
77 玄學正宗 496

襄
76 襄陽外編 392
襄陽守城録 178

0080_0 六
01 六語 389
20 六壬五變中黄經 469
六壬行軍指南 470
六壬心鏡 469
六壬軍帳賦 469
六壬觀月經 469
六壬畢法 469
21 六經三注粹抄 123
六經正誤 120
六經圖 120、125
30 六家詩名物疏 55
37 六祖大師法寶壇經 498
40 六李集 687
44 六藝綱目 138

六藝流別 400
47 六朝通鑑博議 304
六朝聲偶集 516
六朝事迹 263
50 六書辨通 153
六書正譌 142
六書統 142
六書例解 153
六書總要 147
六書故 142
六書本義 144
六書指南 147
六書賦、音義 147
六書分類 152

0090_6 京
60 京口三山續志 285
京口三山志 285

0091_4 雜
03 雜誡 322

0121_1 龍
00 龍唐山志 284
10 龍雲集 562
22 龍川文集 581
龍川別志 172
26 龍皐文稿 660
31 龍憑紀畧 193
32 龍洲集 582
龍溪語録 326
龍溪集 680
77 龍門志 281
龍學孫公春秋經解 89
80 龍龕手鑑 141
88 龍筋鳳髓 550

0128_6 顔
17 顔子鼎編 321
顔子繹 334
72 顔氏匡謬正俗 793

0162_0 訂
02 訂譌雜録 375

0164_6 譚
17 譚子雕蟲 801

0164_9 評
50 評史心見 307

0166_1 諧
47 諧聲指南 147

0261_4 託
50 託素齋文集、詩集 844

0261_8 證
33 證治大還 811
38 證道歌 499

0266_4 話

77 話腴甲集、乙集 353

0292_1 新

00 新唐書糾繆 304

23 新編排韻增廣事類氏族大全 309

30 新安文獻志 266

新安二布衣詩 535

新安志 266

新定九域志 256

31 新河成疏 226

新濬海鹽内河圖説 228

46 新加九經字樣 119

48 新增格古要論 416

0365_0 誠

00 誠齋集 576

誠齋易傳 4

誠意伯文集 629

識

21 識仁定性解 788

35 識遺 354

40 識大録 164

90 識小録 766、802

0460_0 謝

24 謝幼槃集 564

44 謝華啓秀 440

60 謝四溟集 689

0462_7 訥

32 訥溪奏疏 829

0464_1 詩

00 詩序 54

詩序廣義 62

詩序解頤 56

詩文軌範 400

詩辨坻 408

02 詩話總龜、後集 402

03 詩識名解 59

07 詩詞雜俎 820

08 詩説 59

21 詩經廣大全 59

詩經説通 57

詩經朱傳翼 58

詩經繹 54

詩經疑問 55

詩經測義 60

詩經述 59

詩經世本古義 760

詩經輔傳 56

詩經圖史合考 58

詩經叶音辨譌 61

詩經類考 56

23 詩牖 761

25 詩傳 54

詩傳疏義會通 53
詩傳名物疏 761
詩傳闡 57
詩傳纂義 53
26 詩總聞 51
詩緝 53
27 詩紀 57、821
28 詩逆 55
33 詩心珠會 800
詩瀋 62
詩演義 53
詩補傳 52
34 詩法源流 406
37 詩深 61
詩通 761
40 詩存 844
詩志 58
44 詩藪 406
詩蘊 60
48 詩故 55
50 詩史 309
63 詩賦録 190
72 詩所 515
77 詩問 59
詩貫 61
80 詩人玉屑 403
詩義斷法 53

0466_0 諸

21 諸儒語要 330
諸儒奥論策學 510
諸儒微言 338
諸經諸史記數 128
40 諸真元奥集 496

0468_6 讀

04 讀詩私記 54
讀詩畧記 57
讀詩質疑 761
10 讀三禮畧 84
25 讀朱隨筆 343
30 讀宋史偶識 299
34 讀漢史翹 301
35 讀禮疑圖 64
讀禮紀畧 72
讀禮志疑 86
40 讀左補義 108
讀左日抄 105
50 讀史亭詩集、文集 840
讀史方輿紀要 257
讀史備忘 299
讀史漫録 306
讀史吟評 784
讀史隨筆 784
讀史管見 783
讀畫録 426
讀書論世 373
讀書一得 361
讀書正音 768
讀書止觀録 337

讀書樂趣 374
讀書後 361
讀書偶記 347
讀書叢説 42
讀書漫筆 298
讀書考定 805
讀書畧記 47
讀書分年日程 321
讀書劄記 332
讀書録、續録 787
讀春秋畧記 102
60 讀易辨疑 30
讀易識疑 28
讀易韻考 15
讀易緒言 26
讀易紀聞 15
讀易述 18
讀易大旨 31
讀易索隱 10
讀易考原 7
讀易蒐 24
讀易畧記 26
讀易質疑 38
讀易隅通 26
讀易管窺 35
77 讀丹録 817

0512_7 靖
00 靖康要録 174
00 靖康紀聞 174
00 靖康蒙塵録 175
38 靖海編 772
40 靖難功臣録 185

0564_7 講
77 講學 331

0662_7 諤
22 諤崖脞説 799

0668_6 韻
10 韻石齋筆談 398
21 韻經 146
26 韻總持 148
33 韻補 140
韻補本義 148
40 韻直音指 145
50 韻表 150
韻表新編 152
77 韻學集成 144
韻學通指 152
80 韻會小補 148

0710_4 望
10 望雲集 625

0742_7 郊
23 郊外農談 481

郭

72 郭氏山川訓纂 424
郭氏傳家易説 2

0762_0 詞
25 詞律 410
38 詞海遺珠 386
44 詞苑叢談 409
詞林海錯 446
77 詞學全書 409

調
27 調象菴稿 705

0763_2 認
30 認字測 150

0821_2 施
15 施璉川集 682

0821_4 旌
80 旌義編 312
44 旌孝録 777

0828_1 旗
76 旗陽林氏三先生集 668

0844_0 效
21 效顰集 432

0848_0 敦
21 敦行録 374

0861_4 詮
88 詮敘管子成書 792

0861_6 説
00 説文廣義 152
説文解字韻譜 148
説文字原 142
説文繫傳考異 768
説文長箋 149
説文篆韻譜 138
04 説詩樂趣 408
説詩堂集 840
16 説理會編 326
21 説經劄記 766
22 説嵩 282
24 説儲 389
50 説史 307
60 説畧 391
71 説原 366
77 説學齋稿 619
82 説劍齋稿 839
91 説類 447

0861_7 諡
34 諡法通考 218
諡法纂 219
44 諡苑 219

0862_1 諭
34 諭對録 190

0862_2 診
30 診家樞要 486
診宗三昧 492

0862_7 論
01 論語商 111
論語意原 110
論語説 111
論語集義 109
論語逸編 112
論語考異 110
論語學案 111
論語全解 109
論語義府 110
論語類考 111
17 論孟集註考證 110
44 論世八編 783
95 論性書 790

0863_7 謙
00 謙齋詩稿 752

0864_0 許
00 許文穆集 688
10 許靈長集 720
12 許水部稿 679
26 許白雲集 605
44 許黄門集 671
71 許長孺集 705
82 許鍾斗文集 717

0865_3 議
50 議史摘要 90

0925_9 麟
21 麟旨定 101
麟經統一編 763
25 麟傳統宗 100
27 麟角集 550

0968_9 談
37 談資 797
44 談薈 797

1

1000_0 一
10 一百二十圖詩 591
22 一峯集 648
一山文集 625
44 一菴雜著 328
50 一書增删 339
67 一鳴集 549
77 一貫編 765

1010_0 二
25 二續表忠記 778
35 二禮集解 83

二禮經傳測 82
40 二十一史論贊輯要 782
二十五言 458
43 二戴小簡 672
44 二范奏議 824
二麓正議 642
二薇亭集 585
45 二樓記畧 291
二樓小志 291
49 二妙集 516、601
50 二申野録 197
55 二曲集 739

1010_1 三

10 三元延壽書 482
12 三孔清江集 559
17 三子定論 343
21 三儒類要 329
三經附義 125
三經小疏 125
26 三吳雜志 266
三吳水考 227
27 三魚堂賸言 344
30 三家詩拾遺 62
三家世典 246
31 三遷志 239
32 三洲詩膾 686
三浙志 781
34 三沈文集 558
35 三禮編繹 84
三禮繹 84
三禮考注 81
三禮圖 82
35 三禮纂注 83
37 三洞羣仙録 494
40 三十代天師虛靖真君語録 815
三才藻異 449
三才考 207
三才圖會 444
三難軒質正 334
44 三藩紀事本末 773
三楚新録 167
47 三朝北盟會編 159
60 三國雜事 170
三國紀年 170
三國志文類 507
三國志補注 770
三易集 830
三易洞璣 23
三畧直解 479
三畏齋集 634
75 三體摭韻 451
77 三賢集 527
三賢集 539
88 三餘贅筆 384

正

20 正統臨戎録 185
27 正修齊治録 345

44 正蒙釋 339
46 正楊 362
60 正思齋雜記 364
77 正學編 324
77 正學淵源録 117

1010_3 玉

00 玉塵新譚 389
10 玉靈聚義 809
22 玉川子詩注 547
玉山名勝集 622
玉山紀游 534
玉山草堂集 623
玉山草堂雅集 623
34 玉斗山人集 593
37 玉洞藏書 497
玉瀾集 570
40 玉臺文苑 505
玉壺清話 174
42 玉機微義 487
44 玉坡奏議 653
玉華洞志 781
玉茗堂詩集 710
玉楮詩稿 587
玉林禪師語録、年譜 814
55 玉井樵唱 616
60 玉恩堂集 688
62 玉唾壺 370
71 玉曆通政經 456
74 玉髓真經 472
77 玉屑齋百家論鈔 511
80 玉介園存稿 688
82 玉劍尊聞 396
88 玉笥集 619、631
90 玉堂叢語 391
玉堂日鈔 402

1010_4 王

00 王文肅公集 644
王文成全書 657
02 王端毅公奏議 644
20 王季重文集 715
王雙溪集 579
22 王制考 78
24 王侍御詩集 835
33 王心齋語録、譜餘 326
38 王遵巖集 677
40 王太傅集 644
王右丞集 543
42 王荆公詩箋注 556
44 王著作集 571
47 王抑齋集 640
50 王奉常集 692
王忠文公集 577、630
72 王劉異同 346
王氏談録 377
王氏家藏集 662
王氏禁扁 796
76 [王陽明]年譜 657
77 王門宗旨 331

王學質疑 344
80 王公四六話 399
90 王光菴集 634

至
10 至正庚辛唱和詩 523
至正集 609
38 至游子 816

1010_7 五
00 五方元音 151
五雜俎 367、805
17 五子纂圖互注 792
21 五行類應 465
五行類事占驗徵 465
五經辨誤 125
五經讀 124
五經翼 764
五經稽疑 122
五經總類 124
五經心義 122
五經圭約 764
五經圖 123
五經異文 122
22 五峯集 613
23 五代名畫補遺 424
五代史補 171
五代史志疑 305
五代史闕文 172
五代史會要 201
24 五先生政跡 243
26 五總志 793
27 五侯鯖 796
28 五倫詩選 515
30 五宗考義 72
40 五十輔臣編年 197
60 五星要録 470
五星考 471
五國故事 166
67 五曜要流 470
72 五岳集 748
五岳游草 707
77 五服集證 71
86 五知齋琴譜 434

1010_8 靈
23 靈秘十八方加減 486
37 靈洞山房集 700
40 靈臺秘苑 457
44 靈蕿閣集 731
靈棋經 467
72 靈隱子 543

1011_1 霏
10 霏雪録 382
霏雲居續集 727

1011_3 琉
13 琉球録 296

1017_7 雪

30 雪窗文集 586
雪窗詩 663
32 雪洲集 831
雪溪集 572
44 雪菴詩存 739
雪菴清史 439
45 雪樓集 604
60 雪園易義 24
90 雪堂集 728

1020_0 丁

50 丁吏部文選 666

1021_0 兀

31 兀涯西漢書議 303

1021_1 元

00 元音統韻 151
元音遺響 821
04 元詩體要 522
06 元韻譜 150
10 元音 521
17 元羽外編 308
21 元儒考畧 245
23 元秘書志 209
24 元牘紀 420
26 元和郡縣志 255
37 元次山集 543
43 元城語録解 316
元城盡言録 562
44 元英先生集 550
元藝圃集 522
50 元史續編 159
元史闡幽 305
55 元典章 204
元典章新集 204
60 元晏齋困思抄 118
72 元岳山人詩選、詠物詩 697
90 元光漫集 839

1022_3 霽

22 霽山文集 590

1022_7 兩

10 兩晉南北集珍 301
21 兩行堂集 711
22 兩山墨談 384
30 兩宫鼎建記 230
31 兩河經畧 225
兩河管見 225
32 兩洲集 730
兩浙名賢録、外録 250
兩浙海防類考續編 221
34 兩漢詔令 199
兩漢刊誤補遺 302
兩漢雋言 301
兩漢博聞 298
兩漢筆記 302

47 兩朝憲章録 161

爾

70 爾雅翼 765

爾雅參義 135

1023_0 下

75 下陴紀談 274

1024_7 夏

27 夏峰先生集 840

41 夏柯山尚書解 42

50 夏忠靖公集、遺稿 638

夏忠靖公遺事 248

夏東巖文集、詩集 673

90 夏小正詁 81

覆

01 覆瓿集 585、835

霞

23 霞外麈談 390

霞外雜俎 496

霞外詩集 626

38 霞海篇 678

43 霞城集 672

1040_0 于

37 于湖集 576

50 于肅愍公集 641

耳

89 耳鈔秘録 195

1040_9 平

20 平番始末 188

22 平倭四疏 193

26 平吳凱旋録 192

30 平寇志 774

平定交南録 185

平宋録 180

31 平江記事 265

42 平猺記 180

平橋稿 644

50 平攘録 192

60 平蜀記 182

68 平黔三紀 191

77 平閩記 198

92 平叛記 773

1041_0 无

21 无能子 493

1043_0 天

00 天文主管 457

天文諸占 463

天文秘畧 458

天文精義賦 461

10 天元玉曆祥異賦 458

天下山河兩戒考 463

天下同文前甲集 504

12 天發神讖碑釋文 423
20 天傭子集 730
天香樓偶得 398
天香閣詩集 846
21 天順日録 186
22 天山存稿 829
23 天台詩選 822
天台集 532
天台集別編 532
天台山志 283
天台續集 532
天台續集別編 532
26 天皇鰲極鎮世 472
30 天官翼 460
33 天心復要 459
34 天池草 687
天漢全占 463
天遠樓集 702
44 天華山房秘藏玉杵臼 805
47 天都載 393
50 天中記 445
55 天慧徹禪師語録 500
60 天目山齋歲編 691
天目先生集 689
天目中峯和尚廣録 500
71 天厨禁臠 404
天原發微 320
天馬山房遺稿 674
72 天隱子遺稿 715
77 天問天對解 541
天學會通 458
88 天籟集 625

1060_0 石

00 石齋咏業 730
01 石龍菴集 685
02 石刻鋪叙 413
20 石秀齋集 720
21 石經考異 126
22 石川詩鈔 848
石川集 660
石山醫案 489
37 石洞遺芳集 532
石湖集 576
石湖志畧、文畧 288
石初集 622
40 石柱記箋釋 291
44 石鼓文、音釋、今文 414
石鼓書院志 289
石林建康集 567
45 石樓臆編 208
60 石墨鐫華 415
64 石畦集 766
77 石屋詩鈔、補 843
石屋禪師山居詩 839
石岡集 667
石屏新語 379
石屏集 585
石居漫興 665

石閭山房集 714
石門文字禪 600
石門集 632
80 石鐘山集 536
石倉詩文全集 731
90 石堂遺集 595

百

10 百可亭集奏議、書問、詩摘稿 709
22 百川學海 452
26 百泉子緒論 360
30 百官箴 209
43 百城烟 266
44 百菊譜 483
50 百中經 808
53 百感録 383
77 百段錦 510

西

00 西方子明堂灸經 487
10 西元集 670
西天目山志 283
西晉文紀 506
17 西磵先生文集 640
21 西征集 650
西行草 658
22 西嶽華山志 282
西巖集 585
西崑酬倡集 517
西山日記 236
30 西渡集 565
31 西江詩話 408
西河合集 742
32 西溪百詠 528
西溪易説 5
西巡類稿 677
34 西漢文紀 506
西漢會要 199
37 西湖百詠 527
西湖遊覽志、志餘 287
西湖夢尋 287
西湖八社詩 528
38 西洋番國志 297
40 西臺漫記 195、395
西塘集 560
西樵山志 287
西樵遺稿 661
西樵野記 385
44 西菴集 633
西村詩集 655
西村集 654
西村省己録 335
48 西槎彙草 230
50 西事珥 273
51 西軒效唐集 650
60 西吳里語 780
67 西墅集 640
71 西原遺書 668
72 西隱集 630

西

76 西陽山人編篷集 834

1060_1 吾

21 吾師録 729

30 吾汶稿 592

40 吾友于齋詩鈔 751

67 吾野漫筆 832

晉

07 晉記 161

12 晉列國指掌 166

50 晉史乘 169

晉史删 770

74 晉陵先賢傳 253

1060_3 雷

08 雷譜 801

1060_9 否

50 否泰録 185

1062_0 可

00 可齋雜稿、續稿、續稿後 586

可齋筆記 186

21 可經堂集 729

25 可傳集 616

46 可如 799

77 可閑老人集 620

86 可知編 444

1063_2 釀

22 釀川翁集 849

1064_8 碎

80 碎金集 745

1071_7 瓦

80 瓦缶集 750

1073_1 雲

22 雲仙雜記 377

雲峯集 605

雲嶠集 843

雲山堂集 690

44 雲麓漫鈔 353

雲莊文集 579

雲薖淡墨 396

雲村集 671

雲林詩集 619、622

雲林石譜 438

雲林集 610

雲林外集詩 622

雲林寺志 781

48 雲松巢詩集 618

50 雲中集 734

雲中紀變 191

雲東拾草 701

76 雲陽先生集 618

77 雲間志畧 253
雲岡選稿 675
80 雲谷卧餘、續 374
88 雲笈七籤 494

1090_0 不
10 不二齋文選 702

1090_1 示
77 示兒編 354

1090_4 栗
44 栗菴遺稿 659

1111_0 北
00 北齊文紀 507
07 北郭集 624、633
10 北平録 181
17 北磵文集 599
北磵詩集 599
21 北征事蹟 186
北虞遺文 693
22 北山文集 572
北山律式 570
北山小集 570
26 北牕瑣語 432
30 北窻炙輠録 380
北宋人小集 517
31 北河續紀 226
32 北溪集 584
北溪字義 320
38 北遊編 697
43 北狩行録 175
北狩見聞録 175
46 北觀詩集 695
50 北奉使集 191

耻
00 耻亭遺書 127
44 耻菴集 650

1111_1 玩
00 玩齋文集 617
50 玩畫齋雜著編 647
60 玩易意見 9
玩易微言摘抄 758

1111_4 班
71 班馬字類 141
班馬異同 302

1112_0 珂
10 珂雪齋近集 711

1112_1 珩
14 珩璜新論 350

1120_7 琴
08 琴譜正傳 433
09 琴談 434

11 琴瑟譜 433
50 琴史 433
77 琴學 434
琴學心聲 434

1121_1 麗
24 麗崎軒集 716
36 麗澤論説集録 318
62 麗則遺音 618

1123_2 張
00 張文秉公集 670
張文僖公文集 828
張襄壯公奏疏 844
01 張龍湖集 826
12 張水南集 671
20 張乖崖事文録 242
24 張伎陵集 658
27 張崌崍定變録 192
30 張宣公論語解 110
張宣公孟子解 114
40 張太初集 689
張南湖集 671
張右史文集 561
50 張秦亭詩集 843
張東白集 646
張東海詩集 648
55 張莊僖文集 673
60 張東海文集 648
72 張氏藏書 439
張氏醫通 492

1164_0 研
22 研幾圖 765
研山山人漫集 837

1168_6 碩
53 碩輔寶鑑要覽 232

1180_1 冀
43 冀越雜記 356

1212_7 瑞
10 瑞石山紫陽道院集 290
44 瑞芝山房集 714

1213_4 璞
77 璞岡集 838

1217_2 瑶
10 瑶石山人詩稿 691
90 瑶光閣集 830

1219_4 璪
57 璪探 455

1223_0 水
07 水部備考 223
10 水雲集 592
21 水經註集釋訂譌 277

水經注碑目 414
水經注釋、注箋刊誤 278
33 水心集 580
38 水道提綱 279
40 水南稿 659
50 水東日記 385
60 水品全秩 801
80 水鏡集 602

弘
20 弘秀集 524
44 弘藝録 671

弧
28 弧矢算術 460

1240_1 延
24 延休堂漫録 359

1241_0 孔
00 孔文谷集、續集、詩集 678
17 孔子集語 112
孔子編年 111
孔子遺語 112
孔孟事蹟圖譜 239

1241_3 飛
37 飛鴻亭集 674

1243_0 孤
10 孤石山房詩集 750
44 孤樹裒談 194

1249_3 孫
00 孫文簡公集 828
07 孫毅菴奏議 666
10 孫百川集 693
孫可之集 546
30 孫宗伯集 704
44 孫孝子集 666
53 孫威敏征南録 242
67 孫明復小集 555

1313_2 琅
78 琅鹽井志 775

1314_0 武
14 武功徐先生集 642
21 武經總要 478
24 武備志 480
26 武穆王集 572
32 武溪集 554
44 武林志餘 260
武林梵志 290
50 武夷新集 553
武夷游咏 539
武夷九曲志 286

1315_0 職
00 職方外紀 458

30 職官分紀 208

1529_0 殊
43 殊域周咨録 293

1540_0 建
00 建康實録 157
建文朝野彙編 183
建文書法儗 184
30 建寧人物傳 254
90 建炎維揚録 175
建炎復辟記 176
建炎以來朝野雜記 202
建炎時政記 175

1562_7 礵
44 礵菴槧 464

1610_4 聖
10 聖雨齋詩集、文集、詞、賦 730
30 聖濟總録纂要 491
聖宋文選 508
聖宋名賢五百家播芳大全文粹 508
46 聖駕臨雍録 217
77 聖學逢源録 791
聖學啓關臆説 339
聖學大成、補遺 341
聖學格物通 323
聖學知統録、翼録 789
聖門志 239
聖賢語論 112
聖賢儒史 343

1611_4 理
77 理學辨 342
理學備考 790
理學宗傳 340
理學就正言 346
理學類編 787
80 理氣考正論 475

1613_2 環
00 環應篇 367
16 環碧齋詩集、尺牘 712
環碧齋小言 788
32 環溪詩話 403
80 環谷集 624

1623_6 强
46 强恕齋文鈔 749

1625_6 彈
60 彈園雜志 390

1660_1 碧
20 碧雞漫志 410
22 碧川文選 664
碧山學士集 703

1661_0 硯

88 硯箋 437

1710_7 孟

07 孟記 240

17 孟子説解 115

孟子師説 764

孟子傳 115

孟子解 114

孟子考異 115

27 孟叔子史發 307

40 孟有涯集 660

80 孟義訂測 115

盈

22 盈川集 542

1712_7 鄧

74 鄧尉山志 285

邛

88 邛竹杖 397

瑯

17 瑯琊代醉編 365

1714_0 珊

17 珊瑚網古今名畫題跋 426

珊瑚網古今法書題跋 422

1714_7 瓊

17 瓊瑶發明神書 485

40 瓊臺詩話 407

瓊臺類藳 646

44 瓊林雅韻 143

1720_2 翏

17 翏翏集 723

1720_7 了

00 了齋易説 2

44 了菴文集 847

1722_7 甬

21 甬上耆舊詩 530

50 甬東山人稿 695

1723_2 承

38 承啓堂稿 681

44 承華事畧 205

豫

00 豫章文集 571

豫章今古記 267

鄢

60 鄢署雜抄 270

1734_6 尋
22 尋樂編 339
47 尋壑外言 740

1740_4 子
50 子史碎語 804
子史彙纂 804
子史類語 804
72 子劉子學言 336
77 子丹秘典 817

1740_8 翠
28 翠微南征録 587
30 翠寒集 607
31 翠渠摘稿 827
77 翠屏集 630

1742_7 邢
10 邢石臼前集、後集 726

1750_1 羣
21 羣經音辨 120
羣經疑辨録 121
22 羣仙珠玉集 496
44 羣芳清玩 439
50 羣忠録 248
羣書集事淵海 444
羣書考索 441
羣書拾唾 444
羣書會元截江網 443
羣書鈎元 804
羣書纂粹 452
80 羣公翰藻 513
羣公四六續集 512
羣公小簡 512

1750_7 尹
26 尹和靖集 570
31 尹河南集 554

1760_1 砦
32 砦溪詩話 403

1760_2 習
77 習學記言 787

1760_7 君
71 君臣相遇録、別傳、遺事 242

1762_7 郡
72 郡縣釋名 257

1771_0 乙
50 乙未私志 196

1771_7 己
30 己寬堂集 718
50 己未留稿 730

1780_1 翼
77 翼學編 338

1814_0 攻
46 攻媿集 577

政
02 政訓 364
26 政和五禮新儀 201

致
26 致和堂文集 706

1833_4 憨
22 憨山緒言 500

1840_4 婺
77 婺賢文軌 531

1874_0 改
00 改亭集 842
28 改併五音集韻 142
改併五音篇 141
44 改菴偶集詩、雜著 843

1918_0 耿
17 耿子庸言 327
22 耿巖文選 740

2

2010_4 垂
02 垂訓朴語 337
44 垂世芳型 375

重
12 重刊巢氏諸病源候總論 485
27 重修兩浙鹺志 775
67 重暉堂 731

2022_7 秀
22 秀巖 848

喬
72 喬氏易佽 34

傭
67 傭吹録 448

2024_7 愛
35 愛禮先生集 634
60 愛日堂詩集 743

2026_1 信
76 信陽子卓録 346

2033_1 焦
37 焦澹園欣賞齋集 711

72 焦氏説楛 393
焦氏筆乘、續集 391

2039_6 鯨
11 鯨背吟 224

2040_0 千
10 千百年眼 365
40 千古功名鏡 379
80 千金堤志 229

2040_7 季
77 季周傳 157

雙
10 雙雲堂文稿、詩稿 745
31 雙江文集 657
32 雙溪集 575
雙溪雜記 188
42 雙橋隨筆 397
46 雙槐歲鈔 186

2042_7 禹
10 禹貢廣覽 48
禹貢詳畧 48
禹貢譜 50
禹貢山川郡邑考 49
禹貢古今合注 49
禹貢圖説 48
禹貢圖注 49
禹貢匯疏 49
禹貢長箋 49
禹貢錐指 50

2043_3 奚
50 奚囊蠹餘 681

2060_4 舌
44 舌華録 393

2060_9 香
08 香譜 437
10 香雪林集 505
20 香乘 438
44 香草居集 741

2071_4 毛
04 毛詩訂韻 61
毛詩説序 54
毛詩説 761
毛詩説、通論 60
毛詩解 57
毛詩通義 58、62
毛詩古音考 54
毛詩原解 56

2090_4 采
10 采石瓜洲斃亮記 176
44 采芝堂集 838
采菽堂古詩選、補遺 515

集

21 集虚齋學古文 749

40 集古梅花詩 845

2108_6 順

00 順齋閑居叢稿 610

60 順昌戰勝録 176

2110_0 上

25 上生集 831

44 上蔡先生語録 786

止

00 止齋論祖 579

21 止止堂集 695

2110_3 衍

47 衍極 417

2111_0 此

22 此山集 612

2121_0 仁

02 仁端録 490

2121_1 征

22 征蠻紀畧 193

徑

22 徑山志 284

能

18 能改齋漫録 792

2121_7 虎

88 虎鈐兵經 478

虚

00 虚齋三書 788

虚齋遺集 652

盧

30 盧户部集 546

32 盧溪集 569

甗

21 甗甄洞續稿詩、文 690

2122_0 何

00 何文定公集 659

30 何之子 332

43 何博士備論 563

72 何氏語林 388

2122_1 行

36 行邊紀聞 276

80 行年録 449

2122_7 儒

21 儒行集傳 79

30 儒家理要 347

40 儒志編 315
44 儒林宗派 790
儒林全傳 233

2123_4 虞
24 虞德園先生集 709
50 虞書箋 48

2124_0 虔
40 虔臺續志 269
虔臺志 269

2124_1 處
44 處苗近事 193

2124_7 優
40 優古堂詩話 404

2125_3 歲
30 歲寒集 639
歲寒居答問 341
歲寒堂存稿 846
44 歲華紀麗 440

2133_1 熊
40 熊南沙集 677

2140_6 卓
21 卓行録 236
90 卓光禄集 698

2143_0 衡
50 衡書 373
72 衡岳志 281
77 衡門集 687

2160_0 占
27 占候書 467
60 占星堂集 710

2160_1 皆
11 皆非集 699

2160_8 睿
80 睿養圖説 207

2172_7 師
21 師經堂集 846
22 師山文集 617
師山遺文 617
60 師署裒言集 684

2180_6 貞
10 貞元子詩草 836
貞石堂集 729
26 貞白齋集 636
46 貞觀政要 170
50 貞素齋集 624
80 貞翁静稿 658

2190_3 紫

44 紫薇雜説 351

2190_4 柴

72 柴氏四隱集 588
90 柴省軒文鈔 841

2191_0 秕

00 秕言 364

2191_1 經

00 經序録 122
經言枝指 117
17 經子法語 128
經子難字 128
21 經術要義 374
30 經濟文集 614
經濟文鈔 819
經濟宏詞 819
44 經世宏辭 511
經世格要 207
50 經史證類大觀本草 485
經史正音切韻指南 142
經史慧解 129
經史典奥 128
經史問答 129
經史全書 128
經書孝語 804
60 經畧復國要編 192
78 經驗良方 488
80 經義考 124
經義模範 127
80 經義管見 37
84 經鉏堂雜誌 319
88 經籍異同 123

2196_1 縉

10 縉雲集 577

2210_4 坓

76 坓陽草堂集 727

2210_8 豐

10 豐正元詩 720
22 豐山先生集 686
豐川春秋原經 107
34 豐對樓詩選 686
35 豐清敏公遺事 242
44 豐草菴前集、文集、未焚稿、雜著、詩集、别集、四畧 732

2221_4 崔

35 崔清獻公言行録 581

2222_7 僑

60 僑吳集 620

嵩

22 嵩山文集 575
34 嵩渚集 668

44 嵩菴詩鈔 741
76 嵩陽石刻集記 416
嵩陽集 681

2223_0 觚
79 觚賸、續編 398

2223_4 嶽
44 嶽麓志 288

2224_7 後
33 後梁春秋 166
34 後漢書年表 169
38 後洋書屋詩鈔 845
44 後村居士全集 589
57 後邨詩話 800
60 後圃編年稿 748
77 後周文紀 507

變
70 變雅堂集 841

2227_0 仙
44 仙苑編珠 494

2238_6 嶺
10 嶺西水陸兵記 222
38 嶺海見聞 272
嶺海異聞、續聞 295
嶺海輿圖 272
40 嶺南二紀 273
嶺南五朝詩選 540
嶺南客對 193

2245_3 幾
00 幾亭文録 728
幾亭外書 728

2260_1 岩
10 岩下放言 378

2265_3 畿
53 畿輔人物志 249

2271_1 崑
22 崑崙河源彙考 281
崑山雜咏 533
崑山人物志 253

2271_7 邕
32 邕州小集 560

2272_1 斷
76 斷腸集 599

2272_7 嶠
40 嶠南瑣記 273

2277_0 山
30 山窗餘稿 625

34 山法全書 475
38 山海經廣註 277
山海等闢地形圖 275
40 山樵暇語 396
44 山帶閣集 684
山林清氣集 627
50 山中集 695
山中白雲詞 626
山書 197
64 山曉閣詩 848
77 山居雜志 455
山居新語 381
山居詩集 688
山居代膺 387
80 山谷文集、别集、外集 563
山谷詞 563
山谷年譜 563
90 山堂瑣語 384
山堂萃稿 659

豳

77 豳風概、續 538

幽

32 幽溪别志 283
77 幽居録 355

2277_2　出

25 出使録 185

2290_0　剩

00 剩言 335

2290_1　崇

30 崇安縣志 271
31 崇禎五十宰相年表、傳、初藁 249
崇禎遺録 773
崇禎閣臣行畧 249
40 崇古文訣 505
44 崇蘭館集 683
46 崇相集 717

2290_4　樂

00 樂府廣序 514
樂府遺音 641
樂府雅詞、拾遺 524
樂府原 820
21 樂經元義 129
25 樂律表微 134
樂律全書 132
樂律纂要 132
44 樂菴遺書 315
50 樂書内編 134
55 樂典 130
60 樂圃餘稿 559
80 樂全集 555

梨

22 梨嶽集 549

32 梨洲野乘 361

2291_3 繼
40 繼志齋集 637
44 繼世紀聞 187

2294_4 綏
30 綏寇紀略 773

2296_2 緇
00 緇衣集傳 79

2300_0 卜
34 卜法詳考 37

2320_0 外
53 外戚事鑒 232

2320_2 參
04 參讀禮志疑 86
10 參兩 340
30 參寥子集 599
77 參同契發揮、釋疑 493
88 參籌秘書 480

2323_4 伏
80 伏羲圖讚 17

俟
44 俟菴文集 615
86 俟知堂集 665

獻
28 獻徵録 248

2324_2 傅
22 傅山人集 672
50 傅忠肅集 570
77 傅與礪文集 614
傅與礪詩集 614

2325_0 伐
40 伐檀齋集 695
伐檀集 557

戲
17 戲瑕 364

2344_0 弁
22 弁山小隱吟録 620

2360_0 台
77 台學原流 333

2375_0 峨
77 峨眉山志 286
峨眉志畧 286

2377_2 岱
50 岱史 281

2390_0 秘

52 秘授天文寶典 808

77 秘閣元龜政要 181

2392_7 編

15 編珠 439

2393_2 稼

44 稼村類稿 606

2396_1 稽

77 稽留山人集 848

2399_4 秫

44 秫坡先生集 635

2420_0 射

44 射林 452

90 射堂詩鈔 724

2421_0 仕

77 仕學規範 318

2421_1 先

16 先聖大訓 111

30 先進遺風 246

52 先撥志始 196

2421_7 仇

22 仇山村遺集 596

2422_1 倚

48 倚松老人集 566

2423_1 德

00 德音堂琴譜 434

60 德星堂集 743

2424_1 待

35 待清軒遺稿 594

2426_0 儲

00 儲文懿公集 652

2441_2 勉

00 勉齋遺稿 833

2451_0 牡

77 牡丹史 483

2473_8 峽

22 峽山志畧 290

2495_6 緯

44 緯蕭草堂詩 848

60 緯畧 442

60 緯畧類編 442

2497_0 紺

15 紺珠集 440

2498_6 續

00 續方言 135
續高士傳 236
續文選 504
續玄怪録 432
10 續玉臺文苑 505
續百川學海 453
12 續列女傳 237
續弘簡録 163
17 續孟子 314
23 續編珠 439
26 續稗海 453
30 續宋編年資治通鑑 159
續宋中興編年資治通鑑 769
37 續資治通鑑綱目廣義 156
續資治通鑑長編 158
38 續澉水志 260
40 續韋齋易義虚裁 28
42 續姚江逸詩 531
46 續觀感録 236
50 續夷堅志 796
續史 306
續表忠記 197
51 續軒渠集 613
60 續吳先賢贊 252
續吳都文粹、補遺 533
續吳中往哲記、補遺 252
80 續金石録 803
90 續小學 136

纘

08 纘論緒論 492

2520_6 使

00 使交録 296
10 使琉球録 296
使西日記 220
34 使韃日録 771
50 使東日録 660
56 使規 219

伸

44 伸蒙子 314

2520_7 律

60 律吕新書衍義圖説 134
律吕正聲 134
律吕解注 134
律吕直解 131
律吕古義 132
律吕别書 132
律吕分解發明 767

2522_7 佛

37 佛祖統紀 812

2524_0 健

48 健松齋集 742

2524_3　傳

04 傳詩嫡冢　55

20 傳信辨誤録　248

2590_0　朱

00 朱文懿公集　700

朱襄毅公督蜀疏草　713

朱襄毅公督黔疏草　713

17 朱子言行録　791

朱子六經圖　125

朱子論定文鈔　791

朱子學歸　349

朱子學的　322

朱翼　789

20 朱秉器集　702

31 朱福州集　670

40 朱大復集　709

47 朱楓林集　630

2590_6　种

40 种太尉傳　242

2591_7　純

10 純正蒙求　137

26 純白齋類稿　607

2599_6　練

00 練音集補　534

2600_0　白

00 白鹿洞書院志　288

白鹿洞規條目　347

白齋竹里詩集、文畧　658

10 白露山人文集　655

白石山房集　844

白石山房稿　632

白石樵真稿、尺牘　726

白雲稿　625

白雲集　627、722、834

白雲山房集　693

白雲樵唱詩　634

30 白房雜述　729

白房集、續集　729

37 白洛原遺稿　680

40 白真人集　599

44 白猿經風雨占候説　464

白蘇齋集　710

白華樓文稿、續稿、吟稿　683

67 白鷺洲書院志　289

76 白陽集　656

自

00 自廣齋集　726

46 自娱堂集　719

48 自警編　315

78 自監録　729

86 自知堂集　679

93 自怡集　636

自怡堂集　829

2610_4 皇

10 皇王大紀 154
皇元聖武親征記 180
皇元風雅 521
皇霸文紀 506
30 皇宋事實類苑 202
皇宋書録 418
34 皇祐新樂圖記 129
47 皇朝典章 206
皇極經世解起數訣 317
皇極經世節要 320
皇極通變 3
皇極篇 719
53 皇甫司勲集 688
皇甫持正集 547
皇甫少玄外集 688
67 皇明文徵 505
皇明詞林人物考 247
皇明詔制 207
皇明詔令 207
皇明三元考 218
皇明兩朝疏抄 511
皇明功臣封爵考 210
皇明珠玉 524
皇明政要 187
皇明傳信録 188
皇明象胥録 293
皇明名臣言行録前集 245
皇明名臣琬琰録 245
皇明名臣像圖 245
皇明名臣經濟録 819
皇明禦倭録 772
皇明紀畧 188
皇明繩武編 806
皇明定保録 182
皇明祖訓 206
皇明通紀述遺 160
皇明十六種小傳 772
皇明大政纂要 160
皇明孝友傳 777
皇明相業軍功考 246
皇明史竊 164
皇明恩命世録 785
皇明書 164
皇明書畫史 421
皇明表忠記 184
皇明小史 189
77 皇輿考 779

2620_0 伯

71 伯牙琴 595

2620_7 粤

10 粤西文載 540
粤西詩載 540
粤西疏稿 833
粤西叢載 540
38 粤遊集 734
77 粤閩巡視紀畧 272

2622_7 偈
44 偈菴集 724

2623_2 泉
40 泉南雜記 271

2624_1 得
10 得一參五 497

2624_8 儼
22 儼山集、續集、外集 660

2629_4 保
26 保和冠服圖説 219
43 保越録 180
66 保嬰撮要 811

2633_0 息
60 息園集 662

2641_3 魏
00 魏齋佚稿 718

2643_0 吳
00 吳文正公集 603
吳文肅公摘稿 827
11 吳非熊稿 724
17 吳郡志 265
吳郡圖經續記 264
35 吳禮部文集 611
43 吳越備史、補遺 166
吳越紀餘下 165
吳越游集 697
吳越游稿 530
47 吳都文粹 533
50 吳中水利通志 227
吳中水利全書 227
吳中往哲記 252
吳中舊書 265
吳中故實 265
吳中人物志 252
吳中金石新編 415
60 吳邑志 266
吳園先生易解、序論、雜説、泰論 2
67 因明子 333
72 吳氏墨記 437
77 吳興絶倡、續集 529
吳興遺文補 529
吳興掌故 261

2671_0 峴
22 峴山志 779

2691_4 程
00 程文恭公遺稿 678
17 程子詳本 337
24 程幼博集 832
25 程仲權詩集、文集 723

72 程氏外書 317
程氏演繁露 352
程氏考古編 765
程氏墨苑 437

2692_2 穆
23 穆参軍集 554

2694_0 稗
20 稗乘 454
38 稗海 453
50 稗史彙編 445

2694_1 釋
77 釋骨 812

2710_7 盤
32 盤州文集 574

2711_7 龜
22 龜山集 561
龜巢稿 625
32 龜溪集 569

2712_7 歸
31 歸潛志 179
60 歸愚集 574
歸田詩語 800
歸田稿 649
77 歸閑述夢 359

2713_6 蟹
60 蟹畧 430

2720_0 夕
76 夕陽寮存稿 735

2720_7 多
03 多識編 56
21 多能鄙事 482

2721_0 佩
10 佩玉齋類稿 611
40 佩韋齋集 591
佩韋輯聞 591
佩韋齋輯聞 355

徂
27 徂徠集 556

2721_7 倪
00 倪文毅公集 645
90 倪小野集 661

2722_0 勿
51 勿軒集 592

2722_2 修
07 修詞指南 450
20 修辭衡鑑 405
37 修潔齋閑筆 398

50 修攘通考 258

2722_7 鄉

24 鄉射禮集要 71
鄉射禮儀節 71

躬

21 躬行實踐録 349

2723_2 象

17 象刀匯纂 776
22 象山文集、外集、語録 578
象山岩新書 807
象山年譜 312
24 象緯彙編 459
40 象臺首末 594
44 象林 460

像

27 像象述 23

2723_4 侯

25 侯鯖録 378

2724_0 將

44 將苑 477
77 將門秘法陰符經 477

2725_2 解

71 解頤新語 797

2725_7 伊

37 伊洛淵源續録 323

2726_2 貂

19 貂璫史鑑 237

2720_3 冬

28 冬谿内集、外集 733
38 冬遊記 327
77 冬關詩鈔 850

2723_7 烏

00 烏衣香牒 431

2733_7 急

03 急就篇 137

2740_0 身

60 身易實義 33

2742_7 鄒

17 鄒聚所文集、外集 709
20 鄒孚如集 833
44 鄒荻翁集 839
50 鄒忠介公奏疏 706

雞

40 鷄土集 733

60 鷄足山志 287
74 鷄肋集 562

2744_0 舟
50 舟車集 844

2748_1 疑
43 疑獄集 223
疑獄箋 223
97 疑耀 391

2760_0 名
22 名山諸勝一覽記 280
名山勝概記 280
27 名疑 309
30 名家詞鈔 526
42 名媛彙詩 524
44 名世類苑 246
46 名相贊 233
65 名蹟録 413
71 名臣碑傳琬琰集 240
名臣事畧 244
77 名醫類案 490
名賢彙語 807
名賢確論 818
80 名義考 445、800
88 名筆私抄 540

2760_3 魯
00 魯齋心法 321
魯齋遺集 590
魯齋遺書 603
魯文恪公集 659

2760_4 督
58 督撫經略疏 827

2762_0 句
55 句曲外史集、外集、補遺 627

2762_7 鄱
76 鄱陽集 560

2771_2 包
23 包參軍集 699
44 包孝肅奏議 555

2772_0 勾
37 勾漏集 716
77 勾股引蒙 462
勾股述 462
勾股矩測解原 462

幻
44 幻華集 733

2772_7 島
50 島夷志畧 295

2773_2 餐

20 餐秀集 750

28 餐微子集 714

饗

35 饗禮補亡 72

2775_4 峰

32 峰溪集 665

2780_6 負

44 負苞堂集 708

63 負暄野録 418

2790_4 彙

44 彙苑詳註 446

70 彙雅後編 765

2791_7 紀

08 紀效新書 479

10 紀元要略、補輯 769

21 紀行 631

40 紀古滇説集 274

77 紀聞拾遺 174

80 紀善録 236

87 紀録彙編 189

88 紀纂淵海 441

2792_0 約

00 約言 334

約言録 789

綱

60 綱目訂誤 769

綱目愚管 156

綱目分注拾遺 305

網

22 網川月漁集 582

2793_2 緣

27 緣督集 578

緑

10 緑雪亭雜言 385

42 緑杉野屋集 752

2793_4 緱

22 緱山集 717

2795_4 絳

30 絳守居園池記注 547

64 絳跗閣詩藁 849

2796_2 紹

77 紹興正論 177

紹興十八年同年録 217

紹興内府古器評 412

紹陶録 563

2822_7 傷
30 傷寒指掌 491
傷寒分經 492

2824_0 傲
51 傲軒集 613

徵
10 徵吾録 190

2824_1 併
00 併音連聲字學集要 149

2824_7 復
00 復齋日記 390
復齋遺稿 837
40 復古編 138
60 復園文集 847
70 復辟録 186

2825_3 儀
35 儀禮旁通圖 69
儀禮商 69
儀禮章句 70
儀禮要義 69
儀禮集編 70
儀禮經傳通解集注 68
儀禮經傳通解續 68
儀禮經傳内編、外編 70
儀禮彙説 71
儀禮易讀 762
儀禮圖 69
儀禮鄭註句讀 70
儀禮節解 69

2826_8 俗
01 俗語 396

2829_4 徐
00 徐文靖公謙齋集 645
徐文惠公集 583
徐文長文集 696
10 徐霞客遊記 280
22 徐仙翰藻 495
35 徐清正公集 583
44 徐花潭先生集 839
80 徐公文集 552

2854_0 牧
35 牧津 235
44 牧萊脞語、二稿 587
77 牧民忠告 356
88 牧鑑 235

2872_0 岭
44 岭老編年詩鈔、續鈔 840

2892_7 綸
30 綸扉簡牘 687

2896_6　繪

50 繪事微言　425

繪事備考　427、802

2921_2　倦

60 倦圃蒔植記　484

2998_0　秋

12 秋水齋詩集　748

22 秋崖文稿　587

秋崖詩稿　587

秋崖小簡　588

37 秋澗先生大全文集　603

47 秋聲集　613

48 秋槃録　390

79 秋塍文鈔、詩鈔　747

80 秋谷雜編　397

86 秋錦山房集、外集　740

3

3010_1　空

77 空同子瞽説　357

3010_4　塞

01 塞語　275

3010_6　宣

24 宣德鼎彝譜　435

3010_7　宜

00 宜齋野乘　173

3011_3　流

40 流塘集　583

3011_4　淮

28 淮鹺本論　215

38 淮海易談　15

76 淮陽集　602

3011_7　瀛

28 瀛艖談苑　189

3012_3　濟

80 濟美堂集　694

3012_7　滴

10 滴露軒藏稿　701

3013_0　汴

00 汴京遺蹟志　268

3013_7　濂

37 濂洛風雅　515

3014_0　汶

76 汶陽端平詩雋　588

3014_7　淳

77 淳熙三山志　271

3016_1 涪
74 涪陵紀善録 318

3020_1 寧
47 寧極齋稿 595

3021_1 寵
40 寵壽堂詩集 739

完
10 完玉堂詩集 850

3021_2 宛
70 宛雅二編 535
宛雅三編 535
宛雅初編 535
74 宛陵集 559

3021_4 寇
50 寇忠愍公詩集 553

3022_7 扁
47 扁鵲神應鍼灸玉龍經 486

宵
25 宵練匣 328

3023_2 永
40 永嘉先哲録 262
永嘉八面鋒 579
60 永昌二芳記 483

家
35 家禮辨定 88

3030_2 適
30 適適齋鑑鬚集 831
95 適情録 438

3030_3 寒
00 寒夜録 395
10 寒玉居集 745
22 寒山詩集 551
44 寒村集 679、743

3030_4 避
12 避水集驗要方 489

3033_6 憲
00 憲章録 160
44 憲世編 330

3034_2 守
00 守鏖紀略 773
32 守溪長語 382

3040_4 安
00 安序堂文鈔 738
40 安南即事詩 296

44 安老書 482
安楚録 190
67 安晚堂集 582
70 安雅堂集 613
76 安陽集 555

3040_7 字

22 字孿 150
26 字觿 429
44 字考 149
字考啓蒙 767
77 字學訂譌 150
字學新書摘抄 419
字學正本 767
字學指南 149
80 字義總畧 145
88 字鑑 143

3042_7 寓

44 寓林集詩文 717
60 寓圃雜記 382
88 寓簡 351

3060_4 客

00 客亭類稿 594
客座贅語 391

3060_5 宙

80 宙合編 368

3060_6 宫

77 宫閨小名録 429

富

22 富山詩集 593
富山遺稿 593

3060_8 容

44 容菴詩集 736
50 容春堂前集、後集、續集、别集 651
74 容膝居雜録 375、794

3071_4 宅

00 宅京記 258

3073_2 寰

30 寰宇分合志 257
40 寰有詮 499

3077_7 官

20 官爵志 210
22 官制備考 209

3080_1 定

30 定宇文集 702
定穴立向要訣 473

蹇

00 蹇齋瑣綴録 187

3080_6 賓

37 賓退録 380

88 賓竹小鳴稿 655

實

30 實賓録 428

47 實嬾齋集 751

竇

17 竇子紀聞類編 365

寶

02 寶刻叢編 412

10 寶晉英光集 566

28 寶綸堂集 734

寶繪録 426

34 寶祐四年登科録 218

44 寶華山志 780

60 寶日堂初集 718

3090_1 宗

10 宗元先生文集 550

16 宗聖志 239

44 宗藩昭鑒録 231

50 宗忠簡公集 563

宗忠簡公遺事 243

3090_4 宋

00 宋文紀 506

宋文憲公文集 630

宋文選 817

宋六十名家詞 525

04 宋詩紀事 521

宋詩鈔 521

08 宋論 305

10 宋元詩會 521

宋元史發微 305

宋西事案 173

23 宋狀元録 241

26 宋稗類鈔 771

27 宋名臣言行録 240

宋紀受終考 173

宋紹聖李伯揚墨譜 436

30 宋宰輔編年録 173

35 宋遺民録 244

40 宋十五家詩選 521

宋大事記講義 162

宋布衣集 722

44 宋藝圃集 520

47 宋朝名畫評 424

50 宋史新編 162

宋史存 241

宋史闡幽 305

50 宋史筆斷 305

宋東京考 268

60 宋四大家外紀 387

宋景濂先生未刻集 630

72 宋氏燕閑部 393

宋氏樹畜部 393

宋氏尊生部 393

宋氏養生部　392
77 宋學商求　328
宋賢事彙　241

3092_7　竊
94 竊憤録　176

3111_0　江
22 江山人集　675
26 江皋吟　709
27 江岷嶽文集　702
37 江湖長翁集　580
40 江南春詞　534
江南野史　167
江右名賢編　254
47 江聲草堂詩集　849
50 江表志　167
57 江邨銷夏録　803
70 江防考　221
74 江陵百咏詩　536
77 江月松風集　619
80 江令閣文集、續集　746

3111_1　涇
26 涇皋藏稿　713

3111_4　汪
00 汪文定公集　573
[汪文盛]年譜　667
20 汪禹乂集　698
22 汪山人集　697
37 汪次公集　722

3111_6　洹
07 洹詞　659

3112_0　河
10 河工集　743
河干集　710
21 河上楮談　363
35 河漕通考　225
37 河洛真數　466
38 河汾詩集　641
河汾諸老詩　538
50 河東先生龍城録　376
河東集　552

3112_1　涉
31 涉江詩　723
50 涉史隨筆　304

3112_7　馮
00 馮文所巖棲稿　834
10 馮元成詩集、文集　703
30 馮安岳詩　559
85 馮鈍吟集　738
90 馮少墟集　712

3114_0　洱
38 洱海叢談　782

3114_7 滹
40 滹南文集 600

3116_0 酒
41 酒概 430
50 酒史 430

3116_1 浯
32 浯溪集 537

潛
00 潛齋文集 590
21 潛虛 316
50 潛書 373
80 潛谷集 693

3116_8 濬
10 濬元 375

3128_6 顧
00 顧文康全集 826
02 顧端文公年譜 785
40 顧太史集 716
44 顧華陽集 545
72 顧氏雜録 456
顧氏詩史 715

3130_3 遯
00 遯言 332

3130_6 逌
08 逌旃瑣言 387

3133_2 憑
77 憑几集 662

3190_4 渠
76 渠陽讀書日抄 319

3210_0 測
60 測圓海鏡 457

3211_8 澄
31 澄江集 741
60 澄思集 733
90 澄懷録 379

3212_1 沂
44 沂菴集 638

浙
10 浙元三會録 218
77 浙學宗傳 331

漸
00 漸齋詩草 667

3213_0 冰
00 冰齋文集 752
10 冰玉堂綴逸稿 679

22 冰川詩式 407
60 冰署筆談 363

3213_4 溪
22 溪山堂草 701
90 溪堂麗宿集 453

濮
22 濮川詩鈔 822

3214_7 浮
27 浮物 383
32 浮溪文粹 568
36 浮湘稿 662

叢
01 叢語 338
16 叢碧山房文集、雜著、詩集 742
44 叢桂毛詩集解 52
叢桂堂集 836

3216_9 潘
27 潘象安集 694
44 潘恭定公集 836
63 潘默成公集 569
88 潘笠江集 673

3219_4 灤
00 灤京百詠 619

3230_1 逃
21 逃虛子集 637

3230_2 近
22 近峯聞畧 383
32 近溪全集 706
90 近光集 618

3230_6 遁
60 遁甲吉方直指 468

3230_9 遜
40 遜志齋集 635
60 遜國忠記 185

3300_0 心
00 心齋先生全集 680
21 心經附注 323
31 心源集 838
37 心逸道人吟稿 689
60 心易 35
心園説 127
心園書經知新 48
77 心學宗 330
心學録 325
80 心鏡編 349
95 心性書 324

3310_0 泌
60 泌園集 683

3311_1 涜

12 涜水續談 363

3312_7 浦

31 浦江志畧 262

浦江人物記 251

3316_0 冶

40 冶古堂文集 847

43 冶城客論 432

治

00 治齋奏議、詩詞、文集 675

31 治河總考 224

治河通考 224

31 治河奏績書 226

44 治世龜鑑 204

治世餘聞 187

3318_6 演

22 演山文集 562

47 演極圖説 349

80 演禽心法 472

演禽通纂 472

演禽圖訣 471

88 演繁露續集 352

3319_1 淙

22 淙山讀周易記 6

3322_7 補

00 補齋口授易説 12

34 補漢兵志 220

41 補妬記 428

黼

44 黼菴遺稿 667

3330_3 邃

40 邃古記 169

3333_0 惢

26 惢泉手學 58

3390_4 梁

00 梁文紀 507

28 梁谿漫志 380

32 梁溪文集 568

60 梁園風雅 537

3400_0 斗

40 斗南詩集 838

3410_0 對

00 對床夜語 404

22 對制談經 87

3411_1 洗

38 洗海近事 772

湛

23 湛然居士集 601

60 湛困集 605

湛園集 836

湛園札記 374

湛園未定稿 745

3411_2 沈

00 沈下賢文集 547

10 沈石田集 654

17 沈司成集 701

44 沈蘭軒集 643

72 沈氏弋説 370

沈氏蘧説 370

沈氏學弢 448

77 沈鳳岡集 721

3413_1 法

30 法家裒集 223

40 法喜志 499

44 法藏碎金録 498

50 法書考 419

3413_2 漆

60 漆園卮言 719

3413_4 漢

00 漢唐秘史 170

04 漢詩音注 821

漢詩説 821

26 漢泉曹文貞公詩集 603

漢魏六朝百三名家集 501

44 漢世説 799

45 漢隸字源 140

漢隸分韻 141

3414_0 汝

12 汝水巾譜 774

40 汝南圃史 481

3414_7 淩

28 淩谿集 828

41 淩柘軒集 635

50 淩忠介公遺集 728

3416_0 渚

22 渚山堂詩話 406、409

3418_1 洪

13 洪武聖政記 159

88 洪範正論 51

洪範考疑 50

洪範圖解 50

20 洪季隣集 834

32 洪洲類稿 688

滇

44 滇考 275

60 滇畧 274

3424_1 禱
10 禱雨録 217

3426_0 祐
22 祐山文集、詩集 680

褚
72 褚氏遺書 484

3430_3 遠
10 遠西奇器圖説録 435

3430_6 造
51 造甎圖説 230

3430_9 遼
27 遼紀 191
40 遼志 163
50 遼史拾遺 770
80 遼金大臣年表 180
90 遼小史 179

3512_7 清
00 清夜録 771
清音閣集 702
23 清獻公集 555
26 清泉小志 823
31 清江二家詩 536
清江碧嶂集 614
清江集 632
32 清溪弄兵録 174
34 清波别志 380
44 清苑齋集 585
清芬堂稿 845
清菴先生中和集 815
60 清異録 377
67 清暉閣百家論鈔 818
77 清風亭稿 644
90 清賞録 388
91 清類天文分野之書 457

3513_0 決
79 決勝綱目 479

3516_6 漕
18 漕政舉要 213
31 漕河志 225
漕河奏議 225
37 漕運通志 213

3519_0 洙
36 洙泗問津 342

3519_6 涑
12 涑水司馬氏源流集 785
涑水紀聞 172

3520_6 神
00 神應經 489

41 神樞鬼藏 465
55 神農本草經疏 491

3521_8 禮
07 禮記意評 74
禮記章義 76
禮記新裁 74
禮記説義 74
禮記集説辨疑 73
禮記偶箋 75
禮記疑問 74
禮記彙編 75
禮記通解 74
禮記圭約 75
禮記日録 73
禮記明音 74
禮記會要 762
禮記纂言 73
禮記纂註 73
禮記類編 77
禮部韻畧 140
禮部集 701
禮部志稿 774
10 禮要樂則 87
22 禮山園文集 750
禮樂通考 87
24 禮緯含文嘉 476
50 禮書綱目 86
77 禮學會編 86
禮問 84

3526_0 袖
18 袖珍小兒方 488

3530_0 連
76 連陽八排風土記 277

3530_8 遺
22 遺山集 600

3610_0 湘
22 湘山野録、續録 174
26 湘臯集 653
96 湘烟録 394

3611_7 温
21 温處海防圖畧 221
80 温公徽言 316

3612_7 湯
00 湯文正公疏稿、遺稿 840

3614_7 漫
40 漫塘文集 581
77 漫叟拾遺 543
88 漫餘草 842

3621_0 祝
17 祝子小言 712
72 祝氏事偶 805

視

44 視草餘録 188

77 視履類編 338

3625_6 禪

10 禪粟秣 726

30 禪寄筆談、續 363

3630_0 迦

09 迦談 815

3630_2 邊

44 邊華泉詩集 662

3630_3 還

22 還山遺稿 602

3711_4 濯

26 濯纓亭筆記 384

3712_0 洞

10 洞霄圖志 290

洞天福地岳瀆名山記 279

洞天清録 438

76 洞陽詩集 668

3712_0 溯

36 溯洄集 524

湖

22 湖山便覽 781

湖山類稿 592

32 湖州雙髻禪菴語録 813

36 湖湘五畧 725

潤

32 潤州先賢録 254

3712_7 湧

40 湧幢小品 368

滑

97 滑耀編 386

鴻

30 鴻寶應本、遺稿、代言選、講編、奏牘 728

37 鴻泥堂小稿、續稿 655

44 鴻苞 362

3714_7 汲

40 汲古堂集 723、830

3715_6 渾

44 渾蓋通憲圖説 459

3716_0 洺

12 洺水集 581

3716_1　澮

30 澮窩因指　20

40 澮友軒集　847

51 澮軒集　641

3716_4　洛

44 洛村遺稿　657

46 洛如詩鈔　529

76 洛陽搢紳舊聞記　771

77 洛閩淵源録　345

洛學編　342

潞

12 潞水客談　229

3718_1　潩

50 潩書　840

凝

00 凝齋集、别集　653

3719_4　深

00 深衣考　79、762

10 深雪偶談　377

3722_0　祖

01 祖龍學文集　558

3721_4　冠

60 冠圖　219

3722_0　初

77 初學藝引　803

3723_2　冢

30 冢宰文集　638

3723_4　禊

41 禊帖綜聞　423

3730_1　逸

01 逸語　324

50 逸事辨証　657

77 逸民傳　777

3730_2　過

00 過庭詩話　407

通

00 通玄先生五星論　470

21 通占大象曆星經　463

35 通漕類編　213

50 通書大全　471

50 通書捷徑　460

70 通雅　135

88 通鑑總類　298

通鑑釋地補注、糾繆　258

通鑑胡注舉正　769

3730_4　運

70 運甓漫稿　643

80 運氣定論 489
88 運籌綱目 479

3730_8 選
04 選詩補注、補遺、續編 514

3750_6 軍
21 軍占雜集 478
44 軍權 479

3780_6 資
67 資暇集 376

3811_9 滏
12 滏水集 600

3812_7 汾
21 汾上續談 363

3813_2 滋
44 滋蘭堂詩集 746

3813_0 渼
74 渼陂集、續集 662

3814_0 澉
12 澉水志 260

3814_7 游
00 游讓溪甲集、乙集 718
27 游名山記 279
30 游宦餘談 363
47 游鶴堂墨藪 422

3815_7 海
01 海語 293
21 海上占候 467
22 海巢集 619
23 海外紀事 298
27 海蠡編 118
31 海涯文集 664
37 海涵萬象録 324
海運誌 214
海運詳考 214
38 海道經 224
40 海塘録 775
海内奇觀 280
海樵先生全集 830
50 海忠介公集 703
海表奇觀 293
60 海國聞見録 293
海昌縣外志 260
70 海防圖論 221
76 海隅集 686
77 海門先生集 707
78 海鹽圖經 260
87 海録碎事 443

3816_7 滄

23 滄然軒集 706
32 滄洲集 646
33 滄浪小志 291
滄浪吟卷 586
滄浪櫂歌 616
56 滄螺集 632

3819_4 涂
12 涂水集 663

滁
32 滁州志 267

3825_1 祥
12 祥刑要覽 223
60 祥異賦 467

3830_4 遊
22 遊嶽集 539

3830_6 道
10 道一編 323
20 道統圖 239
40 道南三先生遺書 318
道南正學編 348
道南源委録 333
道南録 333
44 道林先生諸集 328
50 道書類抄 814
道貴堂稿 739
60 道園先生遺稿、詩續 608
道園學古録 608
76 道驛集 738
77 道學正宗 337
80 道命録 787

3860_4 啓
20 啓雋類函 512
31 啓禎野乘 778

3912_7 消
77 消閑録 335

4

4000_0 十
00 十六名家小品 820
十六家詞 526
十六國年表 166
10 十二論 359
十三經注疏正字 126
十三經類語 124
十可篇 798
21 十處士傳 436
23 十代風水地理 474
24 十先生奥論 510
40 十七朝史論一得 785
十七史詳節 154
60 十國春秋 168
71 十願齋易説 25
十願齋易箋 25

72 十岳山人詩集 666
80 十八史畧 155

4001_1 左
07 左記 100
25 左傳紀事本末 105
左傳姓名同異考 106
左傳事緯 105
左傳折諸 107
左傳附註 95
左傳人名辨異 106
40 左翼 102
44 左桂坡集 659
60 左畧 102
72 左氏始未 95
左氏春秋鐫 763
左氏兵法畧 476
90 左粹類纂 95

4001_7 九
00 九章録要 462
10 九靈山房集 621
21 九經辨字瀆蒙 126
九經三傳沿革例 121
九經考異 122
22 九山遊草 835
23 九代樂章 513
43 九域志 256
44 九華詩集 596
47 九朝談纂 189
60 九圜史 460

4003_0 大
00 大方廣圓覺經近釋 498
大唐六典 200
大唐西域記 498
大唐傳載 171
大唐創業起居注 170
大六壬無惑鈐 469
17 大司空遺稿 682
20 大乘起信論解 725
21 大衍索隱 6
22 大崖李先生集 673
大樂嘉成 216
27 大象觀 16
30 大定新編 470
大定易數 464
35 大禮集議 216
37 大滌函書 371
大滌洞天記 289
46 大觀堂文集 737
50 大事記續編 155
大事記、通釋、解題 154
52 大拙堂集 683
53 大成通志 239
60 大易近取録 759
大易法象通贊 7
大易鉤玄 9
67 大明集禮 205
大明官志 212

大明通寶義 216
大明同文集 147
70 大雅集 522
77 大學疏義 80
大學翼真 81
大學稽中傳 81
大學偶言 764
大學叢説 80
大學古今本通考 80
大學中庸讀 81
大學中庸困學録 81
80 大金國志 163
大谷詩集 718

太

10 太平寰宇記 255
太平治蹟統類前集 202
太平金鏡策 623
17 太乙統宗寶鑑 466
太乙十精風雨賦 466
太乙專征賦 466
太乙成書 466
太乙金鏡 466
22 太僕寺志 211
26 太白山人漫稿 663
太白樓集 538
太白陰經 478
太和正音譜 410
太和堂集 649
37 太湖備考 288
40 太古遺音 433
44 太姥志 286
47 太極圖説論 344
太極圖説解 344
太極圖説分解 322
50 太史華句 301
太史史例 303
76 太陽太陰通軌 459
80 太倉稊米集 574
太倉十子詩選 822
太公兵法 477

4003_8 夾

37 夾漈遺稿 573

4004_7 友

10 友石山房稿 638
友石山人遺稿 617
44 友林乙稿 583
47 友聲集 824

4010_0 土

27 土魯番哈密始末 192
30 土官底簿 276

4010_4 圭

00 圭齋集 609
圭齋先生集 614
40 圭塘欸乃 610
圭塘小稿、别集、續集、

外集 610
80 圭美堂集 845

臺
38 臺海使槎録 272

4010_6 查
33 查浦輯聞 398

4010_7 直
08 直説通畧 155
40 直木堂詩集 850

壺
10 壺天玉露 235
40 壺山四六 598

4012_7 坊
07 坊記集傳 78

4013_6 蠹
00 蠹齋鉛刀編 578

4016_1 培
60 培壘居雜録 370

4020_0 才
26 才鬼記 432

4021_1 堯
22 堯山堂外紀 368
堯山堂偶雋 451

4021_4 在
51 在軒集 605
60 在園雜識 799

4022_7 内
77 内閣行實 247
内閣奏稿 700
88 内簡尺牘、拾遺 568

布
00 布衣存稿 647
10 布粟集 372

希
45 希姓譜 310
77 希賢録 341

南
00 南唐書 168
南齊文紀 506
南齋稿 640
南雍志 217
南京行人司志 212
南京太僕寺志 211
南京太常志 211
南京吏部志 774
07 南部新書 171

南詔事畧 276
11 南北史續世説 376
21 南征録 187
南行集 695
22 南川稿 636
南峯逸稿 652
南畿志 263
南嶽小録 282
30 南濠詩話 405
南漳子 292
南渡録 176
南窻紀談 381
南宋文 817
南宋羣賢小集 519
南宋名臣言行録 241
南宋書增削定本 163
南宋院畫録 427
31 南遷録 179
32 南溪詩話 405
34 南湖集 621
南湖紀略稿 781
38 南滁會景編 267
39 南沙文集 738
40 南臺舊聞 213
南内記 191
43 南城召對録 191
44 南莊類稿 847
南蘭陵孫尚書大全文集 568
南華模象記 816
南華合編 816
南華簡鈔 816
南村詩集 616
47 南朝史精語 300
南極篇 719
50 南中志 273
南夷書 276
南泰紀畧 193
南奉使集 191
51 南軒集 580
南軒易説 4
55 南耕詞 845
57 南邨隨筆 795
76 南陽集 558
95 南爐紀聞 175

4024_7 存

28 存復齋集 611
33 存心録 217
40 存古約言 335
存真集 706
60 存愚録 366
70 存雅堂遺稿 593
88 存笥稿前集、續集 681
存笥小草 836
98 存悔齋稿 607

4030_0 寸

80 寸金穴法 473
寸金易簡 470

4033_1 赤
12 赤水元珠 490
43 赤城新志 263
赤城論諫録 533
赤城集 532、716
赤城志 263
赤城會通記 263
70 赤雅 780

志
00 志齋醫論 488
27 志壑堂詩集 844
38 志道集 594
70 志雅堂雜抄 379
77 志學會要 840

4033_6 熹
00 熹廟拾遺百詠 196

4040_1 幸
65 幸跌草 744

4040_7 支
00 支離子集 599
17 支子全集 705

李
00 李文公集 546
李文節公集 708
10 李元賓文集 544
12 李延平集 574
17 李君實雜著 391
21 李衛公望江南歌 477
李衛公集 548
22 李山人詩集 721
30 李空同集 661
37 李深之集 548
李遐叔文集 544
44 李北海集 544
50 李青蓮全集輯注 544
60 李見羅書要 331
李愚谷集 828
61 李盱江集、外集 558
71 李長吉歌詩注 547
72 李氏居室記 439
李氏類纂 449

4046_1 嘉
05 嘉靖維揚志 266
嘉靖仁和縣志 779
嘉靖以來輔臣傳 247
20 嘉禾百詠 599
34 嘉祐雜志 351
77 嘉隆兩朝聞見紀 160
嘉興府圖記 260

4050_6 韋
00 韋齋集 570
10 韋弦自佩録 842

4060_0 古

00 古方選注 492
古廉文集 640
古文集成 506
古文苑 503
古文四聲韻 139
古言 359
古音叢目 145
古音獵要 145
古音畧例 146
古音附録 146
古音駢字 146
古音餘 146
02 古刻叢抄 413
04 古詩類苑 515
08 古論元箸 511
10 古靈先生文集 557
古雪齋近稿 691
古雪堂詩集 835
古雪堂文集 835
20 古雋 386
古穰雜録 186
21 古虞文録 531
22 古山文集 672
古樂府 513
古樂經傳 767
古樂經傳全書 132
古樂書 134
28 古微書 127
34 古法書苑 420
40 古直先生文集 643
古杭雜記詩集 527
43 古越書 262
48 古梅遺稿 595
50 古史談苑 371
古史彙編 806
古史餘論 306
古事比 450
古畫苑 420
古本南華内篇講録 816
古表選 819
52 古括遺芳 533
60 古易占 4
古易彙編 19
古易考原 10
古愚心言 749
66 古器具名 414
古器銘釋 413
77 古周易訂詁 24
80 古今廉鑑 235
古今文房登庸録 435
古今評録 369
古今識鑑 476
古今詩話 800
古今韻會舉要 143
古今記林 448
古今詞話 410
古今説海 453
古今石刻碑目 415
古今歲時雜咏 442

古今紆籌 809
古今律曆考 133
古今釋疑 373
古今彝語 308
古今紀要 299
古今鹺畧 215
古今寓言 369
古今宗藩懿行考 232
古今源流至論 510
古今治統 208
古今禪藻集 524
古今逸史 454
古今考 198
古今事物原始 800
古今原始 360
古今兵鑑 479
古今風謡 513

4060_9 杏
00 杏庭摘稿 606
44 杏花村志 292
50 杏東集 672

4062_1 奇
10 奇晉齋叢書 456
30 奇字韻 146
38 奇遊漫紀 685
45 奇姓通 310
77 奇門説要 468
奇門要畧 469
奇門總括 468
奇門遁甲賦 467

4064_1 壽
06 壽親養老新書 481

4071_0 七
10 七元六甲書 468
21 七經孟子考文補遺 126
27 七修類稿 368
60 七星巖志 287
七星先生詩文抄 667
七國考 165
87 七録齋集 834

4073_1 去
22 去僞齋文集 705

4073_2 袁
17 袁胥臺集 676
50 袁中郎集 711

4080_1 真
08 真詮 497
10 真西山讀書記 319
22 真山民集 596
65 真蹟日録 422
72 真臘風土紀 297

4080_6 賣

44 賣菜言 197

4090_0 木

77 木几穴談 794
80 木鐘集 127

4090_3 索

60 索易臆説 35

4090_8 來

66 來瞿塘先生日録内篇、外篇 334
80 來禽館集 705

4091_6 檀

17 檀弓疑問 78
檀弓叢訓 77
檀弓述註 77
檀弓通 78
檀弓輯註 78
檀弓原 78
77 檀几叢書 456

4091_7 杭

20 杭雙溪詩集 656

4092_7 檇

40 檇李詩繫 528
檇李往哲續編 250
檇李往哲初編 250

4093_1 樵

10 樵雲獨唱 621
50 樵書 371

4094_1 梓

32 梓溪内集、外集 669

4122_7 獅

22 獅山掌録 395

4141_7 姬

24 姬侍類偶 428

4191_4 極

37 極没要緊 815

4192_7 櫄

44 櫄林摘稿 675

4196_0 柘

44 柘坡居士集 849

栖

10 栖雲閣詩 841
40 栖真志 497

4196_1 梧

32 梧溪集 621

4199_1 標

61 標題蒙求 137

4212_2 彭
21 彭比部集 685
50 彭惠安文集 826

4221_0 剋
56 剋擇備要 475

4223_0 狐
80 狐首經 473

4240_0 荆
32 荆溪外紀 288
32 荆溪林下偶談 381
荆溪唱和詩 535
77 荆門耆舊記畧 270

4241_3 姚
00 姚文敏公集 642
17 姚承菴文集 704
姚承菴詩集 826
31 姚江逸詩 530

4246_4 婚
35 婚禮通考 72

4252_1 靳
50 靳史 300

4292_1 析
27 析疑待正 373

4292_7 橋
77 橋門聽雨詩 527

4296_4 栝
44 栝蒼彙紀 263

4304_2 博
40 博古圖 411
77 博學彙書 448

4310_0 卦
22 卦變考畧 24
60 卦圖繫辭附録 18
80 卦義辨正 757
80 卦義一得 758

4313_2 求
21 求仁録 346

4315_0 城
22 城山園草 842

4346_0 始
22 始豐藁 826

4355_0 載
38 載道集 509

4375_0 裁

88 裁纂類函 443

4380_5 越

07 越望亭詩集 530

22 越嶠書 296

44 越草 676

戴

35 戴禮緒言 76

4410_4 堊

87 堊録 396

堇

22 堇山遺稿 654

董

28 董從吾詩稿 655

4411_1 堪

77 堪輿玉尺經 474

菲

26 菲泉存稿 675

4411_2 地

16 地理玉函纂要 472

地理傳心全集 475

地理總括 474

地理述 474

地理圖經合注 475

地理人天共寶 474

4411_2 范

00 范文忠公初集 727

20 范香溪文集 575

40 范太史文集 560

44 范德機集 608

50 范忠貞公集 843

4411_3 蔬

00 蔬齋厞語 724

4412_7 蒲

30 蒲室集 628

32 蒲洲集 699

76 蒲陽黄御史集 550

4414_2 薄

38 薄遊草 731

4414_7 鼓

22 鼓山志 780

67 鼓吹續編 523

4416_1 墻

50 墻東雜著 749

4416_7 落

44 落落齋遺集 719

4420_7 考

00 考亭朱氏文獻全譜 312
考亭淵源録 329
10 考工記通 67
考工記輯注 762
考工記圖解 67
考工記纂注 68
30 考定竹書 169
40 考古辭宗 451
考古圖 410

夢

21 夢占類考 476
32 夢兆要覽 476
33 夢粱録 259
36 夢澤集 670
44 夢蕉存稿 694
夢草堂詩集 639
夢華子集 732
46 夢觀集 627
77 夢月巖詩 847

4421_2 苑

37 苑洛志樂 131

莞

50 莞青集 846

4421_4 花

44 花草粹編 525
50 花史 484

莊

05 莊靖集 601
17 莊子義海纂微 493
30 莊定山集 648
31 莊渠遺書 651

薩

10 薩天錫集、外集 609

藿

60 藿園詩存 827

4421_7 蘆

22 蘆川歸來集 574
33 蘆浦筆記 353

4422_1 猗

77 猗覺寮雜記 353

荷

00 荷亭辯論 788
44 荷華山房稿 833

4422_2 茅

22 茅山志 284
88 茅簷集 725

4422_7 芳
44 芳蘭軒集 584

莆
76 莆陽文獻 271
莆陽科第録 218

蕭
22 蕭山水利、續刻、三刻 228
23 蕭然吟 736

蘭
00 蘭亭續考 418
蘭亭考 418
蘭庭集 641
10 蘭雪集 626
26 蘭皋集 591
27 蘭舟漫稿、餘詞 679
30 蘭室秘藏 490
31 蘭江集 713
40 蘭臺奏議 732
60 蘭易 483
63 蘭畹居清言 389
67 蘭暉堂集 676

4423_2 蒙
22 蒙川遺稿 589
26 蒙泉雜言 372

藤
24 藤峽紀畧 193

蘗
44 蘗桂軒詩 723

4425_3 藏
50 藏春集 602

4428_6 蘋
22 蘋川集 720

4430_3 蘧
00 蘧廬詩 735
60 蘧園集 729

4430_4 蓮
72 蓮鬚閣集 731
80 蓮龕集 741

蓬
30 蓬窻日録 387
蓬窻類記 382
44 蓬萊觀海集 538

4430_7 芝
60 芝園别集、奏議、公移 673

4433_1 蕉
60 蕉園集 843

燕
22 燕山叢録 195
77 燕居答述 327
90 燕堂詩稿 585

4439_4 蘇
04 蘇詩補注 557
22 蘇山選集 686
26 蘇魏公文集 557
31 蘇遯菴文集、詩、駢語、續 715
77 蘇門集 674
蘇學士文集 556
90 蘇米譚史廣 390

4440_0 艾
51 艾軒文集 577

4440_6 草
30 草廬輯粹 325
草窻集 646
40 草木子 358
44 草莽私乘 244

4440_7 孝
21 孝經集講 113
孝經集靈 113
孝經集傳 113
孝經疑問 113
孝經通釋 114
孝經本義 113
50 孝史類編 234

4440_8 萃
40 萃古名言 807

4442_7 萬
00 萬文恭公集 826
10 萬一樓集、續集、外集 704
27 萬物數 316
40 萬古法程 216
萬壽仙書 497
44 萬世玉衡録 806
45 萬姓統譜 786
47 萬柳溪邊舊話 381
71 萬曆野獲編 194
72 萬氏家抄濟世良方 490
80 萬首唐人絶句 517
90 萬卷菁華 443

4443_0 樊
22 樊川叢語 392
27 樊紹述集注 547
44 樊榭山房集、續集 747

4444_1 葬
21 葬經今文 474
50 葬書古本 473

4445_6 韓

07 韓祠録 776
10 韓五泉詩 664
17 韓孟郁薖廬雜稿 715
20 韓集點勘 824
22 韓山人詩集 634
26 韓魏公傳 242
47 韓柳年譜 311

4446_0 姑
04 姑孰集 708
22 姑山遺集 732
姑山事録 732
32 姑溪集、後集 562
44 姑蘇雜咏 533
姑蘇名賢小紀 253
姑蘇志 266

茹
40 茹古畧集 447

4449_3 蕬
90 蕬堂集 837

4450_4 華
00 華亭百詠 598
22 華嶽志 780
華嶽全集 282
50 華夷花木鳥獸珍玩考 445
76 華陽漫稿 682
華陽國志 165
華陽館集 684

4450_6 革
27 革象新書 457
47 革朝遺忠録 183
78 革除編年 183
革除備遺録 182
革除遺事 183
革除逸史 183

4453_0 芙
44 芙蓉鏡孟浪言 805
芙蓉館集 837

4460_1 耆
44 耆舊續聞 355

蓍
34 蓍法別傳 11

4460_2 苕
10 苕西問答 348
32 苕溪集 571
苕溪漁隱叢話 402

4460_3 莕
08 莕譜 801

4460_7 茗

88 茗笈 801

蒼

10 蒼霞草 708

22 蒼崖子 793

4460_8 蓉

32 蓉溪書屋集、續集 823

40 蓉塘詩話 406

48 蓉槎蠡説 397

4471_1 老

10 老雲齋詩删 736

17 老子翼 493

老子篆 151

44 老老恒言 812

4471_4 耄

80 耄年録 683

4471_7 世

00 世廟識餘録 190

08 世譜增定 155

24 世緯 676

50 世史正綱 156

世史積疑 303

4472_7 葛

22 葛仙翁肘後備急方 484

44 葛莊詩鈔 749

90 葛光禄集 725

4473_1 芸

67 芸暉館稿 722

藝

44 藝菊志 483

藝林剩語 369

藝林考證稱號篇 366

藝林考證服飾篇 366

藝林彙百 449

47 藝彀 394

60 藝圃琳瑯 372

藝圃萃盤録 369

4474_1 薛

17 薛子庸語 329

44 薛考功集 668

4474_2 欝

32 欝洲遺稿 650

4477_0 廿

10 廿一史識餘、補遺 300

廿一史論贊 784

甘

10 甘露園短書 793

26 甘白先生集 635

4477_7 舊

00 舊京詞林志 211

4480_1 楚

27 楚紀 270

40 楚臺記事 270

50 楚史檮杌 169

77 楚風補 539

楚騷綺語 541

楚騷協韻 542

88 楚範 541

4480_6 黄

00 黄帝奇門遁甲圖 467

黄帝陰符經講義 478

黄文獻公集 609

黄文獻公筆記 356

黄離草 709

10 黄元龍詩、小品 733

黄石公行營妙法 477

24 黄勉齋集 583

30 黄淳父集 698

黄宗端公集 720

37 黄運兩河考議 224

38 黄海 284

40 黄太史文集 834

44 黄葉菴詩草 734

黄葉村莊詩集、續集 741

45 黄樓集 537

46 黄楊集、補遺 622

60 黄四如集 596

72 黄氏日抄 319

77 黄門集 720

80 黄介菴集 638

98 黄悦仲詩草 722

4490_1 蔡

00 蔡文莊公集 827

02 蔡端明别紀 392

10 蔡可泉文集 678

21 蔡虚齋文集 651

30 蔡汶濱文集 827

50 蔡忠惠公集、别記 556

72 蔡氏律同 133

4490_4 茶

21 茶經 430

22 茶山老人遺集 612

44 茶董 430

50 茶史 430

71 茶馬類考 215

葉

00 葉文莊集 643

10 葉玉城全集 832

30 葉寅陽十二論 788

38 葉海峯文 673

80 葉八白易傳 16

藥

30 藥房樵唱 615
80 藥鏡 810

4490_8 萊
22 萊山詩集、遺集 736

4491_0 杜
04 杜詩解 544
杜詩會粹 824
25 杜律註評 544
35 杜清獻公集 579
44 杜樊川集 549
杜韓集韻 452
72 杜氏通典詳節 199

4491_2 枕
30 枕流日劄 387
50 枕中秘 395

4491_4 桂
32 桂州文集 669
38 桂海虞衡志 273
48 桂故 273
72 桂隱文集 605
桂隱詩集 605
79 桂勝 273

權
00 權文公詩文集 548

4492_7 菊
44 菊坡叢話 405

栲
44 栲栳山人集 612

藕
77 藕居士詩話 407

4494_7 枝
01 枝語 484
22 枝山野紀 189

菽
60 菽園雜記 358

4496_0 楮
07 楮記室 360

4499_0 林
12 林登州集 632
23 林外野言 623
26 林泉高致 424
林泉隨筆 382
26 林和靖詩集 554
44 林蕙堂全集 842
73 林卧卧千律詩 737
77 林屋民風 285
林屋山人漫稿 619
林居漫録前集、後集 362

林間録、後集　499、813

4541_4　姓
22 姓觿　309
31 姓源珠璣　309
71 姓匯　309
72 姓氏補纂　310

4594_4　棲
44 棲老堂詩集　831

樓
77 樓居雜著　831

4599_6　棟
22 棟峯遺稿　666

4601_0　旭
22 旭山集　714

4611_0　坦
46 坦坦齋文集　631

4621_0　觀
18 觀政集　668
24 觀化集　497
25 觀生手鏡　387
27 觀象玩占　457
44 觀老莊影響論　500
觀樹堂詩集　746
觀林詩話　404
49 觀妙齋金石文考畧　416
90 觀光集　750

4622_7　獨
16 獨醒雜誌　350

4633_0　恕
00 恕齋偶存　849

4640_0　如
30 如宜方　486

4641_3　媿
44 媿林漫録　336

4643_4　娱
50 娱書堂詩話　404

4690_0　柏
00 柏齋三書　326

4692_7　楞
66 楞嚴經正見　814

4692_7　楊
00 楊文靖公年譜　311
楊文忠公三録　650
楊文敏公集　638
17 楊子折衷　324

32 楊州瓊花集 838
38 楊道行集 708
40 楊太史家藏集 707
44 楊黄門奏疏 737
50 楊忠愍公遺集 685
60 楊園全書 341
72 楊氏六帖補 441
80 楊公筆録 378

4713_8 懿
21 懿行編 778

4712_7 匏
26 匏息齋前集 751

4722_7 鶴
22 鶴山集 582
鶴山雅言 319
30 鶴灘稿 655
44 鶴林玉露 378
鶴林類集 496
57 鶴静堂集 842
60 鶴田草堂集 678

4740_1 聲
00 聲音文字通 143
06 聲韻源流考 151
聲韻圖譜 768

4742_0 朝
28 朝鮮雜志 294
朝鮮紀事 294
朝鮮志 294
朝鮮史畧 294
朝鮮賦 294
67 朝野類要 203

4742_7 娜
46 娜嬛史唾 798

4748_6 嬾
40 嬾真堂詩集、文集 716
60 嬾園漫稿 716

4762_0 胡
00 胡文穆公雜著 358
02 胡端敏公奏議 667
10 胡元瑞集 692
胡五峯集 574
17 胡子衡齊 329
胡子易演 13
25 胡仲子集 631
27 胡澹菴文集 572

4762_7 都
10 都天流年圖説 474
43 都城紀勝 259
80 都公譚纂 384

4791_0 楓

22 楓山文集 648
22 楓山語録 323

4792_0 柳
00 柳亭詩話 408
24 柳待制文集 825
32 柳洲詩集 529
37 柳漁詩鈔 849
40 柳塘詩集 848
柳塘外集 600
44 柳莊詩集 639
柳黄同聲集 522
90 柳堂遺集 717

桐
22 桐乳齋詩集 845
桐山詩集 651
桐山詩集續編 651
桐山老農集 626
27 桐彝 777
桐嶼詩集 628
31 桐江續集 591

4792_2 杼
22 杼山詩文集 551

郴
31 郴江百詠 598

橘
22 橘山四六 597

4794_7 穀
08 穀譜 481
22 穀山筆塵 190
33 穀梁折諸 107
43 穀城山館詩集 700

4796_4 格
00 格齋三松集 590
18 格致鏡原 374
27 格物問答 790

4814_0 救
44 救荒活民補遺書 214
救荒活民書 214
救荒策會 214

4816_6 增
01 增訂論語外篇 112
27 增修詩學押韻淵海 451
增修復古編 143
增修埤雅廣要 135
30 增注唐策 510
增定玉壺冰 802
增定古今治平略全書 806
增定史韻 137
33 增補武林舊事 259

4826_6 獪

60 獪園 432

4841_7 乾

38 乾道臨安志 259

45 乾坤清氣 516

4842_7 翰

44 翰苑新書 443

翰苑瓊琚 820

翰苑羣書 208

翰苑須知 211

翰苑叢抄 453

翰林記 210

翰林王介塘文畧 653

翰林典故 211

4844_0 教

80 教養全書 208

4860_1 警

01 警語類鈔 365

64 警時新録 332

4864_0 敬

00 敬齋集 647

21 敬止集 229

27 敬鄉録 251

32 敬業堂集 740

4891_1 槎

44 槎菴小乘 371

80 槎翁詩集 631

4893_2 松

00 松亭晤語 389

06 松韻堂集 698

10 松雪齋集、外集 604

26 松牕雜録 376

27 松鄉集 604

31 松源經説 127

32 松溪文集 678

34 松漠紀聞 177

41 松垣集 583

44 松桂堂全集 841

松菊堂集 700

60 松圓浪淘集 724

72 松隱文集 571

76 松陽講義 118

76 松陽鈔存 344

77 松風閣指法 802

松風餘韻 534

松岡集 642

松門稿 710

4895_7 梅

00 梅庄文集 843

梅庄集 843

22 梅巖文集 590

梅仙觀記 290

梅岩集 660
梅山續稿 581
38 梅道人遺墨 607
44 梅花百詠 821
梅花渡異林 389
梅花字字香 615
梅花草堂二談 798
梅花草堂集 253
60 梅國集 661
梅園集 715
72 梅氏曆算全書 461
80 梅會詩選 528
梅谷集 710

4896_6 檜
00 檜亭集 615

4942_0 妙
34 妙法蓮華經台宗會儀 498

4980_2 趙
30 趙寶峯集 607
33 趙浚谷集 676
44 趙考古集 632
50 趙忠毅公詩文集 704
90 趙半江集 826

5

5000_6 中
00 中庸衍義 80
中庸輯畧 79
中庸合注定本 80
22 中川遺稿 832
中山集 545
26 中吳紀聞 265
32 中州文表 537
中州道學編 342
中州人物考 254
中州金石考 416
44 中麓畫品 425
47 中朝故事 171
47 中都志 267
60 中星譜 463
77 中興禦侮録 176
中興館閣録、續録 209
80 中弇山人稿 713
中谷詩集 718

史
01 史評 307
史評辨正 784
07 史記疑問 303
史記法語 300
08 史説萱蘇 784
史論 308
09 史談補 307
10 史要編 301
12 史砭 308
17 史取 299

18 史瑜 782
22 史觿 300
史糾 306
27 史疑 784
34 史漢方駕 770
37 史通評釋 783
50 史書 156
史書纂畧 299
60 史異纂 300
66 史品赤函 784
77 史學璧珠 783
80 史義拾遺 306
88 史銓 303
92 史剡 301

吏

72 吏隱齋集 714
72 吏隱録 390

車

72 車氏内外服制通釋 71

5000_7 事

00 事文標異 373
事文類聚 442
事言要元 446
07 事詞類奇 446
20 事辭輯餘 196
23 事編 234
27 事物記原 358
事物紺珠 447
事物紀原 352
事物初畧 367
事物考 367
43 事始 372
91 事類通考 806

5001_4 推

43 推求師意 489
88 推篷寤語 364

5003_2 夷

00 夷齊考疑 238
夷齊録 238
26 夷白齋稿、外集 620
77 夷堅志 378

5010_6 晝

88 晝簾緒論 355

畫

22 畫繼補遺 425
27 畫響 832
34 畫法年紀 427
40 畫志 425
50 畫史會要 425

5010_7 盡

50 盡忠録、補録 571

5013_2 泰

26 泰泉集 670
60 泰昌日録 196

5013_6 蟲

10 蟲天志 431

5014_8 蛟

22 蛟峯集 589

5022_7 青

10 青霞山人集 683
青霆經 473
青要集 746
22 青山集 561
27 青烏經 473
青嶼稿 748
28 青谿遺稿 738
32 青溪先正詩集 822
34 青蓮舫琴雅 434
37 青湖文集 670
39 青沙吟草 839
40 青來閣初集、二集、三集 721
44 青林雜録 325
青藤山人路史 388
50 青囊經 473
60 青羅曆 463
71 青原山志畧 285
76 青陽集 616
90 青棠集 708

肅

20 肅雝集 626

5023_0 本

06 本韻一得 152
21 本經逢原 492
44 本草乘雅 490
90 本堂先生文集 589

5033_3 惠

22 惠山古今考、附録、補遺 285
76 惠陽山水紀勝 286

5033_6 忠

12 忠烈編 248
13 忠武志 776
21 忠貞文齋公文集 836
23 忠獻韓魏王別録 241
88 忠節録 184

5040_4 婁

17 婁子静文集 672

5050_3 奉

10 奉天靖難記 185
25 奉使高麗記 293

5060_0 由

90 由拳集 692

5060_1 書

00 書文音義便考 147
05 書訣 422
07 書記洞詮 513
20 書系 782
21 書經衷論 760
書經旨畧 44
書經疑問 46
書經提要 44
25 書傳通釋 43
書傳會選 43
34 書法離鈎 421
書法正傳 803
書法雅言 421
書法會編 421
書法鈎元 419
40 書帷别記 45
44 書苑菁華 417
書林外集 612
50 書史會要、補遺 418
書畫題跋記 423
書畫跋跋 422
62 書影 372
72 書隱叢記 398
77 書學彙編 423
80 書義矜式 43
書義卓躍 43
書義斷法 759
88 書纂 421
90 書小史 417

5060_3 春

10 春雨齋集 637
春雨堂隨筆 385
13 春酒堂文集、詩集 745
29 春秋辨疑 92
春秋辨義 99
春秋讞義 92
春秋諸傳辨疑 97
春秋諸傳會通 93
春秋諸名臣傳譜 97
春秋諸國統紀 92
春秋讀意 95
春秋説 105
春秋説志 94
春秋麟寶 102
春秋三傳衷考 101
春秋王霸列國世紀編 91
春秋五禮例宗 90
春秋平義 101
春秋非左 98
春秋列傳 94
春秋孔義 98
春秋職官考畧 106
春秋翼附 98
春秋集要 94
春秋集傳纂例 88

春秋集解 89、104
春秋衡庫 99
春秋比事 91
春秋經傳辨疑 94
春秋經傳類聯 763
春秋私考 95
春秋參義 108
春秋傳 90
春秋傳註 103
春秋程傳補 104
春秋疑問 98
春秋紀傳 107
春秋微旨 89
春秋實録 100
春秋宗朱辨義 763
春秋測微 106
春秋通 97
春秋左傳評註測義 101
春秋左傳詳節句解 91
春秋左傳統箋 104
春秋左傳地名録 100
春秋左傳事類年表 103
春秋左傳屬事 97
春秋左傳分國紀事 99
春秋左傳類解 94
春秋圭約 104
春秋直解 98
春秋地名辨異 106
春秋地名考畧 106
春秋世學 95
春秋胡傳附録纂疏 93
春秋事義全考 97
春秋事義慎考 107
春秋本義 92
春秋揆 102
春秋或問 92
春秋輯傳 96
春秋四傳糾正 101
春秋四傳通解 100
春秋因是 99
春秋圖説 103
春秋明志 96
春秋匡解 763
春秋闕疑 93
春秋闡義 99
春秋貫玉 101
春秋金鎖匙 93
春秋年考 103
春秋義存録 106
春秋鈎元 93
春秋録疑初稿 96
春秋管窺 108
春秋纂言 92
春秋類編 99
32 春溪詩集 674
67 春明集 686
春明退朝録 203
春照齋詞 686
春照齋集 686
77 春駒小譜 431

春卿遺藁 553

5073_2 表

07 表記集傳 79
60 表異録 393

5080_6 責

24 責備餘談 308

5090_0 未

00 未齋雜釋 366

5090_2 棗

44 棗林雜俎 195

5090_3 素

00 素王記事 238
48 素翰堂集 718
60 素園石譜 438
60 素園存稿 704
77 素問註 810
素問抄補正 486
素履子 314

5090_4 秦

72 秦氏女訓 237

5090_6 東

00 東方先生類語 240
東方朔占書 467
東廓文集 664
10 東石講學録 325
東西洋考 297
20 東維子集 618
21 東行百詠集句 641
23 東岱山房稿 690
26 東臯雜記 396
東臯録 627
東吳水利考 227
30 東家雜記 238
東宮備覽 203
31 東江詩鈔 845
東江集鈔 735
東源讀史 307
32 東洲集 669
東洲初稿 649
東溪集 573
東溪漫語 335
33 東浦草堂文集、後集、詩集 745
34 東漢文紀 506
東漢會要 199
38 東遊集 680、695
東海散人集 836
40 東塘詩集 663
東南水利 228
東南防守利便 177
41 東垣珍珠囊 488
東坪詩集 752
43 東越正學録 707

44 東坡物類相感志 792
東坡守膠西集 825
東坡禪喜集 825
東坡書傳 42
東坡易傳 2
東莞學案 349
東華文集 649
東萊詩集 566
東萊左氏博議 90
東萊易説 4
東林列傳 254
東林書院志 289
46 東觀奏記 170
47 東都事畧 162
東極篇 719
50 東夷圖説、圖像 295
60 東里文集 637
東園文集 830、646
東園詩集續編 646
東園客談 383
東園叢説 354
67 東墅詩集 640
東野志 776
70 東壁遺稿 837
71 東厓先生集 697
東原録 793
80 東谷贅言 385

5111_0 虹
27 虹舟講義 119

5114_6 蟫
50 蟫史 430
95 蟫精雋 388

5202_1 折
16 折醒漫録 394
71 折腰漫草 722

5204_7 授
21 授經圖 121

撥
19 撥砂經 472

5207_2 拙
00 拙齋文集 577
拙齋集 744

5260_2 哲
71 哲匠金桴 405

5304_4 按
50 按秦奏議 732

5310_7 盛
67 盛明百家詩 523

5320_0 成
00 成方切用 493
24 成化杭州府志 260

30 成憲録 186
47 成都文類 538

咸
00 咸齋文鈔 751
30 咸淳臨安志 259
咸賓録 293

感
33 感述續録 333

5340_0 戎
50 戎事類占 480

戒
44 戒菴老人漫筆 359

5408_1 拱
26 拱和詩集 620

5415_3 蠛
54 蠛蠓集 690

5492_7 勅
08 勅諭録 190

5504_3 轉
30 轉注古音畧 145

5523_2 農
17 農歌集 825
50 農丈人文集、詩集 707
農書 810
66 農器圖譜 481
77 農桑通訣 481

5533_7 慧
77 慧閣詩 835

5560_0 曲
34 曲洧舊聞 177

5560_6 曹
31 曹江孝女廟志 291
40 曹太史集 698

5580_1 典
12 典引輯要 449
22 典制紀畧 208

5580_6 費
00 費文憲公集 652
費文通公集 652

5590_0 耕
23 耕織圖詩 809
77 耕學齋詩集 616

5599_2 棘
77 棘門集 720

5602_7 揭

00 揭文安公文集 608

揭文安公文粹 608

5608_6 損

00 損齋備忘録 187

5619_3 螺

31 螺江日記 795

螺江日記續編 795

5701_2 抱

21 抱經齋詩集、文集 841

5701_4 握

12 握璣緯 809

42 握機經 809

5702_2 抒

90 抒懷操 802

5702_7 掃

88 掃餘之餘 794

5703_2 掾

55 掾曹名臣録 247

5704_7 投

53 投轄録 431

5708_1 擬

77 擬學小記 328

5725_7 静

00 静齋至正直記 357

21 静便齋集 848

30 静安八咏 534

50 静春堂詩集 616

51 静軒集 651

60 静思集 620

65 静嘯齋存草 724

77 静居集 633

96 静惕堂文集、詩稿 734

静惕堂詞稿、續稿 734

5743_0 契

77 契丹國志 163

5750_2 擊

40 擊壤集 559

5790_3 繫

20 繫辭上傳 10

繫辭精義 5

5798_6 賴

40 賴古堂藏書 456

5803_1 撫

68 撫黔奏議 737

5806_1 拾

35 拾遺書 182

5811_6 蜕

44 蜕菴集、補遺 614

5871_7 鼇

27 鼇峰類藁 828

6

6001_4 唯

03 唯識開蒙 813

6010_0 日

31 日涉編 449

50 日本考 295

日本考畧 295

日本朝貢考畧 295

90 日省編 345

6010_1 目

99 目營小輯 257

6010_4 星

21 星占 458

62 星影 808

71 星曆釋意 460

80 星禽直指 471

墨

09 墨麟詩 747

34 墨池璅録 420

墨池編 417

44 墨藪 417

墨林快事 415

50 墨史 436

壘

44 壘菴雜述 340

6010_7 疊

22 疊山集 590

6011_1 罪

86 罪知録 307

6012_7 蜀

34 蜀漢本末 158

44 蜀檮杌 167

47 蜀都碎事 274

50 蜀中廣記 274

蜀中名勝記 274

蜀本分門古今類事 803

60 蜀國春秋 166

88 蜀鑑 165

6015_3 國

17 國琛集 246

18 國殤紀略 778

30 國憲家猷 205

37 國初練音初集 534
國初禮賢録 181
國初事蹟 181
40 國士懿範 777
47 國朝列卿紀 247
國朝列卿年表 247
國朝畫徵録、續録 427
國朝典彙 205
國朝典故紀聞 206
國朝典故輯遺 772
50 國史紀聞 160
國史考異 194
70 國雅 523
77 國門乙集 832
國門集 832
國學禮樂録 774

6021_0 四
00 四六談塵 399
四六叢珠彙選 451
四六標準 597
四六類編 512
05 四譯館考 220
22 四川土夷考 276
35 四禮翼 88
四禮寧儉編 763
38 四遊稿 701
40 四友齋叢説 362
四存編 348
47 四聲等子 142
四朝聞見録 178
50 四書講義 117
四書説叢 118
四書疑問 117
四書疑節 116
四書述 118
四書湖南講 117
四書輯釋 116
四書因問 117
四書困勉録、續録 118
四書反身録 118
四書問目 115
四書合講 117
四書管見 121
67 四明文獻集 589
四明文獻録 250
四明延祐志 261
四明山志 283
四明山古蹟記 283
四明它山水利備覽 228
四明風雅 529
四明尊堯集 173

見
77 見聞雜記 195
見聞記憶録 395
見聞隨録 359
見聞隨筆 773
50 見素集 650
38 見滄文集 682

6022_7 易

00 易序叢書 6
易序圖説 25
易齋稿 636
易辨 13
08 易説 35
易論 32
10 易疏 25
17 易翼述信 40
21 易占經緯 10
易經辨疑 32
易經衷論 758
易經説意 25
易經一説 40
易經可説 20
易經理輯 38
易經繹 15
易經釋義 35
易經兒説 18
易經疑問 17
易經補義 759
易經述 34
易經通論 20
易經大旨 10
易經纂 759
易經小傳 29
22 易例舉要 40
23 易參 758
25 易律通解 40
易傳辨異 41
27 易修墨守 13
易象正 23
易象解 12
易象大旨 13
易象援古 41
易象會旨 28
易象鈎解 14
易象管窺 16
易象鈔上下經 18
易解 14
易疑 36
30 易憲 29
易準 40
易窺 22
易宮 35
31 易源奥義 7
37 易通 6
40 易十三傳 27
易大象説録 31
44 易芥 21
易林疑説 21
53 易或 32
60 易冒 465
易圖識漏 12
易圖親見 26
易圖明辨 34
70 易臆 16
71 易原 32
77 易學 16、22、758
易學疏 25

易學參説 34
易學象數論 30
易學蓍貞 29
易學本原啓蒙意見 10
易學四同 11
易學四同别録 758
易學管見 28
易貫 39
80 易鏡 35
易義古象通 21
易會 18
81 易領 19
88 易筌 18
易筮通變 8
90 易尚占 464

6033_0 思

思玄集 647
10 思元齋均藻 451
24 思勉齋集 724
28 思復堂集 847
40 思古堂集 735
77 思賢録 243

6033_1 黑

54 黑蝶齋詩鈔 741

6033_2 愚

44 愚菴小集 842

6040_0 田

00 田亭草、詩 699
17 田子藝集 721
21 田秬山稿 671
27 田叔禾小稿 676
50 田表聖奏議 553
77 田間詩學 58
田間易學 26
田居乙記 364
田居稿 705

6040_4 晏

10 晏元獻公類要 440
80 晏公類要 440

6043_0 因

02 因話録 376

6050_0 甲

17 甲子會記 156
甲乙倭變 191
50 甲申雜録 172

6060_0 回

00 回文類聚 429
60 回回曆法 459

吕

21 吕衡州集 545
31 吕涇野集 663

33 吕梁洪志 221
48 吕敬夫集 610
50 吕東萊集、别集、外集 577
72 吕氏家塾讀詩記 52
吕氏摘金歌 470
吕氏筆奕 368

昌

27 昌黎論語筆解 109
60 昌國州圖志 261

6060_4 固

43 固哉叟詩鈔 744

圖

00 圖文餘辨 11
50 圖書編 327
77 圖學辨惑 31

6071_1 昆

74 昆陵人品記 253

6073_2 畏

60 畏壘山人詩集 746
畏壘筆記 374

6080_1 異

27 異魚圖贊 431
異物彙苑 445
43 異域志 292
異域圖志 292

6080_6 圓

77 圓覺經直解 813
91 圓悟禪師語録 813

6090_3 纍

10 纍瓦三編 794

6090_4 杲

00 杲齋周易圖釋 9

困

00 困辨録 327
77 困學齋雜録 356
困學纂言 334
86 困知記 325

呆

90 呆堂文鈔、詩鈔 735

6090_6 景

21 景行録 321
31 景迂生集 562

6091_4 羅

00 羅文肅公集 653
31 羅江東外紀 776
32 羅浮外史 286

38 羅滄洲集 596
67 羅昭諫集 824
羅鄂州詩文集 578
80 羅念菴集 677

6101_0 毗
74 毗陵集 548

6201_3 眺
29 眺秋樓詩集 845

6240_0 別
26 別釋常談 795
61 別號録 428

6303_2 咏
27 咏物詩 613

6333_4 默
00 默齋遺稿 582
07 默記 771
90 默堂集 573

6355_0 戰
60 戰國人才言行録 240

6386_0 貽
35 貽清堂日鈔 194

6402_7 晞
72 晞髮集 592

6404_1 時
27 時物典彙 447
77 時用集 744

6406_1 嗜
26 嗜泉詩存 829
37 嗜退菴語存 348

6500_6 呻
68 呻吟語 335

6502_7 晴
22 晴川蟹録、後蟹録 431

嘯
40 嘯臺集 634
88 嘯餘譜 409
90 嘯堂集古録 411

6624_8 嚴
00 嚴文靖公集 683
37 嚴逸山文集 726
74 嚴陵集 532

6682_7 賜
77 賜閑堂集 687

6701_6 晚

20 晚香堂小品 726

6702_0 明
00 明文案 509
明文在 818
明文授讀 818
明辨類涵 339
10 明貢舉考 218
13 明職 212
15 明珠集 678
20 明季遺聞 773
明季逆案 197
21 明儒言行録 790
明儒講學考 791
明儒學案 340
明經濟文録 511
23 明代河渠考 225
24 明德先生文集 727
30 明良集 188
38 明道書院紀蹟 823
明道録 331
50 明史雜咏 751
明書 164
55 明典禮志 206
60 明異纂 300
71 明臣謚考 219
72 明氏實録 168
80 明人百家小説 454

6702_7 鳴
47 鳴鶴餘音 494
53 鳴盛集 633

6703_2 喙
67 喙鳴詩集 700

6704_7 暇
44 暇老齋雜記 394

啜
60 啜墨亭集 731

6706_2 昭
23 昭代名臣志抄 247
昭代叢書乙集 807
昭代典則 160
24 昭德新編 494

6708_2 吹
82 吹劍録 352
吹劍録外集 353

6710_4 墅
09 墅談 386

6712_2 野
20 野航詩稿、文稿 831
野香亭集 843
21 野處集 825
30 野客叢書 378、796

40 野古集 637
44 野菜博録 481
47 野趣有聲畫 594

6712_7 郢
10 郢埾集 714

6722_7 鄂
60 鄂國金佗粹編、續編 243

6782_7 鄖
40 鄖臺志 270

6801_1 昨
11 昨非菴日纂 371

6801_9 唫
90 唫堂博笑集 396

6802_7 吟
26 吟牕雜録 403

6804_6 嗲
64 嗲囈集 607

6832_7 黔
21 黔行録 727
44 黔草 703
50 黔書 275
91 黔類 446

7

7010_3 壁
12 壁水羣英待問會元選要 452

7021_4 雅
22 雅樂考 131
28 雅俗稽言 369
30 雅宜集 672
90 雅尚齋二集 721

7023_6 臆
00 臆言 347

7121_1 歷
23 歷代詩話 408
歷代詩選 515
歷代建元考 156
歷代君鑒 231
歷代制度詳説 198
歷代將鑑博議 234
歷代名臣芳躅 233
歷代宰輔彙考 212
歷代通略 155
歷代相業軍功考 233
歷代相臣傳 232
歷代史表 157
歷代畫家姓氏韻編 426
歷代忠義録 234

歷代吟譜 403
歷代臣鑒 232
歷代兵制 220
歷代鐘鼎彝器欵識法帖 411
歷代小史 169
歷代黨鑑 237
47 歷朝翰墨選注 512

7121_2 陋
44 陋巷志 239

7121_4 雁
22 雁山志 283
37 雁湖釣叟自在吟 699

7122_0 阿
30 阿字無禪師光宣臺集 850

7123_4 厭
37 厭次瑣談 389

7124_7 厚
01 厚語 338

7126_9 曆
50 曆書 133

7129_6 原
43 原始秘書 357

7131_1 驪
15 驪珠隨録 386

7132_7 馬
02 馬端肅公三紀 190
馬端肅公奏議 645
10 馬石田文集 609
18 馬政記 222
21 馬師津梁 491
50 馬東田漫稿 649

7171_1 匡
44 匡林 795

7171_7 臣
71 臣鑒録 233

7173_2 長
12 長水文鈔 701
27 長物志 439
30 長安志 779
31 長江集 546
長河志籍考 268
44 長蘆志 215
80 長谷集 697

7178_6 頣
22 頣山詩話 407

44 頤菴集 584

7210_0　劉

00 劉文靖公集 603
17 劉子威雜俎 794
劉子威集 684
劉子節要 336
25 劉仲修山陰集 624
28 劉給事集 567
30 劉賓客外集 545
35 劉清惠公集 646
40 劉大司成集 708
劉左史集 567
劉直州集 715
劉先生邇言 318
劉支靖公遺事 245
44 劉蕺山先生集 834
72 劉氏鴻書 805
劉氏類山 446

7210_1　丘

74 丘陵學山 454

7221_7　卮

44 卮林 447

7222_1　所

30 所安遺集 617
40 所南文集 591

7223_2　脈

60 脈因證治 487

7223_7　隱

22 隱山鄙事 462
50 隱拙齋集 750

7226_1　后

22 后山集 564

7240_0　刪

33 刪補晉書 770
刪補頤生微論 811
刪補性命圭旨 815

7274_0　氏

08 氏族博考 310
氏族箋釋 310

7277_2　岳

17 岳郡圖説 270
76 岳陽紀勝彙編 537

7280_6　質

44 質菴文集 640

7420_0　肘

22 肘後神經 471

7421_4　陸

10 陸雲士雜著 397
17 陸子餘集 676
30 陸密菴文集 737
40 陸右丞蹈海録 244
53 陸甫里集 549
72 陸氏虞初志 455
陸氏世史 313
77 陸學士雜著 387
陸學士先生遺稿 829
陸學士遺稿 706
90 陸堂文集、詩集 747
陸堂詩學 60
陸堂易學 37

7422_7 隋
00 隋文紀 507

7423_2 隨
20 隨手雜録 172

7423_8 陜
10 陜西行都司志 269
陜西鎮考 269

7424_7 陵
76 陵陽集 565、591

7520_6 陣
07 陣記 479

7521_8 體
46 體獨私鈔 345

7529_6 陳
00 陳文正公集 569
陳文紀 507
05 陳靖質集 720
10 陳石亭雜録 383
17 陳子上存稿 622
21 陳止齋文集 579
陳紫峯集 651
22 [陳循]年譜 641
26 陳伯玉文集 543
30 陳定宇文集 605
40 陳克齋集 594
60 陳日華詩話 404
72 陳剛中集 606
陳后岡文集、詩集 677
97 陳恪勤集 744

7621_4 臞
22 臞仙神隱 482
51 臞軒四六 597

7622_7 隅
60 隅園集 720

陽
22 陽峯家藏集 666
陽山草堂集 752

67 陽明要書 657

7710_4 閨

88 閨範 237

7713_6 閩

38 閩遊集 734

40 閩南唐雅 539

50 閩中十子集 539

閩中考 271、779

7721_0 風

30 風憲忠告 356

70 風雅遺音 61

風雅逸篇 513

鳳

32 鳳洲筆記 361

34 鳳池吟稿 629

44 鳳林集 694

67 鳳鳴後集 639

7721_4 隆

10 隆平集 162

34 隆池山樵集 697

7721_6 閲

36 閲邊奏議 732

覺

11 覺非集 644

39 覺迷蠡測 499

7721_7 兒

60 兒易内儀、外儀 24

7722_0 月

22 月峯净稿、遺稿、續稿、四稿、五稿、六稿 653

31 月河所聞集 353

37 月洞吟 593

77 月屋漫稿 612

80 月令明義 78

同

00 同文備考 145

同文館倡和詩 517

45 同姓名録 428

50 同書 373

周

00 周廣菴集 743

10 周元公年譜 311

27 周叔夜集 686

30 周官辨非 66

周官禄田考 68

35 周禮文物大全 762

周禮訓雋 64

周禮説畧 67

周禮詳解 63

周禮翼傳 65
周禮集説 63
周禮傳 64
周禮句解 63
周禮注疏删翼 65
周禮完解 65
周禮述注 64
周禮古本訂註 65
周禮輯義 66
周禮拾義 67
周禮因論 64
周禮圖説 65
40 周來玉奏議 719
44 周恭肅公集 658
60 周易旁注會通 19
周易旁註、前圖 8
周易廣義 29
周易辨 32
周易辨録 13
周易講義 2
周易讀翼揆方 39
周易説翼 9
周易説統 29
周易正解 19
周易元包 1
周易元包數總義 3
周易要義 5
周易不我解 12
周易玩辭集解 34
周易玩辭困學記 23
周易尋門餘論 30
周易函書約注 36
周易函書别集 36
周易翼簡捷解 25
周易集註 757
周易集傳 7
周易集解增釋 37
周易衍義 7
周易經傳集解 3
周易參通契分章注 495
周易參同契解 495
周易參同契通真義 495
周易參義 8
周易贊義 10
周易緯史 41
周易傳義補疑 14
周易總義 5
周易象詞 30
周易象旨决録 13
周易象通 17
周易勺解 18
周易彙解衷翼 41
周易注 1
周易宗義 21
周易述 38
周易清解 37
周易通 32
周易通義 38
周易爻變易蘊 8
周易古文鈔 21

周易古經 27
周易古本 27、28
周易古今文全書 15
周易卦爻經傳上下篇訓解 5
周易觀象 34
周易中説 14
周易折衷 7
周易揆 22
周易蛾術 39
周易口義 2
周易圖説 8
周易時義注 28
周易原旨 7
周易原始 39
周易縣鏡 20
周易舉正 1
周易闡理 31
周易義参 33
周易義叢 12
周易會通 22
80 周益公集 575

陶

00 陶文簡公集 712
25 陶朱新録 380
44 陶菴文集、補遺 729
陶菴詩集、補遺 729
72 陶隱居重定甘巫石氏星經 456
77 陶學士集 629

脚

80 脚氣集 355

7722_2 膠

44 膠萊新河議畧 226

7724_1 屏

22 屏山集 575

7724_7 殿

77 殿閣詞林記 210

履

00 履齋遺集 582

7726_4 局

32 居業次編 704
32 居業録 323
77 居學餘情 324
88 居竹軒詩集 615

7726_7 眉

22 眉山文集 567
眉山詩集 567
80 眉公秘笈 454

7727_2 屈

77 屈騷心印 542

7728_2 欣

90 欣賞硯譜 437

欣賞編 455

7733_1 熙

47 熙朝名臣實録 772

7733_3 闗

50 闗中奏議全集 649

7733_6 騷

60 騷畧 541

7740_0 閔

44 閔莊懿公集 645

80 閔午塘集 679

7740_1 聞

37 聞過齋集 617

60 聞見近録 172

聞見録 195

聞見類纂小史 187

71 聞雁齋筆談 394

80 聞鐘集 846

7740_7 學

00 學文堂集 742

20 學統 789

23 學稼餘譚 388

30 學宫備考 774

學案 345

35 學禮質疑 85

38 學道紀言、補餘附言 332

40 學古編 419

學古適用編 447

學古堂詩集 743

44 學蔀通辨 788

學林 350

50 學春秋隨筆 104

60 學易舉隅 16

學易堂五筆 371

學圃薏蘇 388

學園集經學、詩文、續編 831

73 學脉正編 337

77 學問要編 321

88 學范 321

學餘園集 719

7744_0 丹

22 丹崖先生集 654

32 丹淵集 561

44 丹麓雜著 807

50 丹書 496

87 丹鉛詩話補遺 406

丹鉛總録、續録、餘録、摘録 387

7744_1 開

01 開顔録 431

10 開元禮 200
31 開江書 227
60 開國臣傳 245

7748_2 闕
60 闕里廣志 268
闕里志 268

7750_6 闡
80 闡義 777

7760_1 闇
23 闇然堂類纂 365

醫
08 醫説 486
21 醫旨緒餘 490
30 醫案 490
50 醫史 488
77 醫學六要 810
醫學正傳 487
醫開 488
醫閭先生集 649

7760_2 留
30 留窮草 743
40 留臺奏議 819
47 留都疏稿 833
50 留青日札 446
88 留餘堂集 687
留餘堂奏議 687

7760_4 閣
08 閣諭録 190

7760_7 問
00 問辨牘、續 325
12 問水集 224
40 問奇集 148
77 問學續録 790
問學録 344

闖
23 闖外春秋 480

7771_7 巴
10 巴西集 606

甩
07 甩記 336

7772_0 卯
37 卯洞集 230

印
55 印典 437
80 印人傳 437

即
22 即山集 500

7773_2 艮

00 艮齋詩集 624

7774_7 民

50 民事録 214

7778_2 歐

21 歐虞部集 691

76 歐陽行周文集 546

歐陽修撰集 572

歐陽恭簡公集 664

88 歐餘漫録 394、730

7780_1 具

44 具茨集 566

具茨文集 681

巽

00 巽齋四六 597

22 巽川集 650

72 巽隱齋集 636

興

46 興觀集 597

輿

44 輿地廣記 256

輿地碑記目 412

7780_6 賢

03 賢識録 182

7780_7 尺

10 尺五堂詩删 739

7780_9 爨

10 爨下語 499

7782_7 鄖

22 鄖峯漫録 575

7790_4 桑

12 桑弢甫文集、詩集、續集 748

閑

30 閑家編 346

30 閑適劇談 394

30 閑窻括異志 379

38 閑道録 337

43 閑博録 372

77 閑闢録 339

77 閑居録 382

7810_7 鹽

60 鹽邑志林 455

7821_6 覽

40 覽古評語 363

7823_1　陰
88 陰符經注 479

7834_1　駢
01 駢語雕龍 804
40 駢志 450
44 駢枝別集 729
70 駢雅 135

7876_6　臨
02 臨證指局 493
22 臨川文選 536

7923_2　滕
10 滕王閣集 536

8

8000_0　八
71 八厓詩文集、緒論 831

人
23 人代紀要考證 299
38 人道譜 791

入
77 入閩政議 215

8010_4　全
26 全吳水略 226
30 全室外集 733
32 全浙兵制 220
44 全芳備祖 442
74 全陝政要略 269
77 全閩詩話 409

8010_7　益
86 益智篇 367

8010_9　金
10 金石文 414
金石例 400
金石備考 415
金石續録 416
金石古文 414
金石林時地考 415
金石史 416
金石録 412
16 金碧古文龍虎經 495
20 金集禮 204
21 金仁山文集 605
22 金川玉屑集 635
30 金漳蘭譜 483
40 金臺集 609
金壺記 381
金志 163
44 金薤琳琅 414
金蘭集 522
金華文統 531
金華文略 531

金華雜識 262
金華詩粹 531
金華先民傳 251
金華徵獻畧 251
金華賢達傳 251
55 金井志 292
60 金罍子 363
72 金剛經正文小疏 498
金剛經直解 814
金剛經略疏 813
金剛經纂註正解 814
74 金陵百詠 598
金陵瑣事、續瑣事、二續瑣事、瑣事剩録 264
金陵志 264
金陵古今圖考 264
金陵世紀 264
金陵勝覽詩 838
77 金丹大要 495
80 金人弔伐録 178
90 金小史 179

8011_6 鏡
22 鏡山菴集 717

8020_7 今
00 今文尚書説 47
12 今水經 277
23 今獻備遺 246
今獻彙言 188
44 今世説 397
60 今易詮 17
今是堂集 712

8021_1 差
55 差替全書 808

俞
10 俞元蔚集 690

8022_7 前
30 前定録 392
32 前溪集 742

分
30 分宜清玩籍 426
45 分隸偶存 424
90 分省人物考 249

剪
79 剪勝埜聞 182

8023_7 兼
222 兼山堂集 740
167 兼明書 350

8025_1 舞
40 舞志 133

8025_3 羲

21 羲經 17
50 羲畫憤参 29

8033_1 無
20 無爲集 559
30 無寃録 775
47 無聲詩史 425
77 無聞堂稿 684
98 無悔齋集 849

8033_2 念
10 念西堂詩集 835
40 念臺奏疏 728

8033_3 慈
37 慈湖遺書 320
慈湖易解 3

8034_6 尊
16 尊聖集 238
17 尊孟辨 114
27 尊鄉録節要 252
52 尊拙堂文集 711

8040_4 姜
72 姜氏秘史 183

8042_7 禽
26 禽總法 471
33 禽心易見 471

8043_0 美
44 美芹十論 176

8050_0 年
61 年號韻編 299

8055_3 義
00 義府 795
22 義豐集 578
27 義烏人物志 252
77 義門鄭氏道山集 639

8060_1 合
88 合纂類語 448

普
30 普濟方 487
73 普陀山志 284
77 普門醫品 491

善
21 善行續録 235
善行録 235
90 善卷堂四六 736

8060_6 曾
00 曾文昭公集 560
80 曾公類説 452

會

01 會語續録 330
會語支言 791
23 會稽續志 261
會稽志 261
會稽掇英總集 530
23 會稽懷古詩 636

8060_7 含
00 含玄子 816
10 含元齋别録 370

8060_8 谷
12 谷水集 830

8073_2 公
27 公侯簿 210
47 公穀彙義 108
60 公是集 558
公是先生弟子記 786
80 公羊折諸 107

食
27 食色觀 817

養
44 養蒙先生文集 606
88 養餘月令 481

8090_1 佘
22 佘山人集 691

8090_4 余
00 余文敏公集 687

8091_7 氣
27 氣候集解 808

8111_7 鉅
00 鉅鹿東觀集 554

8114_6 鐔
35 鐔津文集 599

8141_7 矩
32 矩洲詩集 626

8211_4 鐘
22 鐘鼎逸事 246
25 鐘律通考 132

8280_0 劍
76 劍陽名儒録 243

8315_0 鐵
00 鐵立文起 801
27 鐵網珊瑚 420
33 鐵冶志 775
60 鐵圍山叢談 377

鍼
27 鍼灸大成 811

8315_3 錢

17 錢子測語 337

37 錢通 775

40 錢塘先賢祠傳贊 250

錢塘遺事 179

50 錢東畬集 666

72 錢氏私誌 173

8377_7 館

77 館閣漫録 189

8418_1 鎮

10 鎮平世系紀 313

8513_0 鉢

22 鉢山堂詩 844

8612_7 錦

25 錦繡萬花谷 443

44 錦帶補注 449

8640_0 知

11 知非録 793

23 知稼翁詞 573

知稼翁集 573

26 知白堂稿 674

8625_7 羯

44 羯鼓録 435

8712_0 銅

71 銅馬編 732

80 銅人針灸經 487

82 銅劍讃 435

8713_2 銀

00 銀鹿春秋 429

8718_2 欽

30 欽定平夷功次 192

8742_7 鄭

00 鄭京兆集 839

02 鄭端簡公年譜 785

27 鄭侯升集 713

60 鄭思齋文 665

72 鄭氏家儀 312

77 鄭開陽遺書 222

90 鄭少谷集 663

8762_2 舒

00 舒文靖集 589

8778_2 飲

26 飲和堂詩集、文集 752

78 飲膳正要 482

80 飲食須知 482

8810_8 笠

88 筮簇理數日抄 465

8812_7 筠

32 筠溪牧潛集 627
筠溪家藏集 665

8815_3 籤

60 籤易 14

8822_0 竹

00 竹庄詩話 407
竹齋詩集 580
竹齋集、續集 621
10 竹下寤言 361
竹雲題跋 803
20 竹香齋類書 448
23 竹溪文集 568
32 竹洲文集 580
竹溪鬳齋十一藁續集 588
50 竹素山房集 611
竹素堂集 712
88 竹簡文集 675
91 竹爐新咏 535

8822_7 簡

00 簡齋集 568
88 簡籍遺聞 369

簫

07 簫韶考 766

8823_2 篆

00 篆文篆要全宗 151

8843_0 笑

52 笑拙墅稿 837

8850_7 筆

07 筆記 347
10 筆元要旨 420
38 筆道通會 421
95 筆精 368

8851_2 範

21 範衍 50
27 範身集畧 348
30 範家集畧 348
60 範圍數 464

8872_7 節

20 節愛汪府君詩集 667

8877_7 管

17 管子榷 792
30 管窺外篇 356
管窺輯要 462
管窺小識 197
43 管城碩記 375

8879_4 餘

22 餘山遺書 346
27 餘冬序録 358
42 餘姚海堤集 228

9

9000_0 小

00 小畜集 553
01 小語 370
12 小孤山集 536
22 小山草 713
小山類稿 669
30 小瀛洲社詩 822
小窻清紀、別紀 395
小字録 427
37 小漁先生遺稿 833
66 小心齋劄記 336
77 小學五書 136
小學史斷 137
小學書圖 136
小學分節 136

9001_4 惟

30 惟實集 624

9003_2 懷

24 懷幼書 482
35 懷清堂集 744
44 懷麓堂詩話 405
50 懷忠録 184
60 懷里堂集 666

9020_0 少

26 少泉文選、文續選 676
少泉詩選、詩續選 676
30 少室山房筆叢正集、續集 362
44 少華先生遺稿 665
少林古今録 537
72 少岳詩集 695

9021_1 光

22 光嶽英華 516

9022_7 尚

08 尚論持平 373
40 尚友齋論古 783
尚友録 798
50 尚書辨解 47
尚書説要 44
尚書詳解 42
尚書譜 44
尚書疏衍 46
尚書要義 42
尚書砭蔡篇 45
尚書傳翼 47
尚書繹 46
尚書疑義 44
尚書注考 46

尚書裨傳 47
尚書通義 48
尚書大傳 41
尚書直指 43
尚書古文疏證 760
尚書考異 45
尚書揆 47
尚書口義 760
尚書日記 45
尚書晚訂 759

常
09 常談考誤 384

9050_0 半
31 半江集 650
32 半洲稿 669
55 半農禮説 66
72 半隱文集 837

9050_2 掌
40 掌臺奏議 732

9060_2 省
21 省愆集 638
33 省心録 554

9080_0 火
25 火傳集 725
66 火器圖 222

9080_9 炎
28 炎徼紀聞 275

9090_4 米
00 米襄陽志林 392

棠
37 棠湖詩稿 587
74 棠陵文選 665
78 棠陰比事 222

9101_6 恒
51 恒軒詩集 631
72 恒岳志 282

9106_1 悟
40 悟真篇注疏 494、496

9148_6 類
00 類症普濟本事方 486
21 類經圖翼、附翼 490
30 類字本意 768
43 類博稿 643
45 類姓登科考 786
56 類輯練兵諸書 221
70 類雅 444
88 類纂古文字考 148

9158_6 頖
30 頖宫禮樂疏 216

9206_4 恬
18 恬致堂集 714
37 恬退録 500

9280_0 剡
31 剡源集 604
87 剡録 262

9383_3 燃
77 燃犀集 432

9406_1 惜
78 惜陰録 327

慎
46 慎獨軒文集 846

9408_6 憒
74 憒助編 341

9501_4 性
10 性靈稿 692
16 性理要解 324
性理綜要 334
性理大中 342

9502_7 情
20 情采編 515

9503_0 快
10 快雪堂集 707

9592_7 精
44 精華録 564

9601_3 愧
97 愧郯録 203

9680_0 烟
10 烟雲過眼録 427
烟霞小説 455
烟雲手鏡 257

9725_6 輝
22 輝山存稿 616

9782_0 灼
44 灼艾集、續集、别集、餘集 797
灼薪劇談 386

9884_0 燉
96 燉煌新録 178

9913_6 螢
44 螢芝集 726

9960_6 營
34 營造法式 229

浙江採集遺書總録
著者索引

0

0010_4　童

20 童維巖 74

童維坤 74

27 童佩 694

51 童軒 476、644

60 童品 94

0021_1　鹿

00 鹿亭翁 483

龐

10 龐元英 203

42 龐塏 742

90 龐尚鵬 709

0021_7　嬴

00 嬴疾 473

0022_2　廖

00 廖文英 288

10 廖元度 539

12 廖瑀 473

20 廖禹 472

38 廖道南 210、270

72 廖剛 567

77 廖用賢 798

0022_3　齊

17 齊召南 279

77 齊履謙 92

0022_7　方

00 方應祥 721

方豪 665、823

10 方干 550

方于魯 436、723

18 方棃如 749

23 方獻夫 661

27 方象瑛 742

28 方以智 135

30 方宏静 704

方良永 833

方實孫 6

37 方逢辰 589

40 方大中 584

方大年 837

方大鎮 364

方士穎 849

44 方芬 759

方孝孺 322、635
方菉如 38、48、62
46 方覲 848
50 方中德 450
方中履 373
56 方揚 703
60 方日升 148
方回 591
71 方頤孫 510
72 方岳 377、587、588
77 方鳳 593
方鵬 236、253、308
方學漸 330、777
方民悦 193
80 方夔 593

席

38 席啓圖 791
50 席書 216

商

20 商維濬 369
24 商倚 517
31 商濬 453
34 商汝頤 248、642
57 商輅 642
80 商企翁 209

高

00 高彦休 171
高應冕 528、693
11 高珩 841
12 高登 573
13 高恥傳 804
17 高承 352
21 高熊徵 136
22 高岑 845
高出 717
24 高德基 265
26 高得颺 639
27 高叔嗣 674
28 高似孫 262、418、430、437、442、504、541
30 高濂 721
高適 545
32 高兆 236
34 高斗樞 773
38 高啓 533
40 高士 488
高士奇 105、106、440、803
42 高棅 634
44 高翥 582
高孝本 744
高攀龍 98、336、339
54 高拱 695
67 高鳴鳳 188

0023_0 卞

30 卞寶 492

44 卞蕤 413
99 卞榮 643

0023_1 應
12 應廷育 251
52 應撝謙
31、86、104、134、208、342

0026_7 唐
00 唐庚 170、567
唐賡堯 842
唐文獻 710
唐玄度 119
01 唐龍 10、248
05 唐靖 742
11 唐甄 373
21 唐順之 95、191、330、516
30 唐之淳 636
唐之鳳 846
34 唐汝詢 834
唐汝楫 833
40 唐大章 782
唐志契 425
41 唐樞
13、64、95、246、328、657
44 唐夢賚 844
47 唐鶴徵 330
50 唐冑 269
64 唐時升 830
94 唐慎微 485

0040_0 文
00 文彦博 555
10 文震亨 439、726
文震孟 253
20 文秉 196
24 文德翼 241、448
28 文徵明 541、647
30 文安禮 311
34 文洪 647
38 文肇祉 647
40 文嘉 647
42 文彭 647
44 文林 648
77 文同 561
87 文翔鳳 719

0040_1 辛
00 辛棄疾 176

0040_6 章
10 章一陽 117
20 章秉法 823
24 章佐聖 28
30 章適 685
33 章黼 144、145
34 章潢 327
40 章大吉 100
章嘉楨 708
章樵 503
44 章懋 323、648

章世純 730
46 章如愚 441
47 章樞 799
58 章撫功 799
60 章思 838
77 章陬 44
80 章金牧 736
97 章煥 193、682
98 章敞 640

0121_1 龍
00 龍袞 167
20 龍爲霖 152
21 龍仁夫 7
36 龍遇奇 339

0128_6 顔
02 顔端 242
10 顔元 348
20 顔鯨 101
21 顔師古 137、793
23 顔允祚 239

0164_6 譚
00 譚文光 349
40 譚希忠 160、276
47 譚埽 801

0180_1 龔
07 龔詡 637
15 龔璛 607
21 龔概綵 814
22 龔鼎臣 793
40 龔士卨 792
67 龔明之 265
77 龔用卿 675
97 龔輝 230、269

0460_0 計
50 計東 842

謝
00 謝應芳 243、321、625
12 謝廷諒 229、731
18 謝瑜 539
21 謝縉 641
23 謝允復 781
27 謝伋 399
謝翺 592
30 謝良佐 786
謝宗可 613
31 謝遷 649
38 謝肇淛 274、300、367、800、805
40 謝枋得 590
44 謝邁 564
45 謝榛 689
47 謝起龍 61
86 謝鐸 263、323、533

0466_0 諸

28 諸作棟 287
44 諸葛亮 477
71 諸匡鼎 840
86 諸錦 60、72、81、849

0722_7 鄺

10 鄺露 780

0742_7 郭

00 郭雍 2
郭京 1
10 郭正域 206、709
郭元柱 218
12 郭璞 473
郭孔延 783
14 郭礎 427
17 郭豫亨 615
郭子章 54、257、389、446、703
郭翼 623
20 郭維藩 672
24 郭化 390
27 郭仰廉 468
28 郭倫 161、785
30 郭良翰 65
郭宗昌 416
32 郭兆奎 48、127
37 郭凝之 777
38 郭祥正 561
40 郭大有 307
郭士霖 296
郭奎 625
44 郭薦 261
60 郭思 424
64 郭勛 246
81 郭鈺 262、620
83 郭鐵 532

0821_2 施

00 施彥執 380
02 施端教 301、517
21 施仁 95
23 施峻 682
30 施宿 261
34 施達 101
60 施男 397
77 施閏章 285
80 施念曾 535

0864_0 許

00 許應元 679
04 許誥 188
08 許謙 42、80、605
17 許胥臣 48
20 許孚遠 706
21 許順義 123
許衡 321、603
22 許嵩 157
24 許纘曾 734

26 許伯政 61
27 許叔微 486
34 許汝霖 743
許浩 305、390
37 許洞 478
40 許有壬 609、610
許有孚 610
46 許恕 624
許相卿 671、770
47 許穀 541
許獬 717
50 許中麗 516
60 許國 688
67 許明 475
許鳴遠 822
72 許岳 192
75 許體元 41
77 許月卿 209
許聞造 705
許又文 849
80 許劍道人 151
90 許光祚 720
許尚 598
許焞 509
97 許炯 832

0968_9 談

27 談修 285
28 談倫 776
31 談遷 195、260
92 談愷 269

1

1010_1 正

03 正誼齋 305

1010_4 王

00 王立道 681
王充耘 43
王應麟 110、115、137、589
王應電 64、65、145
王應時 221
王庭 342、842
王庭譔 710
王庭珪 569
王廣謀 112
王文禄 361
王奕 593
06 王諤 524
10 王一槐 370
王元佐 536
王元杰 92
王震 102
王霆震 506
王可大 205
11 王彌大 174
12 王廷相 662
王廷陳 670
王廷燦 428

13 王球 411
14 王瑛 835
17 王瓊 188、225
王子接 492
王子俊 590
王子丹 817
王鞏 172
20 王禹偁 172、553
王維 543
王維德 285
王維楨 681
21 王肯堂 110
王處一 282
王衡 717
22 王偁 162
王巖叟 241
王畿 326、680
王崇慶 122
王崇炳 251、531
23 王岱 847
23 王紱 638
24 王佐 416、540
25 王甡 345
王偉 651
王紳 637
王績 428
26 王得臣 354
27 王象之 412
王俶 40
王偀 644
王繩曾 763
王叔杲 688
王叔承 697
28 王徵 435
王復禮 88、286、343
王從善 694
28 王以旂 225
30 王完 454
王寵 672
王之績 801
王守仁 657
王安石 556
王宏誨 687
王寰洽 716
王定保 201
王寅 696
王賓 634
王宗沐 214
32 王兆雲 247
33 王心敬 75、107、118、763
王溥 200、201
王黼 411
34 王澍 50、81、347、803
王汝驤 749
王褘 155、630
王邁 597
37 王鴻儒 247、653
王逢 621
38 王道 495
王啓 252、263

王棨 550
40 王大用 44
王樵 45、96、684
王志長 65
王士點 209、796
王在晉 213、713
王士性 258、707
王士俊 346
王志堅 393
王希明 466
王士禎 535
王十朋 577
王直 640
王九思 662
王士驌 713
王士騏 772
41 王楨 481
42 王圻 218、227、444、445、688、775
43 王越 644
44 王夢白 59
王蘋 571
王薰 325
王恭 634
王若虛 600
王若沖 175
王世貞 247、361、387、420、445
王世德 773
王世懋 692
王世相 488
王蓂 234、325
王權 170
王楙 378、796
46 王觀國 350
王恕 9、536、644
王柏 590、765
王相 653
47 王朝佐 262
王好問 686
王格 676
48 王翰 617
王教 832
王松年 494
50 王軒 226
53 王輔銘 534
57 王邦直 134
58 王鏊 266、382
60 王冕 621
王思任 715、818
王思義 505
61 王暐 397、456、807
67 王昭禹 63
王明清 431
王明漖 451
王嗣槐 344
70 王嬖 697
71 王原叔 377
72 王氏 486
王質 51、563

73 王院 578
77 王鳳翔 699
王覺 74
王用章 406
王周 699
王又樸 40
王又華 409
王開祖 315
王艮 326、680
王巽曳 468
80 王令 560、835
王義山 606
王曾祥 848
王毓賢 427、802
81 王鉦 399、572、771
83 王鎔 243
84 王錡 382
88 王鑑 49
王鎡 593
90 王尚文 193
王肖乾 491
王炎 579
王炎午 592
94 王慎中 677
97 王惲 205、603
王灼 410

1014_1

24 聶先 526
27 聶豹 327、657

1020_0 丁

10 丁元薦 236、711
丁元吉 244
24 丁特起 174
28 丁復 615
37 丁洵 457
47 丁鶴年 619
50 丁奉 666
60 丁易東 6
丁昌遂 449
67 丁嗣澂 739
80 丁養浩 650

1021_1 元

24 元結 543
30 元淮 602
47 元好問 600、796

1021_4 霍

42 霍韜 188、207

1024_7 夏

00 夏言 669
05 夏竦 139
10 夏元鼎 478
夏元吉 638
夏元彬 100
22 夏崇文 248
23 夏允彝 49
27 夏僎 42

30 夏宏 149
夏良勝 80、649
40 夏大霖 542
44 夏樹芳 310、430、446、497、499
64 夏時正 260
90 夏尚樸 673

1040_0 于
08 于謙 641
14 于琳 33
30 于準 345
40 于大吉 457
87 于欽 267
94 于慎行 190、306、700

1040_9 平
00 平慶安 180

1060_0 石
18 石珤 652
80 石介 556
90 石光霽 93

1060_1 吾
77 吾丘衍 169、382、419、611

1060_3 雷
22 雷樂 27
35 雷禮 247
37 雷次宗 267
60 雷思齊 8
83 雷鋐 347

1080_6 貢
21 貢師泰 617
34 貢汝成 83
40 貢奎 610
95 貢性之 621

賈
10 賈三近 386
27 賈島 546
60 賈思勰 480
60 賈昌朝 120

1090_4 栗
00 栗應宏 688

1118_6 項
10 項玉筍 250
項元琪 695
22 項鼎鉉 718
26 項皋謨 371
項穆 421、836
38 項道民 421
44 項夢原 299
88 項篤壽 246

1123_2 張

00 張競光 739
張齊賢 771
張方平 555
張應文 439
張庚 258、427、749
張唐英 167
張文黿 764、795
張文炎 511、819
張袞 671
03 張斌 370
08 張鶱 550
08 張敦頤 263
10 張一卿 819
張三錫 810
張玉孃 626
張丁 632
張元凱 695
張元禎 311、646
張元禎 311
張元幹 574
張元忭 702
張雨 627
張爾岐 70
張夏 311、345
張天復 779
10 張雲鸞 124
11 張玭 238
12 張弧 314
張弘範 602
13 張瑄 187
14 張琦 658
15 張廸 295
16 張璁 219
17 張丑 422
張羽 633
張璐 492
張鼐 173、191、718
張弼 648
張承烈 344
張子遠 499
張勇 844
張習孔 374
張君房 494
張翼 388
20 張位 148、211、701
張孚敬 190、670
張采 817
21 張能鱗 286、347
張行成 3
張睿卿 779
張貞生 751
22 張鼎思 67、365
張綖 671
23 張獻翼 15、689
張岱 287
24 張紞 638
25 張純 366
26 張自超 763
張伯淳 606

27 張佩 540
28 張以寧 630
張綸 382
30 張宣猷 134
張寧 646
張永明 673
張適 635
張之象 146、303、429、515、541
張憲 619
張宇初 815
張安弦 748
張宏道 218
張良 473
33 張必剛 375
張溥 501、834
張治 826
34 張汝元 689
張汝霖 20、535
張洪 219、276
張遠 824、843
張達 821
36 張淏 261
37 張洞玄 472
張潮 456、807
張湄 849
張祖年 738
張凝道 218
張次仲 23、57
38 張瀚 681
38 張道宗 274
40 張九韶 444、787
張九成 115
張大亨 90
張大純 266
張大復 253、394、798
張大齡 166、308
張士佩 147
張墉 300、448
張才叔 127
張堯同 599
張有 138
張存紳 369
張志淳 483
41 張標 498
43 張栻 4、110、114、580
44 張萱 765
張翥 614
張夢錫 421
張芹 182
張芳 817
張孝祥 127、576
張英 758、760
張世偉 726
張世則 237
張世犖 816
張萊 285
46 張旭 660
47 張朝瑞 184、218
張杞 763

張根 2
50 張中達 521
50 張泰 646
張泰階 426
張耒 517、561
51 張振先 537
張振淵 29
57 張邦彥 303
58 張掄才 412
60 張星 334
張昱 620
張國維 227
張國祥 785
張彔 252
張曼 845
張昇 828
張果 470
張杲 486
64 張時徹 235、529、673
張時泰 156、751
張時舉 136
張暐 204
65 張映斗 748
66 張暘 260
67 張明弼 726
張鳴鳳 273
70 張璧 666
71 張原 653
張師顏 179
張師禹 476
張岳 669
77 張鳳翼 476
張鳳翔 658
張鵬翮 346、374、776
張履祥 341
張居正 231
張丹 843
張問達 32
張問之 230
80 張鉉 264
張介賓 490
張毓睿 782
張養浩 356
85 張鈇 481
86 張錫爵 751
88 張銓 160
張鎡 318
張敘 39、61
90 張尚瑗 107
張炎 626
91 張恒 333
98 張燧 365
張敉 133
99 張燮 297、727

1140_6 廼
77 廼賢 609

1173_2 裴
00 裴庭裕 170

1180_1　冀

10 冀霖　286

1241_0　孔

00 孔齊　357

孔文仲　559

10 孔平仲　350、559

孔天胤　678

12 孔延之　530

13 孔武仲　559

22 孔胤植　239、268

25 孔仲武　517

孔傳　238

34 孔對寰　239

40 孔克學　536

90 孔尚質　166

1241_3　飛

40 飛來山人　807

1249_3　孫

00 孫應鰲　15、767

孫奕　354

10 孫一元　663

孫一奎　490

孫天祐　667

12 孫瑀　639

13 孫武　809

孫琮　848

17 孫承澤　58、104、197、208、249、764

孫承恩　828

孫承翁　665

20 孫秀虎　426

21 孫能傳　219、367

22 孫繼臯　704

23 孫允中　191

24 孫偉　536

28 孫作　632

孫復　555

30 孫宜　332

孫之騄　41、127、169、197、292、431、484

37 孫逢吉　208

38 孫道易　383

40 孫大雅　521

孫爽　736

孫克宏　415

孫奇逢　31、254、340、341、840

孫七政　698

孫樵　546

44 孫范　99

孫堪　248、666

孫夢逵　39

孫懋　666

孫蕡　633

45 孫樓　693

46 孫覿　568

47 孫瑴　127

53 孫甫 304
58 孫鰲 700
63 孫默 526
77 孫覺 89
孫居相 819
80 孫鑛 422、704、820
82 孫鍾瑞 341
94 孫慎行 28、118、234

1314_0 武
00 武亢 457

1420_0 耐
26 耐得翁 259

1710_7 孟
22 孟稱舜 307
38 孟洋 660

1712_7 耶
25 耶律楚材 601

鄧
00 鄧文憲 134
鄧文原 606
10 鄧玉函 435
鄧元錫 15、46、54、84、97、164、693
13 鄧球 394
26 鄧伯言 631
鄧伯羔 17、394
28 鄧牧 289、290、595
鄧以讚 702
30 鄧淮 289
40 鄧來鸞 100
50 鄧忠臣 517

1721_4 翟
31 翟灝 781
40 翟校 534
47 翟均廉 41、775

1742_7 邢
10 邢雲路 133
27 邢侗 705
60 邢昉 726

1750_6 鞏
18 鞏珍 297

1750_7 尹
00 尹商 480
12 尹廷高 616
30 尹守衡 164
35 尹洙 554
40 尹直 187、233、241
44 尹蓬頭 815
55 尹耕 193
65 尹畊 275
90 尹焞 114、570

1762_0 司

30 司空圖 549
71 司馬晰 785
司馬光 172、301、316

1762_7 邵

00 邵雍 316、464、559
10 邵正魁 237
邵晉之 759
12 邵廷采 847
21 邵經邦 671
23 邵弁 56
28 邵復孺 825
30 邵寶 128、213、651
34 邵遠平 163、844
40 邵圭潔 693
50 邵泰衢 78、303

1918_0 耿

30 耿定向 232、246、327
耿定力 777
40 耿南仲 2、517
80 耿介 342

2

2022_7 喬

44 喬懋敬 235
喬萊 34
50 喬中和 150

2033_1 焦

04 焦竑 18、248、391、493、711、772
28 焦以恕 71
40 焦希程 192
77 焦周 393

2040_7 季

50 季本 11、64、87、95、132、239、326、758

2071_4 毛

10 毛元淳 339
毛晉 525、820
毛霦 773
24 毛先舒 152、408、409、735、790、795、840
毛德琦 780
26 毛伯温 663
27 毛紀 828
30 毛憲 253
32 毛兆儒 273
40 毛奇齡 742
60 毛晃 140
72 毛際可 738
77 毛鳳韶 262
毛居正 120
80 毛曾 149
90 毛尚忠 117

2110_0 上

76 上陽子 495

上陽真人 495

2121_7 伍

37 伍涵芬 374、408

40 伍袁萃 362、390

虛

05 虛靖真人 815

盧

08 盧謙 123

14 盧琦 614

21 盧師陳 288

28 盧綸 546

30 盧宜 778

盧之頤 490

45 盧柟 690

47 盧格 788

48 盧翰 14

80 盧仝 547

2122_0 何

10 何三畏 253

何瑭 326、659

17 何孟春 358

20 何喬遠 505

何喬新 645

何維柏 829

26 何白 723、830

30 何良俊 362、388

何良臣 479、839

31 何源 838

38 何祥 788

40 何去非 563

41 何楷 24、760

44 何夢桂 590

60 何景明 269、359

99 何鏜 258、263、279

2122_1 衛

10 衛元嵩 1

32 衛泳 395

2123_4 虞

20 虞集 180、608

30 虞淳熙 113、709

32 虞兆隆 398

55 虞摶 487

2133_1 熊

00 熊方 169

20 熊禾 592

23 熊峻運 310

27 熊紀達 474

32 熊兆 113

34 熊逵 536

37 熊過 13、96、677

40 熊太古 356

熊直 640
50 熊忠 143
66 熊賜履 789

2140_6 卓
10 卓爾康 22、99
67 卓明卿 698

2190_4 柴
07 柴望 588
10 柴元彪 588
27 柴紹炳 841
40 柴奇 667
74 柴隨亨 588

2210_8 豐
40 豐坊 13、95
43 豐越人 720

2220_7 岑
30 岑安卿 612

2221_4 任
40 任士林 604

崔
77 崔同 669
崔與之 581
84 崔銑 659

2277_0 山
55 山井鼎 126

2290_0 利
11 利瑪竇 458

2290_4 巢
10 巢元方 485
67 巢鳴盛 342

樂
25 樂純 439
50 樂史 234、255

2300_0 卜
44 卜世昌 160

2323_4 伏
25 伏生 41

2324_2 傅
00 傅文兆 17
20 傅維詗 300
傅維鱗 164
21 傅作興 310
22 傅鼎 71
傅巖 367
30 傅察 570
32 傅遜 97
33 傅浚 775

34 傅汝舟 672
44 傅若金 614
傅世垚 152
51 傅振商 511

2325_0 臧
44 臧懋循 515、708

牟
10 牟元中 778
23 牟巘 591

2421_7 仇
12 仇廷樑 152
34 仇遠 596、597

2426_0 儲
24 儲巏 652

2500_0 牛
00 牛衷 135

2520_6 仲
30 仲宏道 137、843
38 仲遵 484
91 仲恒道 409

2590_0 朱
00 朱應登 828
朱應奎 149、338
朱賡 700
朱袞 729
04 朱謀垔 425
朱謀瑋 17、55、135、169
07 朱韶 804
10 朱元璋 206、231
14 朱珪 413
17 朱孟震 363、702
朱翌 353
朱子儋 386
20 朱維陛 240
21 朱熊 214
朱衡 333
朱師孔 692
朱術垧 774
23 朱弁 177
24 朱德潤 611
朱升 8、630
25 朱健 793、806
朱積 523
26 朱得之 328
朱梟巳 807
27 朱多熲 691
朱豹 670
朱象賢 437
朱彝尊 124、529
朱約佶 497
朱紹 523
30 朱宣墡 800
朱之俊 759

32 朱澍 674
36 朱澤 192
37 朱淑真 599
朱祁鈺 231
40 朱大啓 762
朱直 308
朱希晦 618
朱存理 831
朱熹 68、79、109、240、317、318
朱嘉徵 514
朱右 625
朱吉 634
朱奇齡 106、744
朱樟 746
43 朱載堉 132、133
朱樸 655
44 朱董祥 72
朱芾煌 829
朱權 143、292、357、471、482
46 朱槔 570
朱觀瀶 777
朱如弼 819
47 朱鶴齡 47、49、58、105、842
朱朝瑛 26、47、57、84、102、340
48 朱松 570
50 朱申 63、91
朱泰貞 74
朱泰來 482
53 朱輔 842
朱成泳 655
60 朱曰藩 684
朱里 306
朱國楨 245、368
朱昆田 451
朱景元 424
61 朱顯祖 347
64 朱睦㮮 28、97、121、122、183、219、313
朱晞顔 224
67 朱明鎬 306
朱瞻基 232
朱鷺 184
71 朱長文 264、417、433、559
朱長春 709、792
79 朱勝非 440
80 朱公遷 53
82 朱鍾文 312
86 朱錦文 809
88 朱簡 148
90 朱光裕 452
朱常淓 232
99 朱爕元 713

2599_6 練

17 練子寧 635

2600_0 白

12 白璞 625
白珽 605
98 白悦 680

2610_4 皇

53 皇甫汸 360、688、797
皇甫録 188、274、383
皇甫涍 688、777
皇甫湜 547
皇甫中 491

2620_7 粤

10 粤西舜山子 193

2622_7 偶

41 偶桓 516

2629_4 保

80 保八 7

2641_3 魏

00 魏方泰 449
魏裔介 341、524、789、790
魏慶之 403
魏廧徵 843
10 魏一鰲 527
17 魏了翁 5、42、69、198、319、582
22 魏偁 187
23 魏允枏 529
25 魏仲舉 311
魏仲賢 508
26 魏峴 228
31 魏濬 21、273
40 魏校 313、651
61 魏顯國 207、232、233
67 魏野 554
71 魏驥 640
77 魏學洢 725
90 魏裳 690

2643_0 吴

00 吴應箕 337
吴文奎 837
吴文華 833
01 吴龍翰 595
04 吴訥 223、818
06 吴韻 226
10 吴元滿 147
吴震方 768、791
12 吴瑞登 161、806
吴廷華 70
吴廷舉 677
13 吴琯 454
17 吴子孝 678
20 吴爰 663
吴爵 218
吴維嶽 691

21 吴仁傑 302、542
吴玕 404
吴師孟 127
吴師道 251、611
22 吴任臣 168、277
吴鼎 40、349
吴山 224
吴繼仕 150
23 吴稼澄 721
24 吴偉業 773、822
吴綺 842
吴績 304
26 吴儼 827
吴自牧 259
28 吴儆 580
吴儀洛 492、493
吴從先 395
30 吴沆 403
吴寬 535
吴永 453
吴之鯨 290
吴之俊 395
吴之振 521、741
吴騫 286
吴安國 794
吴宗漢 689
31 吴潛 582
32 吴兆 535、724
吴澄 73、80、81、92、603
37 吴沉 217
吴祖修 848
38 吴海 617
吴道南 207
40 吴大經 723
吴大有 245、379
吴培鼎 805
吴枋 173
43 吴棫 140
44 吴夢暘 724
吴兢 170
吴孝章 247
吴若 177
吴世忠 50
吴桂森 23
吴桂芳 684
47 吴均 143
吴坰 732、793
吴極 758
吴炯 338
吴起 809
48 吴掄 87
50 吴肅公 59、373、777
52 吴撝謙 28
60 吴景旭 408
吴國倫 690
吴景奎 615
吴景長 425
64 吴時行 730
吴時來 221
71 吴頤元 437

77 吳隆元 35
吳鵬 674
吳與弼 647
80 吳曾 792
82 吳鍾巒 25
84 吳鎮 607
86 吳錫疇 591
88 吳筠 550

2690_0 和
24 和巆 223
37 和凝 223

2691_4 程
00 程文德 678
02 程端禮 321
程端學 92
04 程誥 672
10 程一枝 303
程正揆 738
程玉潤 22
程玉善 308
程元初 157
程可中 723
12 程廷祚 106
13 程珌 581
17 程君房 437
23 程允基 434
24 程德洽 152
27 程俱 199、570
30 程良玉 465
程良孺 447、805
33 程邃 736
34 程汝繼 21
程達 365
程迥 4
37 程通 636
40 程雄 802
程大昌 268、352、765
程大純 347
程大約 832
程希堯 369
程嘉燧 535、724
44 程材 491
50 程本立 636
52 程哲 397
60 程曈 339
61 程顥 317
67 程明哲 68
程明善 409
程嗣章 791
71 程頤 317
81 程鉅夫 604
88 程敏政
173、244、266、323

2692_2 穆
27 穆脩 554
40 穆希文 366、430
77 穆尼閣 458

2694_1 釋

00 釋方澤 733
釋高峰 813
釋文瑩 174
釋玄奘 498
10 釋元璟 850
釋元覺 499
釋元賢 780
釋天慧 500
釋石屋 839
釋雲峰 813
20 釋皎然 551
21 釋行均 141
24 釋德洪 499
釋德清 500、813
釋德祥 628
釋德静 627
釋贊寧 792
30 釋濟時 814
釋宗泐 733
34 釋達月 500
37 釋通琇 814
釋通復 850
釋通潤 498
38 釋道璨 600
釋道潛 599
40 釋大訢 628
釋大汕 298
釋大圭 627
釋大善 528
釋克勤 813
釋適之 381
釋志磐 812
釋壽寧 534
42 釋斯學 733
49 釋妙聲 627
50 釋惠洪 600、813
釋本書 850
55 釋慧南 498
60 釋圓至 627
67 釋明鼎 500
釋明本 500、821
71 釋原妙 500
77 釋同揆 782
80 釋今無 850
釋無盡 283
釋普文 524
86 釋智舷 734
釋智者 812
釋智旭 498
90 釋性制 284

2713_2 黎

21 黎貞 635
27 黎久 366
38 黎遂球 731
40 黎士宏 844
77 黎民表 691、823

2721_2 危

27 危素 619

67 危昭德 597

2721_7 倪

08 倪謙 294

10 倪元璐 24、728

14 倪瓚 622

22 倪繼宗 531

28 倪復 53、132

30 倪宗正 661

34 倪濤 39

40 倪士毅 116

60 倪思 319

72 倪岳 535、645

2723_3 佟

63 佟賦偉 291

2723_4 侯

00 侯充中 624

22 侯繼高 220

27 侯甸 385

2724_7 殷

10 殷雲霄 660

25 殷仲春 831

2725_2 解

27 解縉 637

2726_1 詹

37 詹初 583

39 詹泮 665

40 詹在泮 338

60 詹景鳳 339

2731_2 鮑

00 鮑應鰲 219、714

10 鮑雲龍 320

22 鮑山 481

47 鮑楹 822

50 鮑泰 459

97 鮑恂 9

2733_2 忽

60 忽思慧 482

2742_7 鄒

10 鄒元標 706

15 鄒廸光 705

24 鄒德溥 18、763

鄒德涵 709

25 鄒伸之 771

26 鄒泉 207

30 鄒守益 664、665、816

34 鄒漪 773、778

38 鄒道光 446

43 鄒式金 813

46 鄒觀光 833

47 鄒期楨 47

48 鄒枚 839
50 鄒忠允 57
86 鄒智 654

2752_0 物
46 物觀 126

2760_3 魯
00 魯應龍 379
20 魯重民 448、804
21 魯貞 626
61 魯點 284、537
80 魯曾煜 747
86 魯鐸 659

2762_7 郜
96 郜煜 38

2771_2 包
40 包大中 699
57 包拯 555
88 包節 269

2792_2 繆
40 繆希雍 491
60 繆思恭 523

2829_4 徐
00 徐鹿卿 583
徐應秋 797
徐文靖 375、463
徐文駒 846
08 徐謙 490
10 徐一榛 783
徐一夔 826
徐石麒 210、729
徐正卿 182
徐天麟 199
12 徐璣 585
徐廷垣 108
徐廷槐 816
17 徐珊 230
21 徐師曾 73
徐經孫 583
23 徐允禄 724
徐獻忠 261、414、516、697、801、820
徐俊 434
徐傳 512
24 徐紘 245
26 徐自明 173
徐伯齡 388
27 徐象梅 250、798
28 徐以泰 752
30 徐宏祖 280
徐賓 237
33 徐必達 339
徐溥 645
34 徐達左 321、522
36 徐渭 388、420、430、696

38 徐汾 234
徐道符 469
40 徐在漢 32
徐有貞 642
徐嘉泰 283
徐嘉炎 841
徐奮鵬 207
徐賁 633
徐來復 718
41 徐樞 257
44 徐兢 293、294
徐夢莘 159
48 徐敬德 839
50 徐中行 689
53 徐咸 245
60 徐昌祚 195
徐昂發 374、746
61 徐顯卿 702
64 徐時行 452
徐時進 731
67 徐昭慶 67、78
徐照 584
73 徐駿 71、400
75 徐體乾 12
77 徐用宣 488
徐用檢 329
徐用錫 845
徐學謨 190、686
徐學詩 685
徐學聚 205
徐問 332、659
78 徐鑒 128
80 徐鉉 552
徐善 32
徐善述 43
81 徐鍇 138
84 徐釚 409
86 徐知證 495
90 徐常吉 446
91 徐焯 739
徐炬 800
94 徐燉 368、387、392

2895_1 鮮
10 鮮于樞 356

2891_6 税
77 税與權 319

3

3021_4 寇
10 寇天叙 663
30 寇準 553

3022_7 房
34 房祺 538

3023_2 永
40 永嘉先生 579

3030_3 寒

22 寒山子 551

3040_1 宇

00 宇文懋昭 163

3040_4 安

27 安倪思 302

安磐 407

44 安世鳳 415

3060_6 富

10 富玹 228

3080_1 蹇

77 蹇駒 176

3080_6 竇

00 竇文照 365

17 竇子偁 142

34 竇漢卿 485

3090_1 宗

36 宗澤 563

77 宗周 762

3090_4 宋

00 宋應昌 192

宋慶長 268

02 宋端儀 185

04 宋訥 630

07 宋詡 393

10 宋至 848

宋无 607

宋雷 780

12 宋登春 722

22 宋綬 201

28 宋儀望 684

30 宋濂 188、251、630

34 宋禧 631

40 宋奎光 284

宋希吕 241

宋存標 784

71 宋長白 408

80 宋公傳 522

88 宋敏求 203、779

99 宋犖 291

3111_0 江

10 江元禧 505

14 江瓘 490、675

17 江盈科 772

20 江爲龍 125

24 江休復 351

28 江以東 702

30 江永 86

34 江淹 435

46 江旭奇 789

50 江東偉 805

60 江見龍 37
88 江繁 220
90 江少虞 202
江尚質 410

3111_4 汪

00 汪應蛟 308
汪應軫 670
汪應辰 573
汪廣洋 629
汪文柏 452
汪文盛 667
10 汪三益 480
汪元量 592
汪天策 434
11 汪珂玉 215、422、426
18 汪璲 38
20 汪爲熙 270
23 汪紱 86
28 汪以時 819
30 汪宗元 211
汪淮 698
汪憲 768、801
汪宗伊 774
34 汪浩然 433
38 汪道貫 722
40 汪士漢 448
汪士賢 455
汪士鋐 423
汪克寬 93、624
汪森 540
42 汪機 489
43 汪越 291
44 汪藻 568
汪莘 583
57 汪邦柱 22
86 汪錦 814
90 汪少廉 697
97 汪焕章 295

3112_7 馮

11 馮班 738
12 馮廷章 804
13 馮武 803
14 馮琦 821
15 馮甦 275、741、773
17 馮子振 821
22 馮山 559
26 馮臯謨 686
28 馮復京 55
馮從吾 245、712
30 馮賓可 453
34 馮汝彰 838
馮汝弼 680
44 馮夢龍 99
馮夢禎 707
45 馮贄 377
50 馮忠恕 318
60 馮昌臨 34、345
64 馮時行 577

馮時可 703、834

3116_1 灊
08 灊説友 259

3128_6 顧
00 顧亮 338
顧兖 145
顧應祥 276、299、327、460
顧言 337
顧諒 335
03 顧斌 222
10 顧正誼 715
顧天埈 716
顧可久 668
14 顧瑛 623
17 顧孟容 219
19 顧璘 541、662
22 顧鼎臣 826
24 顧德基 836
25 顧仲瑛 622
顧仲清 426
27 顧磐 664
30 顧宸 817
顧憲成 336、713
顧宗瑋 103
34 顧禧 594
36 顧況 545
37 顧祖禹 257
38 顧道洪 392
40 顧大典 702
顧士璉 227
顧存仁 211
47 顧起元 391、716
顧起綸 523、716
53 顧成天 745
顧成憲 369
77 顧與沐 785
80 顧曾唯 14
88 顧簡 729
90 顧光斅 374
顧炎武 258

3216_9 潘
00 潘音 594
10 潘平格 346
20 潘季馴 225、687
24 潘緯 694
26 潘自牧 441
30 潘永因 771
潘之恒 266、284、723
潘之淙 421
潘良貴 569
34 潘汝孝 836
潘潢 72
38 潘滋 538
40 潘士藻 18、365
潘士達 112
潘希曾 675

46 潘塤 360
60 潘恩 673
潘昂霄 400
64 潘時舉 136
80 潘益之 836

3312_7　浦
01 浦龍淵 32
40 浦南金 450

3390_4　梁
00 梁文濂 845
24 梁儲 650
30 梁寅 8、53、632
31 梁潛 638
40 梁克家 271
42 梁橋 407
44 梁夢龍 301
80 梁善長 540
90 梁惟樞 396

3411_1　湛
44 湛若水 82、132、323、324

3411_2　沈
07 沈謏 196
08 沈謙 735
10 沈一中 715
沈一貫 16、511、530、700
沈亞之 547
沈元滄 77、746
沈不負 736
11 沈珩 740
沈棐 91
12 沈瑞鍾 23
沈廷璐 291
沈廷芳 126、750
沈廷勱 33
沈廷松 454
17 沈鼒 775
20 沈季友 528、743
21 沈貞 612
22 沈岸登 741
24 沈佳 790
沈德符 194
25 沈津 285、390
26 沈自南 366
沈伯咸 323
沈鯉 828
28 沈作喆 351
沈儀 360
30 沈淮 686
沈守正 57、118、728
沈宏正 427、431
沈良才 721
32 沈泓 29
33 沈心 750
34 沈沈 430
沈遼 558
35 沈溝 558

37 沈祖惠 119
40 沈雄 410
沈太洽 724
沈堯中 448
沈志禮 291
沈壽民 337、732
41 沈樞 298
42 沈彬 643
43 沈越 160
44 沈夢熊 233、246
沈懋孝 701
沈萬鈳 56
47 沈朝宣 779
沈起 831
50 池本理 471
52 沈括 558
58 沈敕 288
60 沈國元 784
沈易 515
沈思孝 701
沈昌期 35
67 沈明臣 530、696
71 沈長卿 370
72 沈彤 68、125、812
77 沈用濟 821
77 沈周 654
77 沈與文 425
77 沈與求 569
85 沈錸 683
88 沈節甫 189
90 沈光邦 40
91 沈炳震 126
91 沈炳巽 277
92 沈愷 360
92 沈愷曾 228

3412_7 瀟

36 瀟湘野夫 177

3414_7 凌

10 凌雲翰 635
20 凌稚隆 101
31 凌福之 469
34 凌濛初 55、825、832
35 凌迪知 246、301、310、450、513、786
44 凌樹屏 751
80 凌義渠 394、728

3418_1 洪

17 洪鼐 10
洪翼聖 834
24 洪皓 177
30 洪適 574
34 洪邁 128、300、378、517
38 洪遵 208
洪啓初 28
40 洪希文 613
44 洪若皋 738
77 洪覺山 307

洪覺範 404、600
90 洪炎 565
洪焱祖 606

3426_0 褚
26 褚伯秀 493
32 褚澄 484

3611_0 況
27 況叔祺 451

3611_7 温
02 温新 718
14 温璜 729
20 温秀 718
25 温純 360
40 温大雅 170

3612_7 湯
03 湯斌 342、840
07 湯韶 642
27 湯紹祖 504
湯紹恩 530
32 湯兆京 731
40 湯右曾 744
61 湯顯祖 710
90 湯光烈 642

3621_0 祝
00 祝彦 805
祝文彦 346
23 祝允明
189、307、383、656
26 祝穆 256、442
33 祝泌 317
44 祝萃 652
祝世禄 712、788
64 祝時亨 528

3630_2 邊
10 邊貢 662

3712_7 滑
40 滑壽 486

3717_2 涵
57 涵蟾子 496

3721_0 祖
80 祖無擇 558

3722_7 祁
17 祁承㸁 173、235
21 祁順 650

3730_2 過
00 過庭訓 249

3772_7 郎
14 郎瑛 368

38 郎遂 292

3813_7 冷

40 冷士嵋 746

3814_7 游

10 游震得 718

20 游季勳 226

31 游潛 694

40 游九言 582

60 游日章 804

90 游光敬 473

3815_7 海

12 海瑞 703

3819_4 涂

30 涂宗濬 28

4

4001_1 左

24 左贊 659

30 左宗郢 289

40 左圭 452

左克明 513

4022_7 布

10 布粟子 372

南

21 南卓 435

30 南宮靖一 137

4024_7 皮

60 皮日休 546

4040_1 幸

10 幸元龍 583

4040_7 支

23 支允堅 389

李

00 李應徵 827

李應昇 719

李廉 93

李文秀 246

李文仲 143

李文鳳 296

李言恭 295

李讓 271

李京 767

01 李龏 524

03 李誠 229

05 李靖 477

07 李詡 359

10 李璋 829

李天麟 270

李石 91

李雲鵠 687、819

	李雲鴻	687
	李雲雁	687
11	李彌遜	568
12	李登	147
	李廷機	241、334、708
	李廷忠	597
	李延平	318
14	李琪	91
	李確	835
17	李承箕	673
	李豫亨	364
	李子文	165
	李子愿	312
	李子長	532
	李子金	462
20	李重華	125
	李舜臣	828
	李孚青	843
21	李濬	376
	李頻	549
	李衡	315
	李經綸	81
22	李邕	544
	李樂	195
	李繼本	625
	李稻塍	528
23	李俊民	601
24	李化龍	705
	李仕學	803
	李先芳	54、690
	李德	540
	李德芻	256
	李德裕	548
	李幼武	240
25	李生寅	721
	李紳	549
26	李白	544
	李伯璵	505
27	李侗	574
	李翺	546
	李嶼	439
	李繩遠	449、740
	李綱	175、568
	李絳	548
	李紹文	449
28	李徵	839
	李復言	432
	李道純	815
	李嶟瑞	748
30	李濂	268、439、488、668
	李淳風	457
	李永昌	832
	李之儀	562
	李之藻	216、459、499
	李良年	740
	李實	185
	李宗渭	750
	李宗木	687
31	李禎	643
33	李心傳	202、787

李治 457
李黼 78、83
35 李清菴 464
37 李淑通 465
李祁 618
李過 5
李鄴嗣 530、735
38 李遂 827
李瀚 137
39 李瀅 778
40 支大綸 705
李大濬 67
李士實 303
李士瞻 614
李培 331
李克家 480
李存 615
李燾 158、159、304
李支立 436
李吉甫 255
李奇玉 24
李來章 277、750
李來泰 741
43 李域 334
李朴 242
李栻 169
44 李堪 497
李夢陽 661
李蘅 455
李蔭 687
李懋 640
李孝先 613
李孝美 436
李華 544
李蓘 520、522、687
李贄 391
李材 331
李林甫 200
46 李如篪 354
李賀 547
47 李郁 238
李根 151
50 李中梓 811
李泰 808
李本寧 783
李本固 19
李貴 243
李東陽 188、405
51 李振裕 844
56 李覯 558
李觀 544
60 李日華 209、310、391、447、512、714
李昴英 586
李杲 490
李景 488
61 李顒 739
63 李默 254
64 李時 191
70 李壁 556

李壁 243
71 李砮 165
李匡義 376
72 李劉 597
李屋 376
77 李鳳雛 107
李同芳 338
李周望 774
李鵬飛 482
李開先 30、425
李賢 186、188
80 李曾伯 586
李公鱗 517
李公柱 337
82 李鍾僑 60
88 李符 741
90 李堂 654
李光地 34、767
李光映 416
李因篤 821
李當泰 150
92 李愷 193

4050_6 韋
24 韋續 417
97 韋焕 131

4060_0 古
01 古譚吏隱主人 293

4073_2 袁
00 袁應兆 216
袁袠 676
07 袁韶 250
08 袁説友 538
14 袁珙 639
22 袁仁 45
23 袁俊翁 116
30 袁宏道 711
袁宗道 710
40 袁士元 612
袁士瑜 118
42 袁彬 186
44 袁華 534、616
袁黄 711
45 袁楝 398
47 袁桷 261
50 袁中道 711
袁忠徹 476
袁表 534、539
60 袁易 616
99 袁燮 312

4080_1 真
22 真山民 596
24 真德秀 319、323

4090_0 木
48 木增 396

4090_8 來

20 來集之 26、371、448、758

26 來儼然 829

31 來濬 415

34 來汝賢 675

42 來斯行 128、371

86 來知德 334、757

4091_7 杭

30 杭淮 656

44 杭世駿 126、135、770

4192_0 柯

17 柯珮 465

20 柯維騏 162

4212_2 彭

07 彭韶 364、826

10 彭而述 840

彭百川 202

12 彭孫遹 841

26 彭儼 796

27 彭叔夏 354

34 彭汝謙 794

彭汝礪 560

40 彭在玢 817

44 彭其位 774

48 彭致中 494

57 彭輅 685

60 彭昺 43

64 彭曉 495

彭時 186

77 彭鵬 749

80 彭年 697

4241_3 姚

00 姚兖 697

姚應仁 78、81

姚廣孝 637

姚文蔚 19

17 姚翌 647

20 姚舜牧 17、46、55、74、98、113、117、704、826

21 姚虞 272

23 姚允明 156

30 姚宣 195

姚宏謨 281

姚宏緒 534

32 姚淛 541

34 姚遠翻 780

37 姚咨 97

40 姚大源 808

姚士粦 166

姚希孟 720

44 姚孝守 127

77 姚際恒 343

80 姚夔 642、752

90 姚堂 254

姚光祚 138

91 姚炳 59

4252_1 靳

53 靳輔 226

4301_0 尤

17 尤玘 381
27 尤侗 429
64 尤時熙 328

4372_3 裘

15 裘璉 284
17 裘君弘 408
44 裘萬頃 580

4385_0 戴

00 戴庭槐 16
10 戴天章 35
戴天恩 35
17 戴君恩 335
21 戴虞臯 31
戴經 327
27 戴侗 142
28 戴復古 379、585
30 戴良 620、621
32 戴溪 234
37 戴冠 73、384
47 戴起宗 494
50 戴表元 604
60 戴昺 825
61 戴顒 672
80 戴金 334
戴羲 481
87 戴欽 669

4410_4 董

00 董應舉 717
08 董説 165、460、489、732
22 董豐垣 766
24 董德鏞 799
25 董傳策 685
28 董份 683
30 董守諭 24
31 董澐 655
38 董遵 536
42 董斯張 367、529、724
43 董越 294、660
47 董穀 260
50 董史 418
67 董嗣成 708
董嗣杲 527
77 董聞京 847
80 董弅 532
91 董炳 489
96 董煟 214

4411_2 范

00 范應虛 290
07 范鄗鼎 790
10 范王孫 58
16 范理 299
17 范承謨 843

范承勳 287
21 范處義 52
30 范家相 62
范守己 714
33 范浚 575
37 范祖禹 560
40 范梈 608
43 范成大 265、273、576
47 范坰 166
53 范咸 39
60 范景文 404、727
67 范明泰 387、392
87 范欽 455
90 范惟一 824
范光宙 307
范光陽 745

4412_7　蒲
25 蒲積中 442
38 蒲道源 610

4420_7　夢
77 夢覺子 497

4421_4　莊
15 莊臻鳳 434
47 莊起元 719
60 莊杲 648
77 莊履豐 710

薩
47 薩都剌 609

4422_2　茅
00 茅康伯 437
10 茅元儀 394、480
12 茅瑞徵 48、49、293、455
14 茅瓚 682
35 茅溱 148
45 茅坤 683
60 茅國縉 770
80 茅翁積 722

4422_7　芮
71 芮長恤 305

蕭
10 蕭玉 665
22 蕭嵩 200
蕭崇業 296
34 蕭漢中 7
40 蕭士瑋 725
46 蕭如松 819
60 蕭國寶 616

4424_7　蔣
10 蔣一葵 368、451
20 蔣信 328
27 蔣伊 233、806
28 蔣儀 810

蔣以化 395
蔣以忠 372
30 蔣之翘 770
蔣宏任 290
33 蔣心化 195
40 蔣燾 837
46 蔣如平 538
60 蔣冕 407、653
蔣易 521
64 蔣時吉 468
67 蔣鳴玉 75、104、764
90 蔣堂 553

4439_4 蘇
10 蘇天爵 199、204、244、245
蘇霖 419
20 蘇舜欽 556
24 蘇贊成 294
26 蘇伯衡 357
28 蘇復一 715
31 蘇濬 18
34 蘇祐 223、387
40 蘇志皐 679
53 蘇軾 2、42、557
58 蘇轍 51、89、172
60 蘇易簡 435、450
81 蘇頌 557
88 蘇籍 575

4440_0 艾
10 艾元英 486
21 艾儒畧 458
40 艾南英 49、730

4442_7 萬
21 萬經 424
34 萬達甫 699
40 萬士和 826
42 萬斯大 66、69、75、85、104
萬斯同 87、151、157、212、225、281、423、790
44 萬樹 410
50 萬表 511、797
57 萬邦孚 490
89 萬鏜 675
90 萬光泰 849

4443_0 樊
20 樊維城 239、455
26 樊得仁 281
30 樊宗師 547
79 樊騰鳳 151

莫
10 莫雲卿 720
17 莫君陳 353
30 莫宏勳 768
46 莫如忠 683

4445_6 韓
00 韓奕 634
12 韓孔贊 806
14 韓琦 555
20 韓維 558
21 韓上桂 715
韓經 631
25 韓純玉 735
38 韓道昭 141、142
44 韓萬鍾 459
韓世能 701
57 韓邦靖 664
韓邦奇
10、48、50、131、359
60 韓四維 836
67 韓鄂 440
71 韓原道 242
77 韓駒 565
80 韓愈 109
90 韓爌 197

4450_4 華
00 華慶遠 783
24 華幼武 622
27 華叔陽 701
32 華兆登 27
72 華岳 587
80 華善繼 722

4453_0 英
30 英實存 627

4462_7 荀
12 荀廷詔 166

4472_7 葛
00 葛立方 574
10 葛元聲 192
葛震 309
28 葛徵奇 725
30 葛寅亮 117
34 葛洪 304、484
44 葛芝 375、794
葛萬里 428
71 葛長庚 599

4474_1 薛
00 薛應旂
156、160、329、682
薛章憲 655
13 薛瑄 641、787
23 薛俊 295
44 薛蕙 334、668
51 薛據 112
60 薛甲 13
72 薛所蘊 847
77 薛鳳翔 483
薛熙 818
82 薛鎧 811
90 薛尚功 411

4477_0 甘

10 甘雨 289
28 甘復 625

4480_1 楚

50 楚東吳聿子 404
楚東無名子 195

4480_6 黄

00 黄齊賢 234
黄庶 557
黄庚 612
黄庭堅 563、564
黄文澍 766
黄衷 293、656
02 黄端伯 25、830
黄訓 361、819
08 黄謙 435、686
10 黄一正 447
黄正憲 16、98
黄元忠 270
黄震 299、319
黄百家 345、346、462、744、818
黄百藥 743
黄雲 654
12 黄登 540
黄孔昭 533
14 黄瓚 831
17 黄承元 225
黄習遠 517
18 黄玠 620
黄瑜 186
20 黄千人 750
黄維楫 722
21 黄縉 356
22 黄鼎 462
23 黄獻 433
黄傅 655
24 黄佐 130、183、217、254、400、670
25 黄生 795
黄仲元 596
27 黄奐 733
黄魯曾 252
黄叔璥 213、272、347、416
28 黄徹 403
黄以陞 784
30 黄淮 638
黄淳耀 729
黄永年 847
黄宏綱 657
黄容 236
黄宗羲 30、79、277、283、340、509、530、762、764
黄宗炎 30、31
31 黄溍 522、609
32 黄滔 550

33 黄溥 369
34 黄汝亨 234、717
黄汝良 363、710
黄汝和 474
黄洪憲 402、703
37 黄潤玉 250、324
38 黄道周 23、78、79、102、113、371、729、777
40 黄希旦 599
41 黄姬水 698
黄標尊 453
44 黄芹 12
48 黄乾行 73
黄幹 68、583
52 黄哲 540
64 黄暐 382
67 黄時燿 793
77 黄鵬揚 784
80 黄金 680
黄尊素 720
黄公度 573
黄公紹 143、605
84 黄鎮成 613
90 黄光昇 160
黄裳 562
91 黄焯 537
94 黄慎 474
97 黄輝 834

4490_1 蔡

00 蔡方炳 341
蔡襄 556
07 蔡毅中 56
10 蔡元定 474
蔡雲程 678
12 蔡霦 827
21 蔡經 669
28 蔡條 377
蔡肇 175
蔡以封 750
30 蔡永華 282
蔡宗兗 133
32 蔡淵 5
34 蔡汝楠 539、679、766
蔡汝賢 295
35 蔡清 324、651、788、827
38 蔡肇 517
40 蔡克濂 678
44 蔡蓁春 535
80 蔡善繼 392
蔡含生 129
85 蔡鍊 538

4490_4 葉

12 葉廷珪 443
17 葉子實 508
葉子奇 358
20 葉秉敬 150、788
22 葉山 16
27 葉向高 708

葉紹翁 178
30 葉永盛 832
葉適 580、787
葉之溶 529
葉良佩 12、673
44 葉封 416
葉夢熊 479
葉夢得 90、378、567
葉萬 803
葉桂 493
50 葉泰 475
53 葉盛 385、643
61 葉顒 621
77 葉隆禮 163
葉熙 270
80 葉金 253
88 葉鈴 136
91 葉恒 228

4491_0 杜
15 杜臻 272
17 杜瓊 236
23 杜綰 438
28 杜牧 549
31 杜涇 87
杜濬 841
40 杜大圭 240
50 杜本 614
77 杜開 449
杜巽才 496
80 杜公瞻 440
88 杜範 579
90 杜光庭 279、551

4491_4 桂
44 桂萼 214
桂萬榮 222
桂華 672

權
21 權衡 180
24 權德輿 548

4499_0 林
00 林應龍 438
林應亮 668
林應訓 227
林唐臣 632
林亦之 582
05 林塾 182
10 林栗 3
17 林璐 846
20 林禹 166
21 林慮 199
林師藏 532
23 林俊 650
30 林之奇 577
32 林兆珂 56、77、368
33 林逋 554
37 林鴻 633

林祖述 460
40 林希逸 67、588
林有麟 434
林有鄰 438
43 林越 301
44 林茂槐 447
46 林如楚 668
50 林表民 532
60 林景鵬 688
林景熙 590
77 林駉 510
80 林春澤 668
87 林欲楫 18
90 林光朝 577
林尚葵 151
94 林慎思 314
97 林炯 835

4594_4 樓

14 樓璹 809
41 樓楷 460
60 樓昉 199、505
88 樓鑰 577

4622_7 獨

12 獨孤及 548

4680_6 賀

25 賀仲軾 230
28 賀復 508
38 賀祥 299
77 賀隆 324
84 賀鑄 561
87 賀欽 649

4692_7 楊

00 楊彥齡 378
楊方達 38
楊廉 653
楊慶 239
楊雍建 737
02 楊端 838
10 楊一清 190、649
楊一奇 307
楊一葵 837
楊爾曾 280
楊于庭 708
12 楊瑀 381
楊廷和 188、650
楊廷筠 458、758
13 楊瑄 186
17 楊翮 611
20 楊億 517、553
楊信民 309
楊爵 13
楊維德 467
楊維楨 306、618
22 楊循吉
179、252、265、266、652
楊繼洲 811

楊繼盛 685

楊繼益 257

23 楊允孚 619

24 楊德周 262、544、732

25 楊傑 559

26 楊伯嵒 441

楊侃 298

27 楊奐 602

楊名 539

28 楊復 69

楊儀 386、531

30 楊守阯 218、664

34 楊汝翼 176

37 楊冠卿 594

40 楊士奇 188、637

楊士英 808

楊希仁 213

41 楊桓 142

楊梧 74

43 楊載鳴 683

44 楊萬里 4、576

46 楊觀光 207、733

47 楊起元 707

55 楊捷 198

58 楊掄 433

60 楊旦 224

楊昱 235

楊甲 120

64 楊時 318、561

楊時喬 15、222

66 楊瞿崍 21

74 楊陸榮 305、773

77 楊學可 168

80 楊公遠 594

86 楊錫觀 153

楊智遠 290

87 楊銘 185

88 楊筠松 472

楊簡 3、111、320

90 楊惟休 196

楊光先 475

94 楊慎 77、127、128、145、146、386、387、405、406、414、420、431、440、444、451、513

97 楊炯 542

99 楊榮 435、638

4722_7 郁

00 郁袞 183

37 郁逢慶 423

4732_7 郝

40 郝杰 295

48 郝敬 19、47、56、65、69、74、98、115、713

4762_0 胡

00 胡亶 463

胡彥 215

胡彦昇　134
胡應麟　362、406、692
胡庭　36
胡慶豫　752
胡廣　358
胡文學　215
胡文焕　414
10 胡震　7
胡震亨　260
胡夏客　830
胡天游　613
12 胡瑗　2、129
21 胡虚白　838
23 胡允嘉　717
胡我琨　775
24 胡侍　386
26 胡儼　358
27 胡仔　111、402
28 胡作炳　270
30 胡之太　807
胡安世　848
胡宏　154、574
胡寅　783
胡賓　123
32 胡澄　332
34 胡汝寧　283
36 胡渭　34、50、51、81
37 胡次焱　590
38 胡啓昆　35
40 胡太初　355
胡直　329
胡布　821
44 胡夢昱　594
胡世寧　667
胡世安　423
胡其久　238
48 胡翰　631
胡松　267、511
67 胡鳴玉　375
胡煦　36、37
74 胡助　607
77 胡同　36
胡居仁　323、647
80 胡會恩　845
84 胡鎮　639
88 胡銓　572
90 胡尚洪　804
胡粹中　159
91 胡炳文　137、605

4762_7　都

17 都卬　384
26 都穆　220、384、405、414、420
80 都俞　148

4792_0　柳

14 柳瑛　267
17 柳子文　517
30 柳宗元　376

77 柳開 552
柳貫 522、825

4895_7 梅

00 梅文鼎 461
08 梅鷟 10、44、45
20 梅禹金 432
22 梅鼎祚 506、507、513、535
25 梅純 187
30 梅之熉 99
40 梅士亨 792
梅堯臣 559

4928_0 狄

35 狄沖 674

4980_2 趙

00 趙彦衛 353
趙彦復 537
趙文華 260
03 趙斌 475
10 趙一清 278
趙元祉 182
趙天麟 623
12 趙廷瑞 267
14 趙璜 359
17 趙孟頫 604
趙弼 432
19 趙璘 376
20 趙采 7
趙維新 333
趙秉文 600
21 趙虤 404
趙偕 607
趙師秀 585
24 趙德麟 378
27 趙伊 681
趙崡 415
28 趙以夫 6
趙以明 782
30 趙瀛 260
趙汸 93
趙寧 288
趙寬 651、826
趙宧光 149、460、517
33 趙必瑑 585
34 趙漢 667
趙汝楳 6
37 趙迎 464
40 趙希鵠 438
趙南星 137、704
趙志皋 700
趙吉士 197、198、737
41 趙樞生 370、816
44 趙萬年 178
趙世對 29
趙世顯 389
47 趙均 415
趙鶴 531

趙敬 457
趙起 242
50 趙抃 555
51 趙振芳 32
52 趙撝謙
143、144、321、632
60 趙昇 203
64 趙時庚 483
趙時春 676
67 趙明誠 412
77 趙鳳翀 236
趙居信 158
趙與衮 178
趙與可 194
趙與旹 380
80 趙介 540
趙善璙 315
趙公豫 585
83 趙鉽 360、684
91 趙恒 96

5

5000_6 史
11 史彌寧 583
17 史弼 321
20 史維堡 759
26 史伯璿 356
34 史浩 575
38 史游 137
47 史起欽 286
67 史鄂 239
84 史鑄 483
88 史鑑 654
99 史榮 61

申
10 申爾宣 41
64 申時行 687

車
10 車璽 224
40 車垓 71
44 車若水 355

5033_3 惠
40 惠士奇 35、66、105
45 惠棟 38
77 惠周惕 59

5040_4 婁
00 婁諒 187
41 婁樞 672
42 婁機 140、141

5090_4 秦
10 秦元方 196
38 秦瀹 99、240
40 秦坊 348
秦柱 190
67 秦鳴雷 797

77 秦輿 831
80 秦鏞 25
86 秦錫錞 349
89 秦鐙 675

5300_0 戈
30 戈永齡 459

5302_7 輔
00 輔廣 52

5310_7 盛
28 盛儀 266
44 盛萬年 222
盛世佐 70
46 盛如梓 382
64 盛時泰 420
77 盛熙明 419

5320_0 成
12 成廷珪 615
17 成勇 335

戚
10 戚元佐 250
22 戚繼光 221、479、695
40 戚雄 531

5560_6 曹
00 曹亮武 845
曹庭樞 752
曹庭棟 40、72、114、434、812
曹文炳 453
02 曹端 322
12 曹廷棟 752
23 曹允儒 809
26 曹伯啓 603
33 曹溶 249、484、734
40 曹大章 698
曹志 620
53 曹輔 517
64 曹勛 175、571
67 曹昭 416
71 曹臣 393
77 曹學佺 20、99、274、515、731
80 曹無極 497
88 曹鑑平 529
96 曹煜 335

5580_6 費
00 費袞 380
30 費宏 652
費寀 652
38 費道用 539
77 費誾 217
86 費錫璜 821

5602_7 揭

32 揭徯斯 608

5743_2 契
22 契嵩 599

5798_6 賴
26 賴鯤升 824
28 賴以邠 409
30 賴良 522

5824_0 敖
44 敖英 385、536

6

6011_3 晁
08 晁説之 562
33 晁補之 517、562
35 晁沖之 566
37 晁迥 494、498、815
80 晁公遡 575

6022_7 易
33 易祓 5
80 易鏡先生 470

6040_0 田
00 田方瀾 298
10 田雯 268、275
11 田頊 671
34 田汝成 191、193、275、276、287、539、676
44 田藝蘅 147、446、721
60 田唯祐 307
86 田錫 553

6040_4 晏
15 晏殊 440
70 晏璧 622

6060_0 吕
03 吕誠 610
07 吕望 809
08 吕謙恒 746
10 吕夏音 134
吕夏卿 771
20 吕維祺 335、727
21 吕顒 155
吕毖 367
25 吕純如 447
31 吕祉 177
32 吕兆祥 239、776
33 吕治平 125
36 吕温 545
37 吕祖謙 4、5、52、90、154、198、318、577
40 吕大臨 410
45 吕坤 88、212、237、335、705
吕柟 9、44、54、84、94、117、663

50 吕中 162
吕本中 316、351、566
64 吕時臣 695
77 吕履恒 847
80 吕曾見 368
90 吕懷 132、766

6060_0 冒
60 冒日乾 836

6080_0 貝
17 貝瓊 632

6090_6 景
60 景日昣 282

6091_4 羅
00 羅亨信 644
17 羅玘 653
20 羅爲賡 348
28 羅倫 648
羅從彦 318、571
34 羅汝芳 216、330、331、706、765
羅洪先 327、677
40 羅大經 378
44 羅萬藻 124
47 羅鶴 361
60 羅曰褧 293
羅國器 287
70 羅璧 354
71 羅願 266、578、765
72 羅隱 824
77 羅鳳 359
80 羅公升 596
81 羅鈺 474
87 羅欽順 325

6136_0 點
44 點蒼山人 191

6401_1 曉
22 曉山老人 466

6621_4 瞿
24 瞿佑 597、641、800
43 瞿式耜 336

6624_8 嚴
04 嚴訥 683
07 嚴毅 451
10 嚴震 390
17 嚴羽 586
21 嚴虞惇 761
23 嚴我斯 739
27 嚴粲 53
28 嚴從簡 293
38 嚴遂成 751
嚴啓隆 103
40 嚴有穀 348

47 嚴穀 289
50 嚴書開 726
60 嚴果 715

6650_6
30 單宇 405
77 單隆周 310

6702_0 明
21 明仁孝皇后 181

6802_1 喻
40 喻有功 20
47 喻均 254
60 喻國人 757

7

7121_1 阮
10 阮元聲 531
37 阮逸 129、809
60 阮旻錫 735
67 阮鶚 87
77 阮閱 402、598

7122_7 厲
67 厲鶚
427、521、747、770、781

7132_7 馬
00 馬文升 190、645
10 馬元儀 491
15 馬臻 626
16 馬理 10
25 馬維翰 747
馬維銘 299
馬純 380
26 馬總 350
34 馬汝驥 670
37 馬祖常 609
40 馬大壯 393
馬嘉松 798
44 馬蒔 810
50 馬中錫 649
67 馬明衡 44
馬明卿 282
75 馬驌 105
77 馬駉 762
80 馬令 168
98 馬愉 641
99 馬熒 539

7171_1 匪
00 匪齋 197

7178_6 頤
22 頤山老農 407

7210_0 劉
00 劉應秋 708
劉應時 584

劉文卿 715
04 劉詵 605
09 劉麟 656
10 劉一止 571
劉一清 179
劉一焜 714
劉三吾 43、631
劉玉瓚 536
劉璋 421
劉元卿 16、254
12 劉廷璣 749、799
劉孔昭 458
15 劉璉 636
16 劉璟 636
17 劉珝 643
劉子翬 575
劉君賢 321
20 劉禹錫 545
劉秉忠 474、602
劉維謙 61
21 劉師朱 709
22 劉胤昌 446
劉崧 631
25 劉仲達 805
劉績 82、94、382
27 劉侗 258
劉名芳 780
劉紹 821
28 劉繪 681
30 劉濂 12、129、513
劉永之 624
劉宇 482
劉宰 581
劉安上 567
劉安世 316、562
劉安節 567
劉定之 9、185、305
劉寅 479
劉宗厚 487
劉宗周
21、111、336、728、834
31 劉源長 430
33 劉溥 646
劉黻 589
34 劉達可 452
37 劉鴻 667
劉祁 179
劉過 582
38 劉道醇 424
劉啓明 469
40 劉大彬 284
劉士明 142
劉克莊 589、800
劉真人 485
42 劉斯原 80
43 劉城 100
44 劉基 181、457、458、
464、482、629
劉芳譽 221
劉茂溶 823

劉英　260
劉世偉　389、407
劉葉　806
48 劉乾　733
劉教　364
50 劉青霞　846
劉青藜　416
劉肅　377
51 劉振　164
60 劉思温　537
劉因　603
劉昌　537
劉昌詩　353
64 劉時舉　769
67 劉鶚　624
71 劉辰　181
劉辰翁　595
劉長鱗　331
75 劉體仁　802
76 劉駟　634
77 劉堅　398
劉鳳　252、684、794
劉履　514
劉學箕　584
80 劉弇　562
86 劉錫元　794
88 劉鑑　142
劉�　517
劉攽　450
劉節　94、504、661
90 劉惟忠　419
劉懷志　760
劉炎　318
91 劉炳　115
98 劉敞　558、786、815
劉爚　579

7210_2　丘

10 丘雲霄　695
12 丘延翰　472
23 丘峻　776、781
31 丘濬　156、185、322、646
32 丘兆麟　719
40 丘吉　529
90 丘光庭　350

7277_2　岳

10 岳正　643
11 岳珂　121、203、243、587
12 岳飛　572
26 岳和聲　714
77 岳熙載　461

7420_0　尉

37 尉遲偓　171

7421_4　陸

10 陸可教　706、829
陸雲龍　820
12 陸廷燦　483、795

16 陸珵 260
20 陸位時 29
陸采 432
22 陸侹 305
24 陸化熙 257、761
25 陸績 1
27 陸龜蒙 549
陸粲 95、676、763
30 陸淳 88、89
陸容 358
31 陸濬源 313
32 陸淵之 649
37 陸次雲 373、397、741
陸深 385、660
40 陸九淵 578
陸友 436
陸友仁 265
陸奎勳 37、47、60、76、106、529、747
陸嘉穎 429
陸森 809
43 陸求可 737
44 陸夢龍 727
陸樹聲 387
51 陸振奇 21
67 陸鳴鼚 791
71 陸隴其 86、118、343、344、790
83 陸釴 182、383
85 陸鍵 47
88 陸簡 660
陸繁弨 736
91 陸烜 456

7529_6 陳

00 陳亮 170、581
陳高 622
陳應行 403
陳應潤 8
陳應芳 229
陳康伯 569
陳文在 781
陳文蔚 594
陳文燭 445
陳襄 557
01 陳龍正 214、337、657、728
陳訏 462、521、744
04 陳詵 34、59、118、474
陳謨 203
08 陳旅 613
陳倫炯 293
10 陳玉璂 742
陳玉輝 831
陳至言 846
陳五教 839
陳元龍 374、743
陳元允 454
陳于鼎 101
陳于陛 794

陳霆 168、384、406、409、659
11 陳張曾 59
12 陳弘緒 395
14 陳瓘 2、173
陳瓚 694
15 陳建 788
17 陳忱 784
陳琛 324、651
陳子昂 543
陳翼飛 512、835
20 陳孚 296、606
陳禹謨 117、123、389、450、476、797
陳維崧 301
21 陳仁子 504、587
陳仁錫 784
陳虞岳 248
陳衡 837
陳師 363
陳師道 564
陳經 42
22 陳鼎 254
陳巖 596
陳循 641
陳山毓 720
陳繼儒 393、454、726、800
23 陳傅良 220、579
陳綰 699
24 陳仕賢 488
陳緯 415
25 陳仲微 179
26 陳侃 295
陳繹曾 510
27 陳鵠 355
陳絳 363
陳紹儒 682
28 陳以藴 761
30 陳宜 651
陳鎏 718
陳淳 320、584、696
陳之伸 387、388
陳憲 837
32 陳淵 573
陳兆成 344
陳沂 264、383
33 陳治 811
34 陳汝錡 793
陳洪謨 187、664
陳造 580
37 陳深 64、595
38 陳祚明 515、848
陳祥裔 274
陳祥道 109
40 陳友仁 63
陳士元 14、111、122、240、309
陳士芳 100
陳直 481

陳堯道 238
陳克 177
陳真晟 647
陳樵 615
41 陳堦 449
陳槱 418
陳栢 686
42 陳櫟 155、605
44 陳基 620
陳藎謨 151、460、464
陳埴 127
陳芳生 223
陳葆光 494
陳懋仁
271、299、366、394、407
陳懋學 446
陳耆卿 263
陳著 589
陳世寶 369
陳其德 337
陳贄 527
46 陳如綸 679
陳相 383
47 陳懿典 714
陳郁 353
陳鶴 830
陳朝用 285
陳起 519
48 陳敬 437
50 陳中州 324
陳東 677
陳東 571
陳泰 617
陳泰交 46、722
53 陳旉 810
55 陳摶 466、473、477
57 陳邦彦 431
陳邦俊 386
陳邦瞻 833
60 陳日華 404
陳思 412、417、427
陳昂 722、834
陳景雲 769、824
陳景沂 442
61 陳顯微 495
66 陳噐 665
67 陳鳴鶴 271、779
陳盟 249
70 陳雅言 43
71 陳阿平 844
72 陳所藴 712
陳騤 209、399
77 陳鵬年 744
陳際泰 25、124
陳與郊
78、135、450、544、720
陳與義 568
80 陳全之 387
陳益祥 838
陳念先 217

陳普 595
陳會 489
81 陳鉅 148
86 陳錫嘏 740
88 陳簡 307
陳第 17、46、54
陳策 151
91 陳炳 752
94 陳煒 650
97 陳恪 536
陳耀文 362、388、525
陳炯 521
98 陳悦道 759
陳燧 527

7721_0 風
72 風后 809

7722_0 周
00 周亮工
372、373、426、429、437
周應賓 122、211
周應治 390
周文玘 431
周文華 481
周京 849
07 周詔 289
10 周一敬 25
周元初 496
周霆震 622
12 周弘禴 332
周廷用 831
14 周瑛 827
15 周建觀 297
17 周羽冲 167
周弼 588
周召 397
18 周致中 292
20 周孚 578
21 周紫芝 574
24 周佐 12
26 周伯琦 142、618
28 周倫 658
周綸 208
30 周之士 422
周守忠 428
周宇 150、767
周宏道 443
周容 745
周密 259、379
周宗建 111、719
周宗濂 127
32 周祈 445
33 周必大 575
周淙 259
周述 640
34 周汝礪 369
周汝登 331、707
周洪謨 121
40 周爽 320

周在浚 423、427
周在都 456
周南瑞 504
周南老 533
周嘉胄 438
43 周城 268
44 周夢暘 223、384
周茂源 842
周權 612
53 周拱宸 730
60 周思兼 332、686
66 周嬰 447
67 周暉 264
77 周用 658
80 周金然 743
周鑣 185
86 周錫珪 415
93 周怡 829
97 周煇 175、380

陶

01 陶諧 656
07 陶望齡 712
12 陶弘景 456
17 陶弼 560
20 陶季深 844
30 陶安 629
陶宗儀 244、413、418、616
40 陶奭齡 712
47 陶轂 377
72 陶岳 171

7726_4 居

88 居簡 599

屠

00 屠應埈 676
屠文漪 462
24 屠勳 649
27 屠叔方 183
50 屠中孚 731
屠本畯 67、515、542、801
77 屠隆 362、447、512、692
90 屠粹忠 449

7736_4 駱

30 駱賓王 543
77 駱問禮 704
駱駸曾 823

7740_0 閔

00 閔文振 445
10 閔元京 394
閔元衢 394、730、776、802
14 閔珪 645
34 閔遠慶 215
40 閔南仲 745
46 閔如霖 679

50 閔忠 791
60 閔景賢 724

7740_1
80 聞人銓 263、275

7744_7
40 段克己 601
53 段成己 601
60 段昌武 52

7777_7 閻
12 閻廷謨 226
40 閻士選 825
44 閻若璩 760

7778_2 歐
40 歐大任 691
76 歐陽忞 256
歐陽玄 609
歐陽詹 546
歐陽澈 572
歐陽東鳳 253
歐陽鐸 664

7780_1 具
14 具琳 459

7790_4 桑
07 桑調元 111、349、748
20 桑喬 286
44 桑世昌 418、429
98 桑悦 647

7923_2 滕
53 滕甫 242

8

8010_4 全
37 全祖望 129

8010_9 金
10 金一龍 221
11 金張 840
12 金瑶 64
20 金維寧 375、397
金維嘉 791
24 金幼孜 188
26 金侃 801
27 金鵠 725
31 金江 252
34 金汝諧 233
40 金友理 288
金志章 849
金賁亨 333
50 金忠士 714
77 金履祥 80、110、515、605

8012_7 翁
37 翁逢春 212

43 翁博 674
44 翁葆光 496
90 翁卷 585

8022_1 俞

00 俞文豹 352、353、771
13 俞琬綸 719
19 俞琰 355、493、496、619
23 俞允文 533、690
24 俞德陵 355
俞德鄰 591
25 俞仲蔚 535
30 俞憲 523
俞安期 512、723
34 俞汝言 101
俞汝楫 774
40 俞大猷 772
48 俞松 418
57 俞邦時 339
80 俞益謨 198

8040_4 姜

24 姜特立 581
27 姜紹 425
姜紹書 398
30 姜宸英 374、745
姜寶 14、97
32 姜兆熊 392
姜兆錫 60、66、70、76、107、108、113、135
34 姜洪 642
35 姜清 183
40 姜希轍 104
姜南 406
50 姜中真 497
52 姜虬緑 292
91 姜炳璋 62、108

8060_6 曾

10 曾王孫 526
17 曾鞏 162
24 曾先之 155
曾偉芳 658
27 曾魯 205
30 曾宏父 413
38 曾肇 256、560
曾棨 640
41 曾梧 666
47 曾極 598
50 曾丰 578
80 曾益 102
曾公亮 478
88 曾敏行 350
94 曾慥 452、524

8090_1 佘

44 佘世亨 691

8090_4 余

05 余靖 554

15 余建中 837
21 余縉 737
22 余繼登 206、706
23 余允文 114
余允緒 211
30 余永麟 432
余寅 196、428、530、707
32 余測 808
38 余祚徵 836
40 余有丁 687
44 余懋衡 732
48 余幹 517
58 余敷中 102
60 余國禎 395
77 余闕 616

8211_4 鍾
07 鍾韶 112
22 鍾嶽秀 802
32 鍾淵映 156
37 鍾祖述 822
44 鍾芳 94、665
96 鍾惺 57、58

8315_3 錢
00 錢應充 783
錢文子 220
錢衮 338
10 錢一本 18、50、336
錢天錫 761
14 錢琦 217、337、666
22 錢繼登 367
26 錢偲 41
28 錢以塏 272、286
31 錢福 655
33 錢溥 296
38 錢澂之 26、58
40 錢士升 22、163、184
錢希言 364、432
錢希白 171
42 錢彭曾 758
44 錢薇 681
錢世揚 371
錢世昭 173
錢棻 26
47 錢穀 533
50 錢肅潤 348
錢春 465、725
錢貴 165
64 錢時 121、302
74 錢陛 235
80 錢義方 8
錢養廉 194
錢人麟 768
錢人楷 772
90 錢惟演 517
錢惟善 619

8471_1 饒
10 饒一莘 37

88 饒節 566

8711_4 鈕

12 鈕琇 398

8712_0 鈞

30 鈞瀛子 189

8742_7 鄭

00 鄭方坤 409
鄭應旂 184
鄭賡唐 24
鄭文康 644
鄭文節 524
02 鄭端 349
鄭端允 370
10 鄭玉 93、617
鄭元慶 291
鄭元祐 620
13 鄭瑄 371
16 鄭環 659
21 鄭虎臣 533
23 鄭允端 626
24 鄭俠 560
25 鄭仲夔 389
27 鄭紀 646、830
30 鄭宣 156、533
鄭之僑 125
33 鄭心材 839
鄭梁 743
34 鄭滿 833
鄭汝諧 110
鄭汝璧 210
鄭濤 312
35 鄭清之 582
37 鄭洛書 665
38 鄭滁孫 7
40 鄭太和 312
鄭友元 29
鄭圭 16
鄭希誠 470
鄭樵 573
41 鄭楷 639
44 鄭若曾 222
46 鄭柏 251
47 鄭杓 417
58 鄭敷教 29
60 鄭思肖 591
64 鄭曉 48、117、190、359
67 鄭明選 364、713
67 鄭鄤 727
70 鄭璧 479
72 鄭剛中 572
鄭岳 271
77 鄭履淳 687、785
鄭居中 201
80 鄭鉉 312
鄭善夫 663
84 鄭鎮孫 155
87 鄭欽 312

90 鄭棠 639

8762_2 舒

10 舒天民 138
19 舒璘 589
26 舒纓 361
27 舒梟 31
44 舒芬 669
48 舒敬亭 791
51 舒岫 624

8824_0 符

78 符驗 183

8840_6 簞

32 簞溪子 483

8877_7 管

40 管志道 115、325、499

9

9003_2 懷

00 懷應聘 752

9010_6 查

00 查應光 300、716
38 查祥 751
40 查志隆 281
67 查嗣瑮 398
94 查慎行 34、557、740

9022_7 常

11 常璩 165、273
90 常棠 260

9090_4 米

44 米芾 417、566

9408_1 慎

44 慎蒙 280
慎懋官 445

9942_7 勞

40 勞大與 846
44 勞堪 386
50 勞史 346